COMUNICACIÓN
femenina inteligente

SONIA GONZÁLEZ B.

GRUPO NELSON
Una división de Thomas Nelson Publishers
Desde 1798

Editora en Jefe: *Graciela Lelli*
Edición: *Nahum Saez*
Adaptación del diseño al español: *Grupo Nivel Uno Inc.*

ISBN: 978-0-71809-193-4

Impreso en Estados Unidos de América

17 18 19 20 21 DCI 9 8 7 6 5 4 3 2 1

EPÍGRAFE

*«Una mujer con imaginación no solo sabe proyectar
la vida de una familia y la de una sociedad,
sino también el futuro de un milenio».*
RIGOBERTA MENCHÚ. GUATEMALA.
PREMIO NOBEL DE LA PAZ. PREMIO PRÍNCIPE DE ASTURIAS.

DEDICATORIA

A cada MUJER ejemplar que ha influenciado mi vida.
A Ángela, ¡por ser la hija más preciosa del mundo!
A Stellita, mi mamá, por su don de gente y su felicidad plena.
A mis tres bellas hermanas: Verónica, Adriana
y Luz Ángela, por su nobleza.
A mis nueve adorables sobrinas.
A la larga lista de especiales primas y tías.
A mis selectas amigas del alma.
A las que comienzan a ser parte importante de mi vida.
A las que siempre estuvieron presentes.
A mis grandes colegas en el periodismo y la comunicación.
A las excelentes ejecutivas de las empresas
donde he realizado *mentoring*.
A cada mujer eficiente de HarperCollins, mi casa editorial.
A mis asistentes, que han colaborado conmigo
con amor y efectividad en la gestión.
A las grandes líderes que me han marcado en el camino.
A las *best sellers* mundiales que han influido
en mi carrera como autora.
A mis estudiantes, que me impulsan.
A las miles de mujeres que he empoderado,
porque hoy son mi prolongación.
A mis lectoras, que me inspiran.
A cada mujer que se comunica día a día,
porque ella es el motivo de este libro.
¡A todas ellas!

TESTIMONIOS

El programa de comunicación inteligente de Sonia González B. es una herramienta útil para la tarea de la comunicación femenina pero, sobre todo, sus enseñanzas son una experiencia profesional transformadora. Porque el estigma de la comunicación femenina es más fortaleza que debilidad cuando de atender diversas temáticas se trata.

El ejercicio de la comunicación efectiva fue un reto personal en mi caso. En lo profesional nos llevó a pensar más allá de los límites, a cuestionar nuestras formas de comunicar internamente y como oportunidad de relacionamiento. Asistir con mi equipo de trabajo a un taller de comunicación efectiva de Sonia González se convirtió en una experiencia transformadora en lo profesional y lo personal. Pero lo más importante... ¡Fue divertida!

Ser capaces de cuestionar el trabajo propio frente a extraños, corregir y ratificar la efectividad de los productos que como comunicadores ocasionamos, nos llevó a reevaluar la forma en que estábamos trabajando.

El ejercicio nos llevó a transferir la experiencia a otras áreas de la empresa —nuestros clientes internos— para preguntarnos conjuntamente: ¿Estamos comunicando en forma efectiva? ¿Nos ubicamos en el lugar del otro cuando hablamos y escribimos?

Extendimos el taller a los equipos de mercadeo y jurídica, dos áreas cuyos resultados son directamente consecuentes con su efectividad comunicacional. Al principio se ofendieron un poco porque los llevábamos a clase de escribir y ellos eran abogados, nos dijeron los primeros. Al término de la jornada logramos nuestro propósito: primero, se divirtieron y, segundo, transformaron su forma de comunicar para asegurar resultados.

TERESA GONZÁLEZ SANTINI

Directora de comunicaciones Ecopetrol

Exdirectora de comunicaciones Telefónica. Movistar, Colombia

Sonia González B.: Un nombre que me hace sonreír y sentir orgullo. Orgullo por ver su producción de libros, orgullo al ver la alegría que transmite y orgullo por reconocer que cambió mi vida.

En mi mundo de sistemas, como ingeniera, aprendí a comunicarme con las máquinas, los datos que procesan y una que otra persona a través de los programas. Así que ponerme de pie y dirigirme a un público, hace algunos años, era una experiencia impensable; pero igualmente era un escenario que deseaba conquistar y tenía la oportunidad inmediata de hacerlo en mi trabajo como gerente comercial y en la junta directiva de la asociación de ingenieros de sistemas. Ahí me encontré a Sonia, radiante, empática y comprensiva como nos enseña en este libro. Y me enseñó a aferrarme a mis fortalezas, a mi corazón y a mis objetivos, por lo que me posicioné en el escenario esa vez y las que siguieron. Ahora prefiero hablar con las personas y eso me ha llevado por caminos más felices, obviamente aprovechando las herramientas tecnológicas, innovando y logrando afectar vidas.

Después de esta experiencia de trabajo con Sonia, además de hablar en público, empecé naturalmente a mediar situaciones de negocios buscando que todos ganemos, buscando entender las motivaciones de los diferentes actores y leyendo los egos y las diferencias de las personas, terminaba negociando en base a la feminidad, a la equidad y a la colaboración de equipo que son rasgos de la comunicación femenina.

Este libro acerca de las mujeres nos enseña a nosotras a impulsar nuestras fortalezas y, a los hombres, a aprovechar mejor nuestras virtudes, entendiéndonos mejor. Porque solo hombres y mujeres juntos logramos que el mundo gire mejor. Gracias Sonia.

SANDRA LASCARRO

Exgerente de Microsoft

Exvicepresidente de la Asociación de Ingenieros de Sistemas

Gestora de responsabilidad social para la mujer, Colombia

Sonia González B. es para mí un ícono de la comunicación. Un ser lleno de luz y de fuerza que trae impreso en su corazón una sabiduría infinita en el arte de comunicarse. Sonia es un ser generoso que a través de los años ha ido compartiendo por donde pasa ese hermoso regalo que Dios le dio. He sido testigo y por experiencia propia de la cantidad de gente que ha transformado, no solo en el mundo empresarial, sino también tocando vidas.

Sonia siempre ha luchado por ser cada vez más una mejor persona y una mejor profesional. Su búsqueda siempre ha sido con el fin de poder compartir sus conocimientos y experiencias con los demás; y así, a través de su labor, aportar a que este mundo sea mejor.

Sonia es un ser inspirador. Llega a los corazones de todas las personas con las que se cruza y deja huella a su paso. Ella nunca podrá pasar inadvertida porque siempre la verán con una sonrisa en sus labios, con la palabra adecuada en el momento preciso, con su postura impecable y gozándose la vida en cada instante.

Es una madre, hermana, hija y esposa maravillosa que siempre está dispuesta a dar todo por los suyos, desde el amor y la incondicionalidad. A sus amigos les entrega el alma sin reservas; además, Dios definitivamente es el dueño absoluto de su corazón.

Sonia es una MUJER con mayúsculas en todo el sentido de la palabra. Sonia, gracias por ser mi maestra y mi amiga.

CLAUDIA OLANO ARANA
Coach de vida certificada
Exgerente de capacitación ABN AMRO BANK.

Sonia González B. es actualmente una de las mujeres más eficaces en el mundo de las comunicaciones. Su conocimiento y su labor en este ámbito han enriquecido, sin duda, la manera de relacionarse de muchos. Para mí, Sonia es una mujer que practica lo que predica, basta convivir unos minutos con ella para contagiarte de su calidez y jovialidad. Ha sido un honor conocerla por los últimos años, lo mismo que disfrutar y aprender de sus valiosos libros. Su nuevo texto, *El poder de la comunicación femenina inteligente*, llega en un momento clave en el que las mujeres estamos alzando una vez más nuestra voz en la eterna lucha para establecer nuestros derechos de igualdad ante los hombres. Este libro, sin duda, se convertirá en el manual que, además de empoderar a las mujeres, les mostrará el camino a los hombres que buscan entender nuestro ser.

ELVA SARAY
NBC Telemundo, periodista y presentadora
Acceso total, México

Si tenemos que hablar de energía, ánimo, desafío y una hermosa sonrisa, hablamos de Sonia González B.

He tenido la oportunidad de participar en cursos dictados por ella, en los que se ha destacado su profesionalismo, experiencia y calidez personal.

Este nuevo libro que nos trae, estoy segura, nos brindará información; pero sobre todo enseñanzas que podremos llevar a la práctica para esta tarea tan maravillosa como lo es el comunicarnos. ¡Cuántas cosas se evitarían o resolverían con solo saber comunicarnos!

Te invito a sumergirte en esta aventura para conocer más, entender y, sobre todo, comunicarte inteligentemente con nosotras las mujeres.

Gracias, Sonia, por regalarnos una vez más un pedacito de ti en cada libro. Que Dios te siga guiando siempre.

GABRIELA DE ARCE
Gerente de Recursos Humanos
Chacomer, Paraguay

ÍNDICE

Los diez lenguajes de la mujer (Primera parte)

Cinco lenguajes brillantes

 # 1. **Empatía.** Identificación. Sensibilidad superior
 # 2. **Intuición.** Capacidad de percepción inmediata. Sexto sentido
 # 3. **Inspiración.** Motivación para la acción, el entusiasmo y la transformación
 # 4. **Multitareas.** Habilidad para manejar varios procesos. *Multitasking*
 # 5. **Conexión emocional.** Compenetración e interrelación. *Rapport*

Los diez lenguajes de la mujer (Segunda parte)

Cinco lenguajes opacos

 # 1. **Falta de concreción.** Habla mucho, en espiral, con indirectas
 # 2. **Complicada y compleja.** Respuestas confusas e inexplicables, inentendibles
 # 3. **Tendencia a controlar.** Tóxica, rutinaria, manipula por temor
 # 4. **Dependencia emocional.** Demanda de atención, apegos enfermizos
 # 5. **Actitudes cíclicas y cambiantes.** Esencia imprevisible

Conclusiones y recomendaciones acerca de los diez lenguajes de la mujer

PRÓLOGO

UNA RESPUESTA A LA DEMANDA DE LA CAPACIDAD COMUNICACIONAL DE LA MUJER

Qué maravilloso que en esta ocasión podamos contar con un libro de Sonia González B. dedicado de manera especial a los lenguajes de la mujer, que desde sus diferentes papeles en la sociedad —esposa, madre, profesional—, demuestra en forma permanente su capacidad comunicacional para lograr los mejores resultados.

Son muchas las personas que pueden dar cuenta de las condiciones y competencias de Sonia González B. como excelente comunicadora. Sus talleres, conferencias y libros se convierten siempre en herramientas poderosas para el desarrollo individual y de equipos de esa competencia genérica tan importante en el mundo de las organizaciones como es la comunicación.

En mi caso particular, que he ejercido el rol de auditora por muchos años, he encontrado el poder enorme de la comunicación en la capacidad de aportar a la transformación de los procesos y las organizaciones. Esta profesión exige, ante todo, que se establezcan adecuadas relaciones que permitan entregar una mirada independiente y complementaria a quienes son los responsables de los negocios, porque no es desde la autoridad jerárquica con lo que el auditor influye y transforma.

En esta tarea de transformación del rol de auditor tradicional a uno influyente y movilizador Sonia González B., desde hace varios años nos ha acompañado. Hemos tenido con ella talleres, recibido conferencias y, por supuesto, disfrutado sus libros que —además de todo el aporte—, son amenos, cercanos y prácticos.

Ver su mirada como autora sobre la diferencia en la comunicación desde lo femenino, genera desde ya todo mi interés.

CARMENZA HENAO TISNES
Vicepresidente corporativo
Vicepresidencia auditoría interna
Bancolombia S.A.

INTRODUCCIÓN

EL *MOMENTUM* DE LA MUJER

Por alguna razón, cuando le propuse a mi editor, mentor y amigo, Larry A. Downs, la publicación de un libro acerca de la mujer, en el 2014, me respondió con mucha discreción y tino: «Me parece mejor que continúes enfocada en tu valioso campo de experiencia, que es el desarrollo de habilidades y competencias avanzadas de comunicación para profesionales, ejecutivos y empresarios en general».

Después de madurar la idea, le agradecí su acertado consejo acerca del enfoque, porque ha logrado resultados efectivos en las empresas y universidades donde realizo mis programas de *mentoring* en comunicación.

Pero, por este espíritu de persistencia que me acompaña, le insistí dos años después, y me dijo: «¡Sí!, ahora sí es el momento».

La respuesta es más que un sí editorial. Sí, ahora es el momento. El momento de escribir acerca de la comunicación inteligente de la mujer. El momento de cambiar los esquemas. El momento de la mujer en todos los escaños de la vida internacional.

Me encanta la palabra en inglés *momentum*, que significa «impulso». Cuenta con el mismo sonido y una fonética similar a la de la palabra en español «momento», pero no tiene que ver con temporalidad, sino con la fuerza interior para moverse hacia la meta.

Este es el momento del *momentum*. El momento del impulso. El momento de la mujer en su comunicación inteligente. El momento de este libro acerca de los lenguajes de la mujer.

Un año después de la conversación con Larry A. Downs viajé, en julio de 2016, a la ciudad de Nashville, Tennessee, donde se encuentra la editorial HarperCollins Español, mi casa editorial. Allí presenté el libro al equipo directivo como próxima publicación para 2017. Entonces, uno de los ejecutivos sentados en la sala de juntas de la vicepresidencia editorial dijo, al pedirles que describieran el libro en una sola palabra: «¡Tarde!». Todos dijeron adjetivos como: Excelente, extraordinario, urgente… Pero él resolvió decir: «¡Tarde!».

No pude dejar pasar el momento, porque durante toda la reunión me retumbaba en la cabeza la palabra que él expresara sin prejuicios. Cuando le pregunté: «¿Por qué dijiste "tarde"?», él me contestó de inmediato: «Porque hace demasiado tiempo que ha debido escribirse un libro como este. Se necesitaba».

Así como en estos dos episodios, cada situación que he vivido desde hace algunos años me ha confirmado el interés y la pasión por entender, valorar, potenciar, maximizar y optimizar la comunicación de la mujer. Para emprender el gran desafío de descubrir el poder de la comunicación femenina, descifrar su código de expresión verbal y no verbal, y enfrentar el consabido paradigma de que «nadie la entiende», surge este libro: *El poder de la comunicación femenina inteligente. Los 10 lenguajes de la mujer.*

Aquí encontrarás claves que te ayudarán a entender por qué la mujer actual aporta de manera sustancial a la vida profesional, comercial, empresarial, universitaria, política y familiar, en medio de un mundo acelerado y cambiante

Te invito a aceptar el reto de navegar en estas aguas, a veces tan cristalinas, otras un poco convulsionadas y turbulentas, de la comunicación femenina; matizadas con toda la gama de colores y enriquecidas con incontables especies y tesoros ocultos. Este estudio será el inicio de una aventura en la que te involucrarás para toda la vida.

Espero que disfrutes las profundidades de estas aguas, como hábil buzo en alta mar. Con la seria advertencia, antes de iniciar el desafío, de que este no es un libro solo «para mujeres». Esta es una obra para todos, «acerca de» la comunicación de la mujer, con la intencionalidad clara de descifrar su fascinante lingüística. Espero que tú, hombre, jefe, líder, padre, hijo, sobrino, compañero de trabajo, novio, esposo, amigo, vecino, tío, primo… puedas entrar en mayor conexión emocional con ella, al terminar de leerlo.

Espero también que tú, mujer, puedas conocer más acerca de tu propia forma de comunicarte, de modo que llegues mucho más lejos en las metas de oro que te has impuesto. Es el momento de cambiar los desastrosos paradigmas acerca de tu comunicación profesional y personal. Vamos hacia la construcción de la cultura de la Nueva Comunicación Inteligente (NCI), aplicada al entorno femenino. Para conseguirlo, necesitas el autoconocimiento de tu forma de emitir mensajes. Entender por qué te expresas, te comportas y te expones de tal manera que el mundo entero, a través de la historia, ha tratado de comprenderte, y aún no ha podido.

Este reto comenzó al iniciar mi carrera como periodista, a los veinte años de edad, cuando junto con mi colega y gran amiga Ana Lucía Duque, fuimos encargadas de la página femenina del diario *El Tiempo*, en mi país, Colombia. Entonces entendimos que no debíamos producir una «página femenina», si no existía una «página masculina». A pesar de que esa sección contaba con gran afecto entre los lectores tradicionales, nosotras representábamos a la nueva generación del periodismo, que venía con fuerza e ímpetu a traer la innovación a la sala de redacción. Así nació la sección «Vida de hoy», que circula hasta el presente con éxito, con temas de educación, salud, ciencia, investigación… y, por supuesto, con todo sobre los avances de la mujer, desde una perspectiva más propositiva y profesional que «social».

Muchos años después, y desde el lado de mi perfil como mentora empresarial y universitaria de la comunicación, al que me he dedicado en las últimas dos décadas, sin receso, he entrenado a miles de mujeres empresarias, ejecutivas, líderes de gobierno y organizaciones, presentadoras de televisión, amigas, hijas de amigos, sobrinas y hasta a mi propia hija Ángela María, en el desarrollo de competencias avanzadas en comunicación inteligente. Las he visto crecer desde el ser, en la ontología de la comunicación.

Me fascina ver su impresionante transformación. Pasan de proyectarse como niñas mimadas, inseguras, con voz débil, a posicionarse como líderes empoderadas. De funcionarias bloqueadas y sumidas en el pánico escénico a líderes seguras y contundentes. De ejecutivas maniatadas por el lazo del estrés y el agobio del día a día, a líderes profesionales serenas, asertivas y persuasivas, autorreguladas, que generan valor agregado y producen alto impacto.

Todo, a través de la metodología de la Nueva Comunicación Inteligente —NCI—, que ahora dicto en cursos presenciales y virtuales, desde los Estados Unidos, hacia cualquier lugar del mundo, por medio de mi plataforma *online* y gracias al ejercicio fascinante del uso de las nuevas tecnologías digitales al servicio del aprendizaje.

Este apasionante oficio de mentora me ha permitido conocer de cerca los principales signos y símbolos del código de la comunicación femenina. Sus fortalezas y debilidades. Sus oportunidades de mejora. Un día a día emocionante que me ha llevado a ahondar en la investigación y los hallazgos para este, mi octavo libro: *El poder de la comunicación femenina inteligente. Los 10 lenguajes de la mujer.*

La autora

CAPÍTULO 1

El gran enigma: Cómo se comunica la mujer

«*Me pinto a mí misma, porque soy a quien mejor conozco*».
—Frida Kahlo. Pintora y poetisa. México.

LOS DIEZ LENGUAJES DE LA MUJER
(Primera parte)

El gran enigma de todos los tiempos es la comunicación de la mujer. Poder entenderla ha sido el desafío de los investigadores. Lograr comprenderla, la derrota que ellos mismos reconocen con entereza y ante la cual se han rendido con humildad hasta los más notables poetas y escritores de la literatura universal.

El gran dramaturgo y novelista irlandés, Oscar Wilde, dijo: «Las mujeres han sido hechas para ser amadas, no para ser comprendidas. Si usted quiere saber lo que una mujer dice realmente, mírela, no la escuche».

El médico austriaco, Sigmund Freud, padre del sicoanálisis, llamado «el arqueólogo de la mente», dijo: «La gran pregunta que nunca ha sido contestada y a la cual todavía no he podido responder, a pesar de mis treinta años de investigación del alma femenina, es: ¿qué quiere una mujer?».

El Premio Nobel de Literatura colombiano, Gabriel García aseguró: «En todo momento de mi vida hay una mujer que me lleva de la mano por las tinieblas de una realidad que las mujeres conocen mejor que los hombres y en las cuales se orientan mejor con menos luces».

Y añadió: «Creo que las mujeres sostienen el mundo en vilo, para que no se desbarate, mientras los hombres tratan de empujar la historia. Al final, uno se pregunta cuál de las dos cosas será la menos sensata».

La mayoría de los hombres se ha cuestionado alguna vez con la desgastada pregunta: «¿Quién entiende a una mujer?».

Ese es el gran interrogante que no pretendo resolver por completo en esta obra, pero sí espero arrojar con humildad algunas luces para aportar a la profundización del análisis, desde mi perspectiva de comunicadora, de investigadora de la comunicación y, por supuesto, de mujer.

Tres conclusiones

Dentro de esta apasionante investigación acerca de los lenguajes de la mujer, he llegado a tres conclusiones, desde las cuales miraremos la Comunicación Femenina Inteligente (CFI), como parte de esta metodología sobre la Nueva Comunicación Inteligente (NCI).

Primero, no será posible entender jamás los lenguajes de la mujer si no la estudiamos desde su propia perspectiva. Para ello, es necesario ser empáticos. Es decir, ponerse en sus zapatos.

No importa si son altísimos tacones con plataforma o elegantes clásicos de ejecutiva, o tenis de hábil deportista, o duros mocasines de obrera, o alpargatas de campesina, o botas de valiente a la moda, o algunas zapatillas de frágil princesa. Para entender la comunicación de la mujer, hay que estudiarla desde su propia horma.

Segundo, no será viable analizar con éxito los lenguajes de la mujer, si solo nos enfocamos en sus debilidades. Por supuesto que no vamos a desconocerlas, pero tampoco deben ser el enfoque exclusivo, como en la mayoría de los análisis al respecto. A lo largo y ancho de la historia, se ha analizado la expresión oral de las mujeres en relación con sus peores debilidades, pero muy pocas veces con respecto a sus grandes fortalezas.

Ya se convirtió en una costumbre escuchar los mismos comentarios acerca de la comunicación de ella. Se dice, por ejemplo, que «habla mucho», que siempre habla con «la cantaleta», que «quiere controlarlo todo», y que por eso los «pobres hombres», siempre deben «soportar a la suegra...», según los «chistes» de salón.

Para cambiar el esquema es necesario que comencemos a mirar también sus fortalezas y virtudes. Por eso en este libro nos enfocaremos muy en serio, en las virtudes propias de la Comunicación Femenina Inteligente (CFI), y miraremos sus debilidades como oportunidades de mejora, para empoderarlas.

Tercero, no será viable estudiar los lenguajes femeninos si no logramos salir del esquema comparativo entre «las diferencias de la comunicación del hombre y la mujer». Valoro los libros e investigaciones sobre la comunicación. También las grandes obras y *best sellers* sobre el tema. Pero creo que para eliminar los estereotipos, debemos dejar de mirarla a ella como una especie de extraterrestre proveniente de un raro planeta.

La mayoría de los estudios, análisis, blogs, e-books, comentarios, programas televisivos y radiales sobre el tema de la comunicación de la mujer se refieren a la comparación con relación a la comunicación con el hombre. Creo que es tiempo de dar un cambio de dirección.

En este libro nos dedicaremos a estudiar los lenguajes de la mujer, sin comparaciones. Será un análisis en relación con ella misma. Con sus propios parámetros comunicativos.

Propuesta: cambio de enfoque

Esa pregunta común —¿Quién entiende a la mujer?— se ha convertido en una broma frecuente y desgastada. Debemos por lo menos intentar dar luces de esperanza hacia el cambio de esa declaración, que estigmatiza la comunicación femenina.

Hasta el momento, la mayoría de los conceptos que se analizan y se dicen acerca de la comunicación femenina, se relacionan más con su complejidad que con sus cualidades positivas. Es ese enfoque en la complejidad de la comunicación femenina, lo que le impide a la humanidad entender el lenguaje de la mujer y valorarlo en su máxima expresión. Mi propuesta es un cambio de enfoque. Una nueva mirada a la forma de expresión de la mujer. Creo que solo de esa manera será posible la apertura flexible del entendimiento a su extraordinario universo comunicativo.

Es tiempo de empezar a mirar su expresividad desde un lente más amplio, con suficiente capacidad para captar toda la imagen que necesitamos tomar, para que el cuadro acerca de su comunicación sea completo y justo.

Primero, la mujer debe reconocer con humildad y voluntad de cambio que, en algunas de las aseveraciones planteadas acerca de la complejidad de su comunicación, los críticos tienen toda la razón. Luego, con la transformación propia del reconocimiento, que nos permite entrar en el próximo nivel, podremos empezar a mirar hacia la parte positiva de las virtudes y fortalezas de la expresión femenina.

La complejidad es solo un treinta por ciento de lo que representa la forma de expresión de la mujer. El setenta por ciento restante, lo componen sus extraordinarias virtudes, dones naturales, cualidades especiales, habilidades innatas y competencias comunicativas. Si logramos descubrir, valorar, enfocar y enfatizar ese alto porcentaje de fortalezas, de manera intencional, alcanzaremos beneficios enormes para la humanidad. Es inimaginable todo lo que le es posible lograr a una mujer con una comunicación femenina inteligente bien empoderada.

En este libro nos enfocaremos en ambos lados. En las fortalezas y también en las debilidades, definidas como oportunidades de mejora. Por eso hemos estructurado los diez lenguajes de la mujer en: los cinco lenguajes brillantes y los cinco lenguajes opacos, para alcanzar todo el enfoque, que abarque tanto sus fortalezas y virtudes, como sus debilidades y complejidades inentendibles. Las veremos en detalle, una a una, más adelante.

Con un grado mayor de civilización

Mi papá me decía: «La mujer tiene un grado de civilización mayor». Creo que se refería a la forma de comunicarse, más empática, menos agresiva y pendenciera. Como intelectual estudioso, purista del lenguaje, periodista destacado, abogado ilustre, con cuatro hijas mujeres muy distintas, una esposa maravillosa, seis nietas en escalera, tres bisnietas que no alcanzó a conocer y miles de mujeres estudiantes de universidad que lo apreciaban, tenía más de una razón para decirlo con criterio. Después de madurar mucho la idea todos estos años, creo que mi papá tenía razón.

Con asombro veo que no existen muchos autores, críticos, investigadores, que profundicen sobre el tema de la comunicación de la mujer, y sostengan esa misma tesis acerca de su forma «más civilizada» de expresarse. No pretendo demostrar esa hipótesis tan fascinante, que aún se recrea en mi mente. Pero sí quiero profundizar en ese infinito de posibilidades acerca de la verdadera forma como la mujer se comunica.

Existen excelentes y exhaustivos estudios sobre el sexismo, sobre la discriminación, sobre las diferencias entre hombres y mujeres, algo sobre lingüística e historia. Pero no se evidencian muchos análisis serios y confiables acerca de la esencia de la comunicación femenina, desde el lado ontológico, desde el ser. O por lo menos, no los suficientes.

Más allá de la cuestión de géneros y diferencias, la idea es analizar de qué manera se comunica la mujer, cuáles son los diferentes tipos de lenguajes que utiliza, para lograr al final como resultado el código de la comunicación femenina. Con el gran reto de tratar de descifrarlo.

Está claro que la mujer es diferente al hombre en su forma de comunicarse. Pero el aterrizaje del lenguaje femenino a la realidad de su día a día, sin comparaciones, es urgente en un mundo en el que su participación es cada vez más evidente.

Aquí trataremos de mirar la comunicación de la mujer, desde ella misma, en cuanto al ser. No a partir de sus diferencias con el sexo opuesto. Aunque en algún momento tocaremos el inevitable tema. ¿Cómo son los lenguajes de la mujer? Ese es el gran desafío planteado en esta obra. No pretendo buscar las causas de la discriminación, ni del consabido sexismo o machismo. Las grandes organizaciones mundiales de ayuda promujer ya cuentan con una tarea muy avanzada y admirable en ese sentido, que crecerá y será cada día más enriquecida.

Nos concentraremos en la búsqueda de los valores esenciales del lenguaje femenino, con el propósito final de alcanzar las claves para el empoderamiento de una cultura de la CFI, basada en la necesidad de llegar a entender cuáles aspectos debemos reivindicar en la lingüística de ella, que son únicos. También con la suficiente honestidad para reconocer aquellas «debilidades» innegables que la caracterizan y que necesitan ser transformadas. Así llegaremos al punto máximo de romper los paradigmas que han marcado a la mujer por siglos, y que la estigmatizan, justo por su forma de comunicarse y expresarse.

Ante ese lugar común antes mencionado, acerca de la comunicación femenina, con la consabida pregunta —¿Quién entiende a la mujer?—, algunos prefieren optar por la máxima «A las mujeres hay que amarlas, no tratar de entenderlas». Otros han realizado importantes estudios e innumerables manuales de relaciones de pareja que tratan acerca de las diferencias entre los géneros.

En su conocido *best seller Los hombres son de Marte y las mujeres de Venus*, el autor John Gray dice, entre muchas otras cosas interesantes: «Los hombres esperan erróneamente que las mujeres piensen, se comuniquen y reaccionen en la forma en que lo hacen ellos; las mujeres esperan erróneamente que los hombres sientan, se comuniquen y respondan en la forma en que lo hacen las mujeres. Hemos olvidado que se supone que hombres y mujeres son diferentes. Como resultado de ello, nuestras relaciones se llenan de fricciones y conflictos innecesarios».[1]

Allí Gray menciona elementos acerca de la comunicación de las mujeres como: «Las venusinas tienen valores diferentes. Valoran el amor, la comunicación, la belleza y las relaciones. Dedican mucho tiempo a respaldarse, ayudarse y estimularse mutuamente. Su personalidad se define a través de sus sentimientos y de la calidad de sus relaciones. Experimentan la realización a través de la participación y las relaciones. En Venus todo refleja esos valores. En lugar de construir autopistas y grandes edificios, las venusinas se preocupan más por vivir juntas en armonía, comunidad y cooperación afectuosa. Las relaciones son más importantes que el trabajo y la tecnología. En la mayoría de los casos, su mundo es opuesto a Marte».

Sí, las diferencias son evidentes. Los lenguajes de los géneros parecen ser interplanetarios. Los aportes de esta obra de los noventa son muy valiosos. Ahora bien, vale la pena el ejercicio de estudiar la comunicación desde la perspectiva de la esencia femenina en sí misma, no a partir de las diferencias con la comunicación masculina. Aunque la tarea de tratar de entender al otro, máxime cuando ese otro sea la pareja, es muy loable. Pero aquí miraremos el género femenino en su comunicación, como individuo, en cuanto al ser, con un estudio a conciencia de sus propios lenguajes.

La mujer debe asumir ahora la responsabilidad de autorregular su propia comunicación, para crecer y desarrollar su lenguaje como exponente del género. El sano reconocimiento de sus debilidades y fortalezas comunicacionales, la llevará a crecer en su expresión. El camino es maximizar, optimizar y potenciar lo mejor de la CFI.

Al hombre le corresponde la honrosa y digna tarea de reconocer y valorar el positivo cambio de ella. Tal vez, desde esa perspectiva, sea un poco más sencilla para él la misión casi imposible de entenderla, que tanto le ha costado.

Aportar a ese cambio y crecimiento comunicacional es parte de mi objetivo. Promover una comunicación de mujeres basadas en la autorregulación. En dar lo mejor de sí mismas. En romper los paradigmas que las han acompañado. En abolir los estigmas y estereotipos. En vencer los miedos. En comenzar a brillar como diamantes sobre el amplio océano de la expresión y el lenguaje.

No es tarea fácil. Pero, por supuesto que es posible. Será cuestión de ajustarse el cinturón y disfrutar el viaje hacia la transformación de su comunicación. Aunque en ocasiones deba sobreponerse al pánico de las turbulencias en medio de la travesía. Vamos a observar las fortalezas y oportunidades de mejora de las mujeres en su comunicación. A identificar los aspectos a corregir y aprovechar las debilidades como verdaderas oportunidades de crecimiento, cambio y éxito.

La descodificación de la comunicación femenina es una tarea urgente. La mejor manera de realizarla es analizar sus lenguajes. Tanto los que la muestran brillante, como los que la opacan. Vamos a llevarla a otro nivel. Para que brille más desde sus fortalezas, bien empoderadas. A fin de que trabaje para toda la vida en sus debilidades, con el reconocimiento diario de las necesidades y faltantes. No con el estigma frustrante de tener que ser «soportada», porque nadie la entiende, y apenas la toleran.

Es mucho lo que ha ascendido la mujer en todos los espacios. Es impresionante el nivel de influencia con que ahora cuenta en todas las áreas. Pero falta mucho aún por escalar. En especial, en su comunicación. En su manera de expresarse con una completa armonía entre lo que es, lo que siente, lo que sabe y lo que piensa. Llegó la hora del verdadero cambio en la comunicación femenina, como factor de éxito.

Creo que este es el mejor momento de las mujeres para entrar en la etapa del reconocimiento de su propia forma de expresión. Es el momento oportuno para iniciar una completa transformación. Es el tiempo de su inteligencia comunicativa.

Le vamos a aportar a ello, desde esta generación, hasta las próximas, para dejarles un legado de descodificación, que les permita salir

LOS 10 LENGUAJES DE LA MUJER

5 LENGUAJES BRILLANTES

5 LENGUAJES OPACOS

1 EMPATÍA
- Identificación
- Sensibilidad superior

1 FALTA DE CONCRECIÓN
- Habla mucho
- En espiral
- Con indirectas

2 INTUICIÓN
- Capacidad de percepción inmediata
- Sexto sentido

2 COMPLICADA Y COMPLEJA
- Respuestas confusas e inexplicables
- Inentendible.

3 INSPIRACIÓN
- Motivación para la acción, el entusiasmo y la transformación.

3 TENDENCIA A CONTROLAR
- Tóxica
- Metida en la caja
- Manipulación por temor.

4 MULTITAREAS
- Habilidad para manejar varios procesos - "Multitasking".

4 DEPENDENCIA EMOCIONAL
- Demanda de atención
- Apegos enfermizos.

5 CONEXIÓN EMOCIONAL
- Compenetración e interrelación - "Rapport".

5 ACTITUDES CÍCLICAS Y CAMBIANTES
- Esencia impredecible.

del embrollo y ser cada día más contundentes, lúcidas y lucidas. Cada vez más claras, concisas y precisas. Más asertivas, persuasivas y de alto impacto. Más empáticas y simpáticas.

Analicemos primero todo acerca de los diferentes lenguajes y expresiones de la mujer, desde el génesis hasta el sol de hoy, para llegar al punto de encontrar y crear el código de la CFI.

Los diez lenguajes de la mujer

La forma de comunicarse de la mujer ha sido percibida desde dos caras opuestas. Por un lado, se encuentran quienes la admiran y alaban su capacidad natural de ser intuitiva y empática, con una sensibilidad superior que la convierte en un ser con cualidades extraordinarias para destacarse y triunfar. Esto les lleva a exclamar: «La mujer es extraordinaria».

Por otro lado, existen quienes se quejan y la critican por su manera de expresarse, inexplicable, indescifrable, que les cuesta tanto trabajo entender. Esto les lleva a exclamar y preguntarse con cierta frustración: «¿Quién entiende a las mujeres?».

En este libro estudiaremos ambas caras de los lenguajes de la mujer. Así podremos mirarla dentro del cuadro completo de sus competencias comunicativas, no solo como profesional, sino como ser integral, en sí misma. Al final, el objetivo de todo este análisis es aportar un estudio que les brinde herramientas a la mujer y al hombre para entender más la comunicación femenina, y así aportarle mayor valoración, empoderamiento y, sobre todo, felicidad.

En la cara de sus virtudes y fortalezas, se encuentran los cinco lenguajes brillantes, que son el tema de este capítulo. En la cara de sus defectos y debilidades, aparecen los cinco lenguajes opacos, que mencionaremos como oportunidades de mejora en el próximo capítulo, no para minimizarla ni descalificarla, sino para llevarla a un nuevo nivel y verla brillar como profesional y ser integral.

Por eso en esta investigación, para efectos de aportar al análisis de la CFI, vamos a estudiar los diez lenguajes de la mujer, desde las dos caras de su identidad comunicativa y de su forma de expresarse, tanto en la comunicación verbal como la no verbal.

A través del estudio de los diez lenguajes de la mujer, los cinco brillantes y los cinco opacos, espero facilitar claves y herramientas para que millones de mujeres sean más empoderadas en sus habilidades de expresión. Así mismo, para que la mayor cantidad posible de hombres logre entenderlas, valorarlas y respaldarlas de manera intencional y sólida, dentro de las empresas y fuera de ellas. También para que las mujeres se interrelacionen con mayor libertad entre ellas mismas, como seres con un diseño especial.

Por supuesto que, por ser cada mujer un universo, algunas cuentan con unos lenguajes y otros no. Ninguna los presenta todos juntos o solo uno. Las posibilidades de combinaciones dependen de muchas variables que pueden ser innatas, genéticas, sociales, culturales, de educación, temperamento, personalidad, carácter…

Ellas cuentan además con porcentajes de lenguajes en su lado brillante y también en su lado opaco. Lo importante aquí es que ella los identifique, para que se autodefina, sepa medirse a sí misma y empiece la carrera de su transformación comunicacional.

CINCO LENGUAJES BRILLANTES

El diseño original de la mujer cuenta con virtudes suficientes en su forma de comunicarse para mostrarla como un ser brillante, capaz de destacarse en cualquier escenario. Nos enfocaremos en ellas ahora, para darle énfasis suficiente al lado de sus fortalezas, desde donde será mucho más fácil y grato empoderarla.

Estos cinco lenguajes brillantes de la mujer la convierten en un ser excepcional, con cualidades y virtudes únicas que, si logra concientizarlas y desarrollarlas, podrá llegar mucho más lejos en sus competencias comunicativas y en su capacidad de hablar en público o de expresarse en medio de una comunicación formal o informal.

Por la constitución de su cerebro y su sistema nervioso, ella es capaz de mostrar este grupo quíntuple de virtudes, sobre las cuales se deben realizar todos los esfuerzos de empoderamiento y crecimiento de una mujer profesional, en cualquier ámbito o disciplina en el que se desenvuelva.

Los cinco lenguajes brillantes son:

1. **Empatía.** Identificación. Sensibilidad superior.
2. **Intuición.** Capacidad de percepción inmediata. Sexto sentido.
3. **Inspiración.** Motivación para la acción, el entusiasmo y la transformación.
4. **Multitareas.** Habilidad para manejar varios procesos a la vez: *Multitasking.*
5. **Conexión emocional.** Compenetración e interrelación: *Rapport.*

Los vamos a analizar uno por uno para evidenciar más a fondo cómo ella manifiesta estos indicadores de su capacidad comunicacional y cómo se comporta en medio de cada uno de ellos. Al concluir la jornada de estudio de los cinco lenguajes brillantes, espero que sean un incentivo para la autoestima y la seguridad de cada mujer que los asimila y, a la vez, un motivo más de valoración de cada hombre hacia ella, que conduzca a una mejor comunicación interpersonal.

LENGUAJE BRILLANTE # 1

Empatía. Identificación. Sensibilidad superior.

La empatía es la capacidad de sentir identificación con las personas y de compartir a plenitud sus sentimientos. Esta competencia del ser se encuentra muy desarrollada de manera innata en las mujeres y es la base de todo su sistema comunicativo. Las impulsa a comprender las necesidades, emociones y conflictos de los otros, colocarse en su lugar y ser capaces de responder de manera correcta a las reacciones que proyectan desde sus emociones.

Para las mujeres es posible ser empáticas por tres razones fundamentales:

1. **Logran la escucha activa y la comprensión con especial facilidad.** Prestan suma atención a lo que su interlocutor comunica, tanto con lo que dice como con sus expresiones y su comunicación no verbal. Para lograrlo, ellas desarrollan su nivel de atención día a día, como parte de su diferencial. Por eso pueden ser sensibles a las señales externas con cierta facilidad.

   La escucha dinámica les conduce a enfocarse con exclusividad en el interlocutor por cierto tiempo, con especial concentración. Es una de sus cualidades biológicas y emocionales innatas, por eso la puede entrenar y desarrollar para lograr niveles cada vez más altos de conexión.

2. **Cuentan con la capacidad natural de vivenciar los sentimientos de las otras personas.** Esto les posibilita comprender por qué se comportan de determinada forma y les facilita la comunicación con otros, a través de un modo de interactuar desde el lado positivo, cercano y amigable.

3. **Buscan ser comprensivas y logran beneficios para todas las partes.** La empatía femenina les permite vivir de cerca la conexión con las personas, lo cual les da resultados efectivos en sus relaciones interpersonales. También en las habilidades de la negociación, porque pueden ser convincentes y mostrar el «efecto-afecto», tal como lo menciono en mi libro *El efecto*.[2]

Las profesionales empáticas

Los altos cargos alcanzados por las mujeres en las grandes compañías tienen que ver con su sistema emocional y su capacidad de ser empáticas con el entorno, lo cual las lleva a niveles altos de la comunicación inteligente que les facilitan los resultados en la gestión de su rol.

Muchas veces, al entrar a la oficina de una ejecutiva de alto nivel en una empresa, el invitado se siente como si lo recibieran en su propia casa. Ellas pueden iniciar una reunión de toma de decisiones determinantes para la compañía con preguntas como:

¿Te provoca un café para el frío? Tengo descafeinado, si lo prefieres.

¿O un poco de agua para la sed? ¿O mejor un té con crema? Porque a mí me encanta el té... es una tradición familiar.

O tal vez:

¿Te entregaron el tiquete para el parqueadero gratis? Yo te lo puedo firmar aquí.

¿No? Lo siento, discúlpanos. Por favor, la próxima vez dile a mi asistente que lo tenga en cuenta. Es que con tantas cosas... a veces se nos pasan detalles tan simples como ese.

A continuación inician su charla de negocios con el más increíble lenguaje profesional que uno pueda apenas entender. Puede ser en el idioma financiero, informático, científico, organizacional, gerencial, de *marketing*, político... o cualquiera que sea, ellas siempre cuentan con una impresionante habilidad para manejar los dos lados de la comunicación, el formal y el informal, como quien pasa de una habitación a la otra de la casa con la agradable sensación de «hogar, dulce hogar».

Todo se debe a que las mujeres cuentan con esa extraordinaria capacidad natural de ser empáticas al comunicarse. Porque sienten la necesidad de «identificarse» con las personas y quieren compartir sus sentimientos. Por eso suelen escuchar con eficacia. Se muestran amigables y compasivas, lo que permite que su liderazgo empresarial sea tan efectivo. En especial en el área comercial y de las relaciones públicas. Así como en la vida personal y familiar.

Por su habilidad de seres integrales, es decir, de no dejar los sentimientos colgados en el garaje de la casa, cuando salen en su auto para la oficina, sino que los traen consigo en la cartera, en el corazón y en la piel, a dondequiera que vayan, ellas pueden incluir en cada uno de sus ámbitos y escenarios comunicacionales un sello de empatía que, además de ser agradable, logra resultados impresionantes en la rentabilidad corporativa.

El «por si acaso» femenino

A propósito de la cartera o el bolso, es un artefacto que se ha convertido en parte de la personalidad de cada mujer. Es uno de los elementos en los que más se puede reflejar su don empático. Es allí donde quieren cargar todo lo que les sea posible, para poder llevar las «herramientas» que les permitan «identificarse» con los otros.

Desde una pequeña botella con líquido para desinfectar las manos, que le podría servir al marido o a los hijos cuando van en el carro, una bolsita de pañuelos para secarse, por si acaso a alguien le hace falta en la oficina, un poco de cinta de enmascarar por si de pronto los muchachos del área la necesitan para pegar los mensajes en la cartelera, o un frasco de pastillas de Ibuprofeno, pero mejor de gel, porque a fulanita le puede hacer daño para sus problemas de acidez estomacal. Y «por si acaso», unas barritas de cereal, porque a eso de las diez de la mañana se activa el hambre y uno nunca sabe si deba compartir con alguien ese momento especial del día, con un buen café en la oficina. En ese caso, es mejor para ellas llevar tres que dos.

Por eso es que se necesitan carteras grandes, de esas que nadie entiende, donde solo ellas pueden encontrar sus cosas, porque saben a quién, en qué momento y para qué le pueden servir. Con la fórmula del:

¡Uno nunca sabe!

Equipos de alto rendimiento

Ya sean presididas por hombres o por mujeres, las empresas cuyos directivos permiten que mujeres con altos niveles de empatía atiendan las relaciones comerciales con los clientes, internos o externos, cuentan con una excelente fórmula estratégica para conseguir equipos altamente efectivos en su organización. Porque a través de ellas obtendrán resultados y, lo mejor, relaciones perdurables de lealtad con sus socios o proveedores.

La presencia femenina en una entidad es una fórmula inteligente. Cada vez más hay mayor concientización de esta realidad. Aunque algunas veces ello riñe con el orgullo masculino, que no les permite a ciertos dirigentes involucrar a más mujeres, porque aún guardan recelo y se sienten menoscabados en su fuero interno si traen a una mujer a dirigir algún equipo.

De todas maneras, es impresionante el cambio logrado hasta el momento. Grandes compañías del mundo han entendido la fórmula de oro que es involucrar a las mujeres en altos cargos, porque han visto los resultados que algunas de ellas han logrado en la competencia. En este libro mencionaremos a algunas como casos de éxito a nivel profesional. En todos los sectores se puede notar el auge de las mujeres ejecutivas que deslumbran con sus resultados. Sobre todo, en sectores como el financiero, el de tecnologías informáticas y el de las organizaciones dedicadas a la responsabilidad social, ha sido exponencial el crecimiento de la presencia de las mujeres que logran descollar, sobresalir y distinguirse por sus habilidades, en especial en el campo de las competencias comunicativas, que son el objeto de este estudio.

Organizaciones como la ONU Mujeres y otras entidades globales que trabajan en la defensa de los derechos de las mujeres muestran cifras acerca de la poca participación de ellas en los puestos directivos[3] y de la inequidad en los pagos salariales. Incluso en los medios de comunicación se habla de sexismo tendencioso, por parte de algunos líderes políticos mundiales.

Ante ese escenario de lucha continua por el ascenso, cada vez más y con mayores aciertos, las mujeres logran demostrar sus habilidades como profesionales y ejecutivas líderes, con habilidades y competencias comunicativas destacadas y de alto impacto. Algunas de ellas, que ya se encuentran en el poder, se han dedicado a realizar campañas en redes sociales y conferencias, acerca de la falta de impulso a las mujeres, desde que son niñas. Mencionaremos algunas también como casos de éxito.

Un gran líder valora a la mujer

Solo algunos grandes líderes mundiales han reconocido y optado por apreciar a las mujeres, por encima de los paradigmas culturales, y han sido intencionales en el trato con ellas para empoderarlas y posicionarlas como líderes de alto valor. Los que lo han logrado, se han destacado ante el mundo por sus resultados visibles ante la humanidad.

Jesucristo, el hijo de Dios, y el líder más contundente de la historia de la humanidad, durante su misión en la tierra como el Salvador, fue un defensor avanzado de las mujeres vulnerables, próximas a ser apedreadas, rechazadas por los líderes de la época, criticadas y vapuleadas. A pesar del entorno cultural y religioso, él las valoró como líderes emprendedoras y comunicadoras que llevaron su testimonio transformador a todos los rincones y lo siguieron hasta la tumba, e incluso después de su resurrección. Ellas fueron las primeras en recibirlo cuando resucitó.[4]

Siempre me ha llamado la atención en su extraordinario mensaje, que la primera palabra que Jesús dijo, después de resucitar, se la dirigió a una mujer, a manera de exclamación, y fue justo esa, y no otra:

«¡Mujer!»

Luego le formuló la pregunta del coach empático y asertivo: ¿Por qué lloras?[5]

Es la misma pregunta que le envía hoy a cada una de aquellas mujeres que se sienten desamparadas, desoladas, solas, fatigadas, aburridas, desalentadas y sin consuelo, y que trae consigo misma la respuesta:

«Mujer... ¿Por qué lloras?... Yo estoy contigo».

La mujer genera espacios placenteros, de alto rendimiento

En definitiva, los líderes deben entrar en la dimensión de reconocer la presencia de la mujer en el mundo corporativo como parte de la estrategia para alcanzar los mejores resultados. Su capacidad de generar un ambiente placentero a su alrededor, puede llevar a las entidades al máximo nivel de rentabilidad. Por su naturaleza empática, cuentan con la posibilidad de propiciar espacios de alto rendimiento. Si las entidades logran concientizar, desarrollar y empoderar esas habilidades comunicativas femeninas, potenciarán al máximo sus oportunidades.

Si se trata del área de la educación, por ejemplo, las mujeres cuando enseñan y capacitan equipos tienden a preguntar a sus estudiantes cosas como las siguientes:

¿Cómo nos sentimos hoy?

¿Qué tal les pareció la última clase?

¿Cómo les gustaría continuar la temática?

Con preguntas simples, pero poderosas como esas, las mujeres educadoras consiguen que sus alumnos se sientan motivados. Se sientan a gusto, como dentro de una especie de «placenta» de la comunicación, donde existe una conexión intuitiva, placentera, de la cual no quieren salir. La asociación entre placenta y placentera es total. Por eso la mujer, que produce la placenta durante la gestación, es capaz también de producir un clima comunicacional placentero.

La empatía de un emisor en la comunicación produce en el receptor la sensación de sentirse valorado, protegido, consentido y estimado, aun sin saber por qué. Incluso sin recibirlo en el consciente, sino que llega al inconsciente como gotas de miel que endulzan el ánimo de manera saludable y orgánica.

La poderosa empatía femenina a través del efecto-afecto produce un estímulo inimaginable en las personas cuando comunican un mensaje. En eso las mujeres son expertas maestras.

En mi libro *El efecto* afirmo lo siguiente:

«La comunicación persuasiva no se conecta desde el intelecto, sino desde el corazón. Las manifestaciones afectuosas de quien se comunica producirán una impresión imborrable en el ánimo de su público y le ayudarán a conseguir el objetivo del mensaje con mayor facilidad y éxito. Incluso cuando el auditorio sean los hijos, la familia o los amigos. El secreto del afecto resume en sí mismo todos los demás secretos de una comunicación de alto impacto. Las señales de afecto que transmitimos a las personas generan en ellas un efecto ochenta por ciento superior al que podemos lograr con mensajes muy buenos en la técnica, pero distantes, fríos, poco amigables y alejados de los sentidos. El afecto produce impresionantes resultados en la persuasión y la asertividad mayores que todo lo que podríamos lograr solo a punta de habilidades comunicacionales, por más desarrolladas que estas sean».[6]

Incluso, he escuchado a mujeres maestras que les dicen a sus estudiantes, con efecto afecto, frases como: «Está bien, continuemos con la lección "mis amores"...».

Valga la aclaración

Aunque en su naturaleza predomina la comunicación afectiva-efectiva, es válido aclarar que en muchos casos las mujeres se muestran poco empáticas, distantes y hoscas. Con un carácter más cerrado y desagradable que amable y empático. Pero es justo en esas excepciones, en las que se confirma la regla de la empatía femenina.

Creo que si una mujer no se muestra empática no es porque no lo sea. Es porque su capacidad natural de serlo se encuentra distorsionada y afectada por las circunstancias, por el entorno, por las presiones, por las hormonas o, en el peor de los casos, por una personalidad y un temperamento afectados y marcados con las señales emocionales de sus relaciones o situaciones conflictivas en la vida, que le estropearon y lesionaron su don empático natural.

Cómo empoderar la empatía femenina

La empatía, además de ser en sí misma un valor, una virtud del ser, es parte de las competencias comunicacionales que pueden ser entrenadas y desarrolladas. Como un músculo que se ejercita en el gimnasio, al lado de un entrenador personal. Esa es una de las funciones que más me agradan al empoderar a mujeres profesionales en sus habilidades de comunicación asertiva: concientizar en ellas la empatía como parte de sus valores y virtudes. Como parte de sus metas para conseguir los indicadores de resultados.

Es impactante ver su cambio cuando lo consiguen. Pasan de verse opacas, ariscas, ásperas, ceñudas, antipáticas, reservadas, hurañas, secas, serias, adustas, desabridas, intratables, insociables, desapacibles, desagradables... a brillar como valiosos diamantes.

Con su empatía desarrollada desde el ser, comienzan a expresarse de forma distinta, con impresionante transformación. Se muestran más afines, sintonizadas, en conexión, comprensibles, compasivas, amables, sociables, apacibles, afables, identificadas con el otro... Como resultado, transmiten una comunicación más interesante, inteligente, asertiva, persuasiva y de alto impacto. Ese es el efecto de la empatía femenina, al cual no pueden renunciar las mujeres. Deben reconocerla, desarrollarla y empoderarla, como una de sus más poderosas fortalezas. Abrazarla con todo lo que son, en esencia, como profesionales, como personas. Esa es la marca de la Nueva Comunicación Inteligente (NCI).

El área de investigación de algunas de las principales universidades del mundo le ha dedicado especial atención al tema de la empatía femenina, como una facultad particular. La Universidad de Manchester cuenta con el proyecto Impacto de la Mujer, diseñado para educar y capacitar a las mujeres del noreste de Indiana, para que sean capaces de utilizar sus habilidades de liderazgo para hacer una diferencia.

El profesor Lehman, especializado en estudios de comunicación de esa universidad, dice: «Escuchar es el mejor regalo que le puedes dar a alguien. La mujer tiene pasión por las dimensiones éticas subyacentes de la escucha. El primer deber del amor y el respeto es escuchar».

Las mujeres muestran una sensibilidad especial para escuchar y «ponerse en los zapatos del otro». Ya sean los empleados, el jefe, los compañeros de trabajo, un auditorio de mil quinientas personas, el novio, el marido, sus hijos o los de sus amigas. Por eso sus procesos de comunicación se muestran muy asertivos, porque no buscan ser agresivas, ni tampoco pasivas. Se ubican en el punto exacto entre entender al otro y llevarlo al impulso y la acción. Tal como lo hacen con sus propios hijos.

Sus presentaciones dejan ver una actitud de abnegación por la empresa, por los equipos de trabajo, por los compañeros y por los resultados. Pero a la vez se preocupan porque las áreas de servicio se encuentren bien atendidas o que las personas del área operativa cuenten con suficiente atención.

Si se trata del área de servicio, las mujeres suelen atender al cliente de la empresa con particular sensibilidad para que se sienta como en casa. Su lenguaje hospitalario y acogedor permite que el ambiente se torne más cálido y armonioso.

La empatía es una virtud innata del género, pero algunas veces se desvirtúa y se pierde por diferentes factores que la inhiben. He podido ayudar a desbloquear las habilidades comunicativas de mujeres profesionales, ejecutivas y empresarias, que no son efectivas porque no logran escuchar a las personas, no son sensibles a sus necesidades. No cuentan con el equilibrio de la asertividad, son muy agresivas o muy pasivas.

Sin embargo, es evidente que la mayoría de las mujeres son empáticas por naturaleza y genética. También por la cultura heredada y aprendida de sus generaciones que suele ser cálida, amigable y cercana. Siempre dispuesta a ayudar y a apoyar a los otros. A pensar en todos los demás, a veces antes que en ellas mismas.

Dentro de las investigaciones de la Universidad de Cambridge al respecto, el doctor Simón Baron-Cohen, maestro de esa destacada institución, concluyó que: «Las mujeres suelen identificarse con el sufrimiento de la gente. Además, les cuesta desapegarse de sus emociones. Asegura que esto se debe al funcionamiento de la corteza insular, o ínsula, encargada de transmitir desde el cerebro la capacidad empática, que les permite identificarse con los sentimientos, estados de ánimo y situaciones difíciles o exitosas de las personas a su alrededor».

Para desarrollar más su lenguaje brillante de la empatía la mujer requiere:

En los casos en los que el nivel de empatía femenino no es tan alto, o cuesta trabajo conseguirlo, es necesario desarrollar habilidades comunicativas para el cambio, con acciones como:

- Buscar ser más afín con las personas a su alrededor.
- Identificarse con ellas en sus preferencias.
- Sintonizarse con ellas de acuerdo a sus necesidades y no las propias.
- Conseguir mayor conexión, desde el contacto visual y la escucha dinámica.
- Expresarse de manera cercana, amable, apacible y amigable.

LENGUAJE BRILLANTE # 2

Intuición. Capacidad de percepción inmediata. Sexto sentido.

Es la habilidad comunicacional femenina, la competencia del ser, que le permite a la mujer conocer, entender, comprender o percibir algo, en forma fácil, clara, segura y rápida, sin necesidad de la intervención inmediata de la razón o la lógica.

La ciencia ha demostrado que la mujer cuenta con equipos sensoriales potentes. A través de ellos logra captar cuando alguien se siente ofendido, o pasa por un momento de tristeza, o se encuentra preocupado por algún motivo. Sin necesidad de que sea tangible, a través de alguna evidencia física, como la expresión facial, las lágrimas o un gesto de furia.

Las habilidades natas de su diseño divino son propias de tareas sublimes para las cuales fue dotada con especial riqueza interior, como su ejercicio de madre, para el cual debe conocer las emociones de su hijo desde que se encuentra en su vientre, luego al nacer en la crianza, más tarde durante la niñez y la adolescencia, hasta que sale de su lado para ser una persona independiente.

La intuición femenina produce asombro y admiración porque es una habilidad intensa que ella posee para apreciar los cambios y comportamientos de las personas. Con su percepción logra desarrollar el instinto de defensa de su familia, de tal forma que puede percibir desde lejos cualquier señal de malestar de sus hijos o su esposo, sin necesidad de que le cuenten el problema. También alguna posible amenaza de peligro, ante la cual ella genera advertencias, aunque los demás se nieguen a aceptarlas y luego deban reconocer que ella tenía razón. Por eso es popular una de sus sentencias más comunes en la casa: «Te lo dije». Ella puede saber que algo sucede solo por su intuición. Incluso, es experta en saber cuándo tienen hambre, sed, frío, calor o necesitan ayuda, sin que se lo cuenten.

El profesor de sicología y siquiatría de Pennsylvania University, Ruben C. Gur, utilizó sus estudios a través del escáner del cerebro humano para demostrar que el cerebro de la mujer analiza de manera constante la información que recibe, mientras que el del hombre descansa en un setenta por ciento de su actividad eléctrica. Esa actividad permanente del cerebro la mantiene más sensible a las señales externas de los otros. Por eso ella puede estar presente en cada acontecimiento emocional de su esposo y de sus hijos, sus deseos, sueños, tristezas, alegrías, frustraciones, pasiones, miedos, sentimientos y proyecciones. Mientras que para el hombre, pueden pasar desapercibidos o no cobrar ninguna importancia.

Según otro estudio, realizado por la Universidad de Granada, la mujer se muestra intuitiva incluso desde antes de su nacimiento, porque cuenta con una menor exposición a la testosterona en su etapa prenatal dentro del vientre de la madre. Los investigadores dicen que por esa razón ella tiene una forma de pensar más intuitiva y menos reflexiva que la de los hombres. Según esta investigación, los varones reciben mayor cantidad de testosterona prenatal, lo cual los convierte en seres más arriesgados, pero menos empáticos, que las mujeres.

Dentro de la comunicación, las mujeres se expresan a través del pensamiento intuitivo, procesado de manera más inmediata, espontánea y no tan elaborada desde el consciente, sino desde el inconsciente, no desde el lado cognitivo y lógico. El hombre, por su parte, se comunica más desde este lado del pensamiento reflexivo y lógico.

El robot femenino de Asimov

Isaac Asimov, el escritor y bioquímico judeo ruso americano, escribió el cuento llamado «Intuición femenina», que fue publicado en 1969 en *The Magazine of Fantasy and Science Fiction*.[7]

El autor aseguró que escribió ese cuento porque la misma editora de la revista le solicitó una historia especial acerca de un «robot femenino». Ella quería lograr un impacto distinto porque, hasta ese entonces, cada uno de los robots de Asimov, en sus cuentos de ficción, habían sido «hombres» o, mejor dicho, robots masculinos.

La historia se trata de la creación de la robot Jane, por el nuevo director de una compañía de robots, Clinton Madarian, que inició el difícil proyecto de construir el primer robot mujer de la historia. Pero la idea era que debía tener no solo los atributos físicos de una chica con toda su humanidad. También debía mostrar dotes de «intuición femenina», a través del funcionamiento libre de cada uno de sus circuitos. De esa manera, sobrepasaría todas las leyes de la robótica conocidas hasta el momento.

La misión más importante de Jane era encontrar la estrella que tendría incluido un planeta habitable que, al ser encontrado por un robot, lograría el mayor ahorro de dinero, tiempo y esfuerzos alcanzados por el mundo de la ciencia hasta ese momento.

Así nació Jane, después de cuatro intentos fallidos de robots femeninos durante varios años. Tras una muy interesante trama, en que los personajes viven conflictos, accidentes y diferentes situaciones, al final la anterior directora de la compañía le responde a quien le pregunta cómo puede estar segura de la efectividad de la robot Jane: «Digamos que es cuestión de intuición femenina».

Como en este caso de la robot de la historia de Asimov, la bendita intuición femenina ha sido un tema fascinante, no solo de ciencia ficción, sino también de la vida real. Se vive día tras día en las compañías ese «algo», ese «no sé qué» con que cuentan las mujeres y que las muestra como ejecutivas con habilidades especiales para el descubrimiento —como en el caso de Jane, la robot de Asimov— de nuevas constelaciones, de soluciones e innovaciones que pueden representar millones de dólares para el beneficio de la empresa.

La relación innovación-mujer-economía

Por el lenguaje de la intuición femenina, las más recientes investigaciones de *marketing* han declarado que uno de los principales grupos objetivos para realizar las campañas comerciales y de publicidad, es el de las mujeres. Al lado de los jóvenes de la generación «mileniales» —los nacidos entre 1980 y 2004— y otros grupos que les siguen en la lista.

Los resultados demuestran que es sorprendente cómo ellas cuentan con una capacidad inexplicable para detectar los verdaderos beneficios de los productos, de las promociones, de los bonos y de cualquiera de las estrategias de *marketing* para vender productos.

Ellas saben con exactitud dónde, cómo, cuándo y qué buscar, en cada temporada, de forma intuitiva. Su potencial de consumo se multiplica y las empresas comienzan a darse cuenta ahora de lo importante que es considerarlas para sus campañas y realizar estrategias innovadoras que las incluyen de manera intencional.

La mujer promueve hoy la innovación de manera tan acelerada que los empresarios deben asimilarlas con mayor rapidez y efectividad. La potencia del consumo femenino es latente y las empresas que le apuntan a enfocarse en ellas comienzan a ganar espacios impresionantes de crecimiento. Incluso en las que son reconocidas como marcas dirigidas al mercado tradicional masculino, como las grandes casas de informática, telefonía celular y computación. Hoy su estrategia de comunicación se enfoca cada vez más en valorar las necesidades de la mujer.

Ahora se desarrollan teléfonos inteligentes de última generación con diseño «intuitivo», más sencillo, amigable y atractivo para ellas. Así han logrado elevar en una década el porcentaje de compradoras mujeres al cincuenta por ciento.

Alrededor de esta revolución de la presencia femenina en el incremento de la rentabilidad empresarial del mundo entero, los economistas se enfocan más en la mujer con el objeto de lograr un mayor equilibrio de género en las empresas y en el mercado laboral. La mujer de hoy influye en gran parte de los billones del mercado mundial. Ella es una gran promotora de la economía global.

En las universidades de Latinoamérica, Estados Unidos y Europa, la presencia de estudiantes mujeres es cada vez mayor y con excelentes calificaciones. Lo puedo ver en mis cursos presenciales y *online* para maestrías en importantes instituciones educativas de la región, como la Universidad de Los Andes, en Colombia. Las mujeres logran mostrar su empoderamiento, como líderes que desarrollan sus competencias para una comunicación femenina inteligente.

Esto es sorprendente, sobretodo en una carrera como la de ingeniería de sistemas, que años atrás era en su gran mayoría para hombres. Hoy ellas brillan y se destacan en cada una de mis clases del curso *online* de Competencias Avanzadas en Comunicación, Power People, para la maestría de arquitectura de tecnologías de información.

Las empresas necesitan concientizar en cuanto a los lenguajes de la mujer

Por todos estos avances de la mujer en la economía y el mundo empresarial global, las compañías necesitan con urgencia comenzar a enfocar sus estrategias de manera más intencional en las necesidades de la mujer y, sobre todo, en aprender a reconocer y escuchar sus lenguajes, para volverlos parte de la estrategia y las decisiones de su organización.

Es evidente que existen particularidades que muestran el modo en que se diferencian la mujer y el hombre. Sus motivaciones difieren. Ella, por ejemplo, no valora el dinero en sí mismo. Lo considera un medio para obtener felicidad, satisfacción personal y estabilidad en su vida profesional y laboral. Ambos cuentan con comportamientos, respuestas y composición física y neurológica distintos. Por eso ahora es tiempo de comenzar a mirar la equidad, desde las particularidades de cada uno, para conseguir un desarrollo en el que todos sean beneficiados.

En las organizaciones los directivos deben mirar hacia la mujer para conocer sus necesidades e impulsarlas a un mayor empoderamiento, con oportunidades de desarrollo profesional que les permita asumir altos cargos. Entender que requieren, por ejemplo, jornadas especiales para sus necesidades particulares en sus roles como amas de casa y madres. Porque si ellas influyen de manera positiva en la economía y el desarrollo empresarial, es necesario ser más empáticos para entender sus lenguajes y convertirlos en parte de la gestión del cambio y del crecimiento organizacional.

Se requiere mayor conciencia de los avances mundiales acerca del estudio del cerebro y las emociones de la mujer, para ser más exitosos a través del poder de la comunicación femenina inteligente. Comenzar a recibir en forma positiva sus particularidades, valores, motivaciones y su modo de decidir, para potenciar al máximo su comportamiento como directiva y también como cliente interno y externo.

Los lenguajes de la mujer y los del hombre cuentan con particularidades especiales, que a su vez son complementarias. Es necesario analizarlos por separado y valorar a cada uno en su propio espacio, para alcanzar los mayores resultados. Además, hay que ser más efectivos en descifrar los lenguajes de la mujer para encontrar todo su potencial dentro de la economía y el mercado laboral.

El sexto sentido femenino

Siempre escuchamos hablar de los cinco sentidos básicos como: la vista, el olfato, la audición, el tacto y el gusto. El sexto sentido, que va más allá de lo sensorial, es el de la intuición. Se refiere a la capacidad de intuir, del latín *in* y *tueri*, o mirar hacia algunas circunstancias. Por esa razón se dice que la mujer cuenta con un sexto sentido, porque su lenguaje es intuitivo.

Hoy la ciencia habla de otros sentidos que conforman la actividad sensorial humana. El séptimo sentido es la propiocepción y se refiere a la conciencia de los movimientos de los músculos para dominar asuntos como moverse y agarrar objetos. El octavo sentido es la equilibriocepción, acerca del manejo del equilibrio de la corporalidad.

De ahí en adelante se ha hablado acerca del noveno y décimo sentido, con suposiciones que no se conocen con certeza, como parte de actividades del cosmos. Son consideradas teorías creadas por la ficción y el ocultismo, sin base científica.

Existe también la sinestesia, que ocurre cuando varios sentidos se mezclan y permiten la capacidad de percibir las sensaciones de otros sentidos de manera conjunta. Una persona con este sentido desarrollado puede llegar a experimentar la sensación de escuchar colores, ver sonidos y percibir sensaciones gustativas al tocar un objeto. Percibe con frecuencia correspondencias entre tonos de color, tonos de sonidos e intensidades de los sabores de forma involuntaria. En algún momento, al tocar una superficie suave puede sentir un sabor dulce.

Cómo desarrollar el lenguaje de la intuición femenina

Aunque la mujer cuenta con una intuición natural e innata en su diseño original, esta se puede desarrollar como competencia comunicacional del ser. Para ello, es necesario entender primero cómo funciona, qué es y qué no es el lenguaje intuitivo.

Se puede reconocer el funcionamiento de la intuición en momentos cuando es necesario tomar decisiones entre una vía u otra. En ocasiones la intuición muestra la ruta correcta, pero por miedo se toma otra y al encontrarse con algún problema en el transcurso del camino, se da cuenta de que su intuición le había mostrado el camino correcto a seguir. La frase siguiente es: «Yo lo sabía».

La mujer que aprende a madurar la intuición, con la que cuenta a nivel cerebral desde el principio de la creación, junto con todas sus demás virtudes y facultades, adquiere una comunicación femenina inteligente. Su lenguaje intuitivo como profesional, como madre, como pareja, como ser para la vida, le permite tomar decisiones adecuadas. Sin sentir presión o estrés por la indecisión, ni culpa permanente por los errores.

Para desarrollarla, debe practicar el lenguaje intuitivo de manera permanente. Es importante no confundir la intuición con la necesidad de manipular a los demás, o con alguna práctica de control mental. El lenguaje de la intuición en la mujer es parte natural de la forma como fue concebida, desde el principio de la creación.

El sexto sentido se ve más en la mujer por su conformación cerebral, pero debe aprender a concientizarlo, desarrollarlo y regularlo, como parte de sus habilidades comunicativas. Con él puede llegar a expresarse ante un público o en una conversación importante, por medio de la certeza interior y la convicción personal. Le permite mostrar un lenguaje que va más allá de la lógica mental y entrará en la dimensión de la expresión desde su intuición, a través de la cual se verá más persuasiva, porque transmitirá certeza, seguridad, criterio y madurez como oradora. También en las conversaciones formales o informales que realiza en la empresa o en sus espacios íntimos con sus amistades, su pareja o sus hijos.

Para un mejor desarrollo de su lenguaje intuitivo la mujer requiere:

- Salirse del esquema del «saber de» y entrar en el del «saber ser».
- Conectarse más desde el corazón con las personas, no solo desde la razón y la lógica.
- Hablar con sabiduría, más allá de su conocimiento, desde su esencia personal.
- Reconocer la forma como actúa su intuición y permitirle ser parte vital de su expresión.

LENGUAJE BRILLANTE # 3

Inspiración. Motivación para la acción, el entusiasmo y la transformación.

La inspiración con respecto a otros es la capacidad femenina de despertar en ellos las nuevas ideas, la imaginación y los sentimientos que los conducen a un cambio favorable o a la solución de problemas. Promueve la creatividad, con el ánimo suficiente para estimularlos y motivarlos con una nueva visión. Así los impulsa hacia una reacción o una acción, en favor de su desarrollo personal, de su transformación y la de su entorno. Todo, a través de su mensaje, de su expresión oral y no verbal. Pero, sobre todo, de su ejemplo como figura de influencia, tanto en la empresa como en su casa.

Dentro de las formas de expresión más interesantes y motivadoras de la mujer se encuentra el lenguaje de la inspiración. Este la convierte en un ser trascendente con proyección y la puede llevar a un alcance mayor de su capacidad para dejar huella a través de su marca personal como influenciadora, que no solo convence con su comunicación, sino que motiva para la acción, impulsa hacia el entusiasmo y promueve el desarrollo por medio de la transformación de la gente y los procesos.

Al inspirar a otras personas, la mujer puede lograr en ellas la motivación para que sean mejores, para que realicen mayores acciones y para que conozcan más acerca de sí mismas y de diferentes temas de interés para su carrera y su vida personal. Puede impulsarles para que sean más emprendedores, para que cuenten con mayor pasión o para que logren una transformación determinante en su empresa, en su vida familiar o en su ser interior.

Una mujer inspiradora utiliza un lenguaje especial que lleva a las personas y a las empresas al crecimiento y la expansión. A lograr mayores resultados en la gestión personal o corporativa.

Tres pasos fundamentales del lenguaje de la Inspiración

El lenguaje de la inspiración de una mujer con competencias comunicacionales avanzadas se desarrolla en tres pasos que la llevarán al éxito de su gestión:

1. Estructurar el mensaje de adentro hacia afuera. La inspiración es efectiva cuando se realiza desde el interior hacia el exterior.

Cuando la estructura del mensaje no está establecida en los productos, las maquinarias ni en los objetivos lucrativos de la empresa, sino en el valor agregado. Es el caso, por ejemplo, de una famosa marca de gaseosas, que no habla de cómo está fabricado su producto ni de los beneficios que puede darle a su salud si la consume. Se enfoca en inspirar a las personas desde su interior y, para convencerlas, las motiva a través de uno de los valores más buscados y anhelados por el ser: la felicidad.

2. Enfocarse en el «para qué...». Para llegar al nivel del lenguaje inspirador la mujer debe hablar, ante todo, de la necesidad del otro, no de sus propios logros ni los de la entidad. Es decir, cuando el enfoque se encuentra en el centro de la necesidad del otro, todo cambia. De esa manera la mujer inspira para llevar a las personas a lograr el «para qué» de sus metas, sueños y objetivos. Si se encuentra en una presentación ante un cliente, externo o interno, no le habla de los principales productos y servicios, ni de la importancia de su marca, ni de la visión, la misión y los valores de la organización, ni de la historia de la marca desde hace veinticinco años. No. Les habla mejor de aquello que para ellos como público constituye su principal necesidad. Como la satisfacción, la seguridad, el descanso, la tranquilidad y el disfrute con su familia. Al final de la jornada, ellos sabrán que su marca, o empresa, cuenta con la capacidad y los servicios suficientes para lograrlo.

Es así como empresas enormes de multinivel no hablan de sus productos de salud, belleza o aseo. Ellos inspiran a las personas para que encuentren una oportunidad y para que sean los dueños de sus propias empresas. Al final, la gente consume los productos, pero lo que los motiva es la oportunidad de crecer y ser personas con un futuro más promisorio y feliz.

De esa manera el lenguaje inspirador se enfoca, desde la primera presentación, en conceptos como:

- Para mejorar tu...
- Para facilitar tu...
- Para expandir tu...
- Para crecer en tu capacidad de...
- Para elevar tu nivel de....

Siempre el «para qué...» estará ligado a una acción o verbo que refleje la principal necesidad de quien se encuentra en frente de ella: mejorar, maximizar, optimizar, facilitar, potenciar... Ella debe encontrar de manera empática cuál es ese «para qué...» inspirador que llevará a las personas que la escuchan a ser inspiradas para cumplir sus metas de oro, como empresas y personas de talla mundial.

3. Proyectar un mensaje propositivo. Para ser inspiradora, la mujer requiere aprender el manejo de un mensaje propositivo. Es decir, comunicarse desde el lado optimista, positivo, amable, enriquecedor, motivador. No desde el lado negativo, rígido, tosco, pesimista, empobrecedor, desalentador y frustrante. Eso requiere un cambio de ciento ochenta grados al plantear sus ideas. Pasar de decir: «Para lograr esto, "tienes que" hacer aquello...» a decir: «Sí será posible lograrlo, "si te propones hacer" aquello...».

Esa es la gran diferencia. Se requiere un cambio total de su forma de transmitir su comunicación para inspirar a los otros a la acción, con un lenguaje que nunca impone, sino que sugiere. Que no utiliza expresiones como: «Usted "nunca" entrega el informe a tiempo...» sino que prefiere decir: «Si entregas el mensaje a tiempo, te irá mucho mejor».

De esa forma no solo los inspira, sino que los impulsa a automotivarse con inteligencia emocional para que logren sus propios objetivos y metas. Es la mujer que en vez de quejarse de su ciudad y despotricar de ella por el mal tráfico, la falta de aseo o el mal gobierno, con palabras como: «Esta ciudad es un desastre. No entiendo cómo ese alcalde puede gobernar»; prefiere decir:

«Esta ciudad es muy bella, ¡a pesar de todo! Vamos a vivirla sin indiferencia ni quejas».

Es la mamá que no se queja todo el día frente a sus hijos por el desorden de su habitación con palabras como: «Ustedes nunca ordenan su cuarto... son unos desordenados»; sino que prefiere decirles: «Si ordenan su cuarto, se sentirán mucho mejor con ustedes mismos... y harán de eso parte de su carácter».

El mensaje propositivo de una mujer llevará a sus hijos, a su empresa, a toda la gente en su zona de influencia, a ser mejores personas, con valores, con autoestima, con una visión optimista y realista de las situaciones, miradas siempre desde el lado efectivo, no desde el de las amenazas y las sentencias insoportables. Siempre utilizará el lenguaje de la inspiración como parte de su comunicación femenina inteligente.

Para ello requiere de elementos básicos en su carácter y en su perfil personal como mujer comunicadora. Los que siguen a continuación son cinco de los más relevantes en el desarrollo de sus competencias comunicativas, desde el ser.

Cinco elementos básicos de la comunicación femenina inspiradora y exitosa

En la actualidad, las mujeres pueden revolucionar la industria con sus ideas para inspirar a los demás. Aquellas que lo consiguen son las que alcanzan el éxito. No es suficiente contar con una comunicación efectiva y saber hablar bien en público. Eso es lo básico y es muy importante. Pero en el nivel más alto de las competencias comunicacionales se encuentra la del lenguaje inspirador.

La mujer profesional de hoy debe ser, además de inteligente, preparada e innovadora, una persona que proyecte pasión y que, a través de ella, sepa inspirar a las personas a su alrededor para transformar su entorno.

El lenguaje de la inspiración proyecta a la mujer con elementos básicos de la comunicación femenina inteligente como los siguientes:

1. Pasión. Solo se puede inspirar a otros si se cuenta con la suficiente pasión para transmitirles entusiasmo por su propio crecimiento y transformación. La mujer que proyecta pasión en su comunicación inspira a las personas que la escuchan, porque muestra su ferviente compromiso con ellos y con la entidad que representa. Ella logra que vivan una expectante emoción por su mensaje y sus ideas. Para proyectar pasión debe amar, en verdad, su tema, su empresa, su marca pero, sobre todo, amarse a sí misma para poder amar a los demás. Con el lenguaje de la inspiración, la mujer es capaz de convencer con argumentos contundentes, lo cuales proyecta a través de la pasión con que los transmite.

2. Estímulo. La mujer con lenguaje inspirador puede convencer aun a los más escépticos e incrédulos, cambiar la percepción de los prepotentes e intimidantes, y estimular a los apáticos y pesimistas.

Debe promover, de manera continua, las grandes ideas como los mejores innovadores que han dejado una marca mundial. Para ello, trabaja en equipo con aquellos a quienes logra inspirar para que se arriesguen y mantengan un pensamiento considerado. Puede llegar a inspirar ideas fuera de lo común, que son justo las que consiguen los más grandes ingenios e inventos.

Ella sabe ser empática y tenerlos en cuenta a todos para llevarlos a un nuevo nivel a través de su estímulo continuo. Además, se mantiene al día con lo que sucede a nivel mundial en comunicación, porque es consciente de que en cualquier momento —y de alguna fuente— puede surgir la inspiración para estimular a su equipo de trabajo o a sus seres queridos. Porque la mujer inspiradora no lo es solo en la empresa, ella mantiene el estímulo en la casa, con sus seres más queridos y en todo su entorno.

3. Enfoque. Si una mujer quiere inspirar a otros, debe dar lo mejor de sí para enfocarse por completo en su tema y su propósito. Para conseguirlo debe pagar el precio de eliminar de su agenda todo aquello que se convierta en un distractor, que la lleve a perder su tiempo y su energía. Cuando se quiere ser inspiradora, hay que enfocarse absolutamente en la meta y en el propósito. Solo de esa manera logrará inspirar a los demás para conseguir sus metas.

Además, debe abrir espacio para que las personas la retroalimenten de manera permanente acerca de cuáles son sus expectativas, sus necesidades y aquellos asuntos que estarían dispuestos a modificar para establecer el cambio como factor de éxito. Así obtendrá un enfoque que no solo depende de sus ideas, sino de la inspiración que ella misma ha aportado a otros para traer a la mesa nuevas ideas, que pueden ser geniales e innovadoras. Ella no hace sus asuntos por inercia, por tradición ni por conveniencia, sino por convicción. Esa es la principal clave de su esencia inspiracional.

4. Alcance. Al momento de inspirar, la mujer tiene que recordar con claridad una sola frase —como si fuera una sentencia vital—. Una oración que sea visible en su oficina o en su casa, por ejemplo: «¡No te limites!». Esta frase induce a no escuchar las voces de quienes la critican en forma negativa ni las de los que la presionan en las redes sociales con sus mensajes acosadores (o *bullying*), de aquellos que se atribuyen el derecho a juzgarla por sus acciones, sin revisar las suyas; en fin, de todo aquello que trata de limitar su alcance. La consigna de una mujer con lenguaje inspirador siempre es: «Avancemos al próximo nivel».

Ella siempre piensa en el próximo paso, en el siguiente peldaño para el ascenso y en la temporada por venir. Su alcance no se limita a los éxitos conseguidos hoy, que solo constituyen el impulso para los de mañana y para los próximos dos, cinco, diez y veinte años.

Extiende sus estacas a la derecha y a la izquierda. Cualquier espacio le queda pequeño en cuanto a lo que se refiera al alcance de sus sueños y su visión. La pregunta que lanza en forma continua a las personas que inspira es: «¿Hasta dónde quieres llegar?». Para ella, la principal fuente de inspiración es la fe en lo imposible. Porque sabe que, para el que cree, todo es posible. Y una mujer inspiradora, es un ser que cree con certeza y convicción.

5. Autenticidad. La marca que define si una mujer es inspiradora o no es que sea genuina. No se puede inspirar a nadie si no se cuenta con la suficiente autenticidad para lograrlo. Ella siempre trae palabras e ideas convenientes y las expone con su propio efecto, lo cual la convierte en un ser confiable, porque no es una copia de nadie, sino una muestra original de sí misma. Ella se muestra tal como es, con una autorregulación indicada a través de su dominio propio.

Sabe que la mejor herramienta con que cuenta para inspirar a otros es ser ella misma. Confía en quien es, sabe cuál es su identidad de origen, tiene sentido de pertenencia y está consciente de qué está hecha. Es capaz de reconocer cuando se equivoca y no le molesta que la gente a la que inspira ascienda a posiciones incluso más altas que ella, porque sabe que su función como inspiradora es llevarlos a ser cada vez mejores personas; individuos que consiguen los mejores rendimientos y rentabilidad para la mejor empresa.

Ella se autoconoce y sabe cuáles son sus fortalezas para colocarlas al servicio de otros. Sin embargo, también es consciente de sus debilidades, las reconoce y vive en la búsqueda permanente de la forma en que pueda trabajar para corregirlas, y ser así una persona cada vez más inspiradora, a partir de su propio mejoramiento continuo.

Inspirar con la acción y la comunicación no verbal (CNV)

La mujer cuenta con la habilidad comunicacional de inspirar a los demás a través de su lucidez para crear y resolver. Es reconocida como un ser ejemplar. A partir de su forma de realizar diferentes emprendimientos, es capaz de desarrollar actividades que exigen mucho esfuerzo, entrega abnegada, compromiso responsable y dedicación perseverante. Además, le imprime un sello especial de ánimo resuelto, disposición y sensibilidad.

Una mujer con CFI sabe inspirar a otros de la manera adecuada, tanto en una sala de juntas en la empresa como en su hogar.

Para desarrollar el lenguaje de la Autenticidad, la mujer debe:
- Enfocarse en valorar las relaciones más que en sus razones o argumentos.
- Permitir que sus acciones hablen más que sus palabras.
- Mantener el desapego del ego para que brille por su humildad.
- Enfocarse y ayudar a enfocarse a otros de manera clara en el próximo nivel.
- Producir en las personas la «sed» por encontrar el camino al ascenso.

LENGUAJE BRILLANTE # 4

Multitareas. Habilidad para manejar varios procesos a la vez, lo que en inglés se conoce como: *Multitasking*.

La capacidad de llevar a cabo múltiples oficios y diligencias a la vez, o de forma continua, es lo que se llama: multitareas o *multitasking*. La mujer posee una habilidad superior para cambiar de una tarea a otra de manera tan veloz que parece simultánea. El lenguaje multitareas le permite ser una profesional con habilidades especiales para la efectividad, el aprovechamiento de los recursos y el manejo óptimo del tiempo.

Por su diseño cerebral, la mujer puede fluir en múltiples direcciones que la llevan a ser muy eficaz dentro de los indicadores de gestión de una empresa. También en los oficios de su hogar, lo que puede combinar con el estudio, el cargo laboral, las compras de la semana, el arreglo de los detalles y la motivación para su pareja e hijos.

Si es una madre sola, será capaz de cumplir con el rol de proveedora, con coraje, hasta llevar a sus hijos a ser personas de integridad, disciplina y valores; personas ejemplares. A pesar de no ser su mejor opción, ni la más fácil o recomendable, si cuenta con la fe suficiente podrá asumir la carga doble con entereza y a cabalidad, incluso después de haber sido víctima de abusos —físicos o verbales—, agresión, constantes desaciertos, infidelidad permanente o cualquier otra modalidad de dolor emocional.

El concepto «multitareas» surge de la informática moderna, en la que pueden existir los sistemas operativos con procesos multitareas. Estos se realizan al mismo tiempo, al compartir varios procesadores. Pero al referirse a la habilidad multitareas con respecto al ser y, en especial al femenino, un estudio de la Universidad de Hertfordshire —en Inglaterra— demostró que «las mujeres son mejores que los hombres al llevar a cabo múltiples tareas de forma continua». Son tan rápidas cuando ejecutan varias tareas en forma simultánea que parece como si las realizaran a la vez.

En la actualidad, muchas empresas consideran valioso contratar personas con habilidades *multitasking*, término que se conoce por su nombre en inglés aun en los países de habla hispana, porque ha sido estudiado por investigadores a nivel internacional. La adquisición de personal con esta habilidad constituye beneficios para la entidad debido a la eficacia con que labora. Por eso el posicionamiento profesional y organizacional de la mujer cobra cada vez mayor relevancia dentro del ámbito de la gestión humana.

Cuidado con los excesos de este don natural

Aunque ser multitareas es una habilidad innata de la comunicación femenina, es necesario desarrollar las habilidades que se requieren para conseguir los objetivos apropiados en la diversidad de tareas y ejecutarlas de la manera adecuada. A través de programas de capacitación comunicacional que faciliten el desempeño para saber diferenciarlas, conectarlas y desconectarlas en los momentos oportunos.

Se necesita un manejo muy efectivo de agendas y de ayudas para ordenar la administración del tiempo y la descripción clara de funciones de cada persona involucrada. Además de sistemas nemotécnicos para recordar las tareas y ser eficientes con su desempeño, sin que se crucen ni se presenten desorden o estrés innecesarios.

Facilitadora de valor agregado

La habilidad multitareas de la mujer se ha desarrollado a lo largo de la historia, desde las primeras civilizaciones y familias, cuando ella debía cuidar la vivienda mientras el esposo salía a cazar o a recoger las cosechas. Al mismo tiempo, ella debía también proteger a los hijos de las fieras, o limpiar las huertas alrededor del hogar, o atizar el fuego para la comida mientras los amamantaba, les cantaba tonadas de cuna y contaba las semillas para la próxima siembra, todo en forma simultánea.

Acto seguido, debía mantener su belleza maquillándose con los colores de la tierra, fabricando sus propios vestidos rudimentarios y sus collares de piedras que ella misma recogía en el camino. Al regreso de su esposo, debía mantener su energía para atenderlo con honores, le preparaba los alimentos y le daba lo mejor de ella, para recrearse en el amor, como su amada compañera.

Hoy la mujer debe realizar las mismas tareas, de maneras mucho más desarrolladas y modernizadas, al lado del hombre que la acompaña y comparte con ella las responsabilidades, tanto del hogar como de la carga económica. O si se encuentra sola —como madre soltera, separada, viuda o divorciada—, debe asumir ambas funciones sola y maximizar su potencial de mujer multitareas, asumir el rol de ambos y hacerlo con fidelidad.

El valor agregado que la mujer ofrece con su lenguaje multitareas, les ha dado beneficios a las empresas en varios aspectos. Algunos de ellos podrían mencionarse como hábitos saludables para la efectividad:

- Maximizar el aprovechamiento del tiempo.
- Acelerar la respuesta con rapidez y eficiencia.
- Optimizar el rendimiento.
- Desarrollar la capacidad productiva.
- Asumir la responsabilidad.
- Organizar aun en medio del estrés.
- Aportar al máximo en nuevos emprendimientos.
- Conciliar la vida laboral con la personal.

Los riesgos de la mujer multitareas

Al mismo tiempo que cuenta con muchas ventajas ser una mujer con lenguaje multitareas, tanto en su ámbito laboral como en el del hogar, como madre y ama de casa, la mujer no debe perder la perspectiva del equilibrio para autogerenciar esa habilidad personal de tal manera que no se convierta en una complicación y un conflicto, por el exceso de estrés y la sobrecarga desordenada de labores que pueden generar problemas con la salud física y emocional.

El hecho de contar con un diseño original magnífico para habilitar varias tareas a la vez y ser una profesional con lenguaje *multitasking*, implica una seria responsabilidad, madurez e inteligencia emocional para saberlas organizar con equilibrio, de tal manera que sean una verdadera competencia y no un bloqueador de su potencial para su comunicación.

Ella debe centrarse en una sola tarea a la vez, aunque las maneje todas en una secuencia tan rápida que parezcan una sola, lo cual la puede convertir en una profesional muy eficaz.

Algunos de los daños que el exceso de multitareas puede acarrear a la salud son:

Memoria deficiente y falta de concentración

El efecto de realizar un exceso de tareas a la vez y no con el tiempo adecuado para cada una, puede generar conflictos en el hipocampo, órgano encargado de guardar la información en el cerebro y traerla a la memoria. Por eso cuando ella realiza demasiadas labores, comienza a olvidar algunos detalles importantes que su memoria ya no puede guardar porque se encuentra saturada.

Disminución de la eficiencia

Cuando la mujer realiza demasiadas tareas al mismo tiempo, es imposible que pueda contar con la misma eficiencia que si se dedica a algunas de ellas con suficiente concentración y enfoque. Porque el *multitasking* excesivo, desordenado e imprudente puede entorpecer el rendimiento de sus procesos y generarle un agotamiento permanente, lo que impedirá su natural efectividad para realizar varias tareas simultáneas, pero en orden y a su debido tiempo.

Sobrecarga emocional y de estrés

La adicción al exceso de tareas se puede confundir con su habilidad natural de ser eficiente en los procesos. Por eso mantiene todo el día una ansiedad severa que le impide parar el desarrollo excesivo de trabajo, lo cual termina al final en una sobrecarga emocional y de estrés que le puede ocasionar mucho daño a su comunicación formal e informal. Porque comenzará a mostrar reacciones de disgusto y afán, producto de la presión. Además, puede contagiar a los que se encuentran a su alrededor, quienes terminarán afectados por su estrés y su afán de concluir todas las tareas a tiempo, sin planeación ni orden suficientes.

Los resultados de ese estrés serán visibles a corto, mediano y largo plazo, en respuestas del organismo como la falta de sueño —porque su mente no puede descansar—, la angustia, los dolores de cabeza permanentes, las afecciones estomacales y las tensiones musculares que le producen espasmos en zonas afectadas como el cuello y la espalda.

Para desarrollar el lenguaje multitareas la mujer debe:
- Establecer prioridades y concentrarse solo en ellas, darle un tiempo adecuado a cada una y no mezclarlas. Para ello requiere madurez emocional y profesional, de tal manera que pueda transmitir una verdadera inteligencia comunicacional.
- Desde niña, se le debe enseñar a la mujer —en el colegio— la habilidad de concentrarse en una sola tarea a la vez; como por ejemplo, generar la autodisciplina de no manejar su celular y las redes sociales mientras estudia, juega con las amigas y ve la televisión al mismo tiempo.
- Su consigna debe ser: «Desconéctate para que nos conectemos» porque solo si logra salirse de la adicción al manejo del computador y el celular juntos, podrá desconectarse de los miles de seguidores que tiene en las redes sociales, para conectarse con las personas cercanas en su grupo de trabajo y en la casa.
- No mezclar su vida personal con el manejo ansioso y compulsivo de sus redes sociales.
- Aprender a planear, organizar, jerarquizar y agendar las tareas en categorías desde importantes y urgentes, para luego realizar una sola cosa a la vez. Una por una. Con tiempo suficiente para cada una.

- Buscar y establecer espacios para la concentración y la reflexión, que no incluyan el manejo de sus redes sociales o cualquier otro distractor en el celular.
- No pretender ser la «Mujer Maravilla» para demostrar que todo lo puede.
- Debe reconocer sus límites, su necesidad de descanso, y de apoyo en otros.
- Aprender a decir NO a algunas tareas y no sentirse culpable por dejar de realizarlas, debido a falta de tiempo o energías.
- Entender que ella es la única ella y que no se puede multiplicar por cincuenta, ya que no fue diseñada para eso. Los excesos pueden estropear todas sus funciones.
- Valorarse y amarse a sí misma y saber que nadie va a cuidar de ella mejor que ella misma. Debe ser responsable de sí misma.
- Obligarse a sacar tiempo para ella. Disfrutar, respirar aire puro, caminar, buscar contacto con las amigas que la aprecian y prohibirse pensar en algo complicado durante ese espacio personal.
- Practicar los hobbies o entretenimientos que le producen alegría y diversión. Invertir en sí misma. Reírse del porvenir y de las cosas más simples. Pasar buenos tiempos y no olvidarse de ser feliz. Como resultado, su comunicación será más inteligente y agradable con los demás.

Está claro, con el apoyo de las tecnologías a su alcance, la mujer puede solucionar un problema sencillo mientras habla por su celular, buscar una tienda en el GPS y encontrar sus gafas que se extraviaron. Mientras tanto, alguno de sus hijos le lanza una pregunta que debe contestar de inmediato. Ella puede detenerse y pensar, al tiempo que realiza acrobacias con otras «urgencias» que le aparecen en el camino durante el día.

Solo si desarrolla su lenguaje multitareas desde la inteligencia comunicacional y emocional podrá aprovechar al máximo esta virtud, ante la cual solo cuenta con dos opciones visibles que son: la oportunidad o la calamidad.

Oportunidad:

Máxima eficiencia, efectividad y eficacia, por desarrollo inteligente de su lenguaje multitareas, con hábitos sanos de manejo de sí misma y de su tiempo.

Calamidad:

Mínimo rendimiento y efectividad en su gestión, por exceso de carga que la bloquea, la enferma y la saca de su tranquilidad y serenidad rutinarias.

La única manera en que podrá conseguir una comunicación efectiva es si maximiza su oportunidad y minimiza su calamidad. Luego entonces llegará a ser una mujer asertiva, persuasiva y de alto impacto.

LENGUAJE BRILLANTE # 5

Conexión emocional. Compenetración e interrelación. *Rapport*.

La mujer puede desarrollar una comunicación que le permite acercamiento e interacción con la gente a su alrededor, relaciones interpersonales cercanas y la capacidad de interactuar con facilidad, porque se conecta a partir de la emoción y con el corazón. De esa manera logra una mayor compenetración en la interrelación. Es el lenguaje de la conexión emocional que, al ser desarrollado y empoderado en ella, la puede llevar a convertirse en una profesional extraordinaria que llega a sus públicos con mayor nivel de influencia.

El lenguaje de la conexión emocional es conocido también como *rapport*. Una palabra que viene del francés y significa «relación». En inglés significa «compenetración». En síntesis, el *rapport* es la capacidad comunicativa que permite a las personas entrelazarse y sintonizarse con simpatía, porque se identifican entre ellas. A través del *rapport* se logra conseguir simpatía y atención especial de la otra persona, quien se sentirá a gusto en medio de un ambiente positivo que implica identificación y armonía entre las dos partes.

El lenguaje de conexión emocional permite sentir que las personas cuentan con puntos de acuerdo y de complementariedad mutuos. A través de esa conectividad se consigue la mayor atención, la mejor actitud de las dos partes y el ambiente ideal para la sinergia productiva. Pueden llegar a compartir los mismos gustos, creencias, valores, conductas, alineación política o cultural y social.

Por lo general, cuando los profesionales de la sicología y otras ramas de la ciencia van a realizar la entrevista de un paciente y necesitan una adecuada introducción para su terapia, deben saber cómo establecer el *rapport* o lo que ellos llaman «romper el hielo», para que la persona se sienta cómoda y se genere confianza entre las partes para el diálogo de apertura emocional. Ese es el mismo concepto en cuanto a la habilidad propia de la mujer de lograr el *rapport* con los demás y conseguir un ambiente amable y cálido, antes de recibir cualquier información o realizar alguna negociación.

El lenguaje de la conexión emocional se da cuando los pensamientos o sentimientos de ambas personas logran armonizar y comparten diferentes puntos de vista u opiniones. En el ámbito de una comunicación inteligente existen diversas formas de conseguir esa empatía y simpatía con el otro, así se facilitan los procesos, las reuniones y las presentaciones, con un *rapport* de alto nivel. La mujer logra conseguir esa armonía con rapidez debido a su capacidad empática de comunicarse y lograr una participación recíproca de las personas en una reunión o presentación corporativa.

El *rapport* femenino se fundamenta en tres claves básicas

A fin de lograr la empatía, la confianza y la comunicación con conexión emocional abierta y espontánea, existen tres acciones clásicas del *rapport* que pueden llevar a buen término una presentación o una conversación:

Acoplar las metas

Se trata de lograr una comunicación coordinada con las personas para lograr ir con ellos, a su paso y a su ritmo personal. Es poder avanzar con ellos en el *rapport* y el lenguaje de la conexión emocional, por medio de la armonía con sus propios sueños, objetivos y metas. Sirve para desarrollar habilidades de negociación que permiten conciliar y concertar en medio de la resolución de conflictos o un proceso comercial.

Corresponder con acuerdos

Para que exista el genuino *rapport* y el lenguaje de la conexión emocional es necesario un intercambio fluido de ideas, gestos amables, acuerdos que se efectúan en forma recíproca y buscan corresponder a la otra persona de manera inmediata, a sus palabras o actitudes. Por medio de preguntas, asentir con la cabeza, afirmar con gestos, mostrar expresiones de agrado o asombro, la persona se siente escuchada con especial atención y, de alguna manera, genera una retribución temprana con una comunicación amable y cordial.

Facilitar el diálogo

A través del *rapport* y el lenguaje de la conexión emocional es factible facilitar conversaciones que sean de interés para las personas. Es necesario direccionarlas hacia asuntos que sean atractivos para ellos, como sus gustos o hábitos personales. Porque al introducirlos en un tema que les atrae la comunicación es más fluida y el diálogo más efectivo.

Para desarrollar el lenguaje de la conexión emocional y el *rapport*, la mujer debe:

- **Generar confianza.** Desde el primer momento de su presentación —en el saludo, con la primera sonrisa—, la mujer ganará o perderá la conexión emocional y el *rapport* con su audiencia. Por eso, jamás debe perder de vista que lo primero que necesita es generar confianza. Elevar los niveles de empatía. Aun antes de comenzar la presentación de su informe, o la conversación en la oficina del jefe o de un cliente importante para la empresa, ella debe cerciorarse de que existe un ambiente de confianza. Lo puede lograr también cuando permite la participación de las personas, porque su comunicación será más vivencial. Después de que logre la confianza en ella, y en el ambiente, entonces debe enfocarse en ganar la confianza en cuanto al tema.
- **Mostrar coherencia con su lenguaje no verbal.** El lenguaje de la conexión emocional y el *rapport* se genera aun más con la comunicación no verbal que con la comunicación verbal.

Es decir, es más importante lo que no dice —aunque lo demuestra con sus actitudes y acciones—, que lo que dice.

Debe existir una coherencia entre lo que piensa, lo que dice, lo que siente y lo que hace. Así conseguirá mostrarse como una mujer con integralidad. Sus expresiones no pueden ser de disgusto, desánimo, frustración o aburrimiento, cuando habla de temas como la motivación para el sentido de pertenencia o las nuevas metas de la compañía. Debe minimizar la ambigüedad para evitar el desconcierto en su público, sea su equipo de trabajo o sus propios hijos. Su postura debe ser de escucha dinámica, utilidad y valoración de las personas, por medio de expresiones de sumo interés, entusiasmo y pasión por hablarles de un tema determinado.

- **No producir desconcierto.** Cuando habla de ciertos temas o asuntos, debe cuidarse de no desconcertar, confundir ni inquietar mediante el uso de un lenguaje duro y difícil de comprender. Su forma de hablar debe ser sencilla, clara, concreta y precisa, porque solo así las personas se sentirán en una verdadera conexión con ella. No intentar convencer de que es experta en el tema, con un lenguaje rimbombante y rebuscado, sino comunicarse de la manera más serena y humilde, centrada en el valor de lo simple y en la consigna del minimalismo aplicada a la comunicación inteligente, en el que menos es más.

  No debe permitir baches entre sus frases o módulos que den pie a la discordancia o los malos entendidos. Su lenguaje debe ser fluido, con ilación y articulado. Con profundidad, pero sin exceso de tecnicismos o lenguaje arcaico, sino más bien con la única meta de lograr la claridad que conlleva a la amenidad.

- **Propiciar la retroalimentación continua.** La manera como la mujer puede confirmar la calidad de su lenguaje de conexión emocional y el *rapport* es generando una continua retroalimentación o *feedback* entre las personas que la escuchan y ella. Así podrá saber hasta qué punto se han logrado los acuerdos, la armonía, la claridad y la sintonía entre ella y su público. Al permitir la retroalimentación con observaciones y evaluaciones acerca de cómo se sienten, qué han aprendido o cómo han entendido el tema, no solo logra realizar un diagnóstico claro de las expectativas, o de la manera como se sienten las personas con ella y con el tema, sino que también conseguirá una evaluación de su propia comunicación, lo que le servirá mucho para autorregular y transformar aquellos aspectos que debe destacar, reforzar, mejorar o eliminar.

- **Vivir en permanente cambio e innovación.** Después de recibir su retroalimentación, ella debe buscar la forma de innovar su comunicación en forma permanente. Autoevaluarse para saber cuáles de sus frases funcionan y cuáles no. Identificar cuál es el efecto que logra en las personas con su comunicación verbal y no verbal. Vivir alerta a las señales que le muestran la urgencia de cambiar su mensaje, entrar en nuevos temas y pasar al próximo nivel, a partir de una mentalidad receptiva al cambio, que se sale de lo establecido y consigue la innovación permanente, con la consigna de «innovar o morir». Y, si es necesario, morir para innovar. Es decir, morir a todo lo que le impide o afecta su posibilidad de surgir como comunicadora inteligente.

CAPÍTULO 2

La oportunidad:
Mejora continua

*«La fuerza de las mujeres depende de que la sicología no
puede explicarla. Los hombres pueden ser analizados, las
mujeres solo pueden ser amadas. Si usted quiere saber lo
que una mujer dice realmente, mírela, no la escuche».*
—OSCAR WILDE

LOS 10 LENGUAJES DE LA MUJER
(Segunda parte)

Después de analizar los cinco lenguajes brillantes de la mujer cuesta trabajo pensar que podemos verla desde una perspectiva opaca. Esa otra cara de la moneda que impide el paso de la luz y que la convierte a veces en un ser oscuro y sombrío. Son esos lenguajes por los cuales la han estigmatizado en medio de una cultura de desvaloración, que en ocasiones los utiliza para descalificarla o hacer bromas acerca de ella.

Ahora la mujer necesita reinventarse y levantarse para no continuar en medio de esas marcas negativas de su imagen, tanto dentro del ámbito profesional como en el de la vida personal.

Por esos cinco lenguajes opacos se han formado paradigmas negativos y falsos acerca de la mujer, que ella misma necesita romper. La única manera de lograrlo es con la determinación del cambio, a partir del desarrollo de sus competencias comunicativas. Así logrará transformar sus debilidades y errores históricos en oportunidades de mejora continua.

LOS CINCO LENGUAJES OPACOS

1. **Falta de concreción.** Habla mucho, en espiral, con indirectas.
2. **Complicada y compleja.** Respuestas confusas e inexplicables, inentendibles.
3. **Tendencia a controlar.** Tóxica, rutinaria, manipula por temor.
4. **Dependencia emocional.** Demanda de atención, apegos enfermizos.
5. **Actitudes cíclicas y cambiantes.** Esencia imprevisible.

Vamos a analizarlos uno por uno para encontrar el diagnóstico de cada característica negativa de su comunicación, con sus posibles soluciones, desde el plano de la Nueva Comunicación Inteligente.

LENGUAJE OPACO # 1

Falta de concreción. Habla mucho, en espiral, con indirectas.

Los estudiosos, autores, sicólogos y especialistas en lingüística han coincidido en que cuando la mujer habla, busca transmitir y compartir sus emociones y pensamientos. Por su parte, el hombre prefiere mostrar hechos, ideas y consejos prácticos porque no le gusta tocar el tema de sus sentimientos. Ella habla de personas y sentimientos. Él de objetos y hechos.

A ella le encanta hablar de cualquier tema, sin necesidad de contar con un propósito concreto. Por esa razón utiliza muchas más palabras. Hablar, solo por el deleite de hablar, es una de sus debilidades y la principal razón para no ser concreta, porque puede conversar sobre diferentes asuntos, situaciones y personas, dentro de la misma conversación. Él prefiere hablar cuando cuenta con un objetivo.

Es por esa razón que los modelos conversacionales son distintos y, en ocasiones, les cuesta tanto trabajo lograr el acuerdo. Mientras ella conversa con gestos permanentes de afirmación y exclamaciones de admiración, sorpresa o afecto, él se mantiene en silencio, con mayor enfoque en el tema que en las emociones.

Pensar una cosa y decir otra

Es evidente y sabido por todos que, en la mayoría de los casos —con sus excepciones— a la mujer le cuesta trabajo concretar sus ideas. La razón por la cual eso sucede es su sistema de comunicación indirecta. Ella trata de no molestar al otro ni generar daño con sus palabras. Por eso a veces piensa una cosa, pero dice otra. De esa forma, su capacidad innata de ser empática y sensible al otro se distorsiona y busca caminos indirectos para hablar que no le permiten concretar. Mientras que el hombre no piensa en el efecto o la molestia que causará lo que dice con las emociones, sino en ser entendido, desde su posición enfática, concreta, escueta y lógica.

Desde esa postura de falta de concreción y exactitud en su lenguaje, la mujer se torna opaca y confusa. El hombre, que puede ser su esposo, su jefe, un compañero de trabajo, un miembro del equipo que ella lidera, su hijo, un vecino, el que atiende el servicio al cliente en la tienda de ropa, o su mejor amigo, queda un poco fuera de base cuando ella responde: «Sí», pero con su comunicación no verbal y sus gestos dice «No». En otras ocasiones, cuando dice sí, lo que quiere transmitir es: «Claro, te escucho», pero no es una respuesta con la que muestra su acuerdo en concreto. Cuando el hombre dice sí es directo en mostrar que se encuentra de acuerdo, nada más. El problema es que a ella eso le parece muy agresivo y no lo logra entender.

Si se trata de un momento en el que ella se siente molesta por algo que no le gusta, ella no lo expresa en forma directa, sino que busca la manera de hacerle saber a la otra persona su desacuerdo, con ciertas actitudes, gestos o lenguajes no verbales, que transmitan su desacuerdo y su fastidio con el tema. Tal vez, si van juntos en el auto y ella es quien maneja, puede comenzar a conducir con más velocidad y frenar con más fuerza. O colocar los platos más duro para que suenen en la mesa. O puede emitir sonidos entre dientes que permitan mostrar su molestia, pero sin decirlo en forma directa.

En otro momento, ella puede expresar lo que piensa y siente, de manera descontrolada, porque no soporta más la situación, entonces pierde toda su objetividad para expresar sus emociones con asertividad. Entre tanto, el hombre por lo general se mantiene en silencio y sin expresiones no verbales, mientras piensa y procesa la molestia en su interioridad.

El problema con este sistema de verborragia, o empleo excesivo de palabras al hablar, es que el receptor puede llegar a sentirse agredido con esa arremetida, ante la cual puede acudir a diferentes reacciones: el silencio profundo, porque no le parece relevante involucrarse en la situación. O ser reactivo con agresividad, pararse de la silla y salirse de la habitación, para no escuchar más. Acto final, ella deberá seguir su monólogo emocional en voz alta, porque se desespera al no sentirse escuchada.

Dentro del ámbito profesional donde se desenvuelve, la mujer maneja ese mismo sistema ambiguo de comunicación, el que muchas veces le ocasiona problemas, porque es percibida como una persona poco clara. Sus presentaciones pueden dar vueltas en espiral en torno a un tema, sin concreción suficiente en los puntos tratados. Ella busca más rodear el tema con su buena intención de ser empática, pero no logra ser puntual y directa, porque le preocupa llegar a parecerle a las personas ofensiva, o perder su amabilidad frente a ellos.

La falta de concreción, conformada por el hablar en espiral y las indirectas, se convierte en el bloqueador número uno de la inteligencia comunicacional femenina. Un lenguaje opaco que no solo le acarrea problemas y conflictos en sus relaciones interpersonales, sino que además le produce ansiedad y, como consecuencia, estrés, agotamiento, cansancio, dolores de cabeza... Además, afecta sus actitudes y emociones, que se mantienen fluctuantes entre la frustración y la desilusión. Todo por falta de concreción.

El caso de una ejecutiva transformada

Una ejecutiva de un banco europeo, a quien dirigí en un *mentoring* personalizado y luego en un programa de comunicación para el comité directivo y toda la empresa, logró una transformación impresionante en su forma de expresarse cuando se concientizó de la necesidad de ser concreta.

Primero, debió reconocer en medio del proceso personal que hablaba demasiado y le costaba trabajo concretarse. Era un problema que la había acompañado desde niña. Incluso cuando se iba a casar, con uno de los vicepresidentes de otra entidad financiera, los amigos le preguntaban a él, un poco en broma: «¿Se va a casar usted con esa lora?». Esa frase la acompañó en todo su matrimonio, como una marca personal, sin poder lograr ningún cambio, porque —hasta ese momento—, ella pensaba que esa era su forma de comunicarse y que no iba a cambiarla jamás.

Comenzamos las sesiones de *mentoring* personalizado y recibió las claves para estructurar un mapa de ideas claro, puntual, concreto y preciso, que le permitiera ordenar sus pensamientos y sentimientos, para luego transmitirlos. Todo, en medio de un fuerte ejercicio de su voluntad, que debía autorregular para hablar de manera puntual. Es decir, punto por punto. Sin involucrar otros temas o personajes en el medio y, muy importante, de la manera más breve y pausada posible.

Uno, dos, tres y la ñapa

Para lograr la aplicación del mapa de ideas claro y preciso en esta eficaz ejecutiva, esposa y madre utilizamos un ejercicio que ha obtenido muy buenos resultados dentro de la metodología NCI con un nombre de fácil y divertida recordación: «Uno, dos, tres y la ñapa». Se le dice ñapa a ese regalo que te dan en la tienda cuando vas a comprar cualquier artículo. Es ese algo de más que te dan para agradecerte.

Durante mis conferencias en varios países de Latinoamérica, al mencionar esta clave para ordenar las ideas, aprendí que cada nación tiene un nombre distinto para esa ñapa. En México se llama el pilón, en Costa Rica la feria, en Brasil el brinde, en zonas de Paraguay o Sudamérica la yapa... Cada uno cuenta con una forma distinta de expresarlo, pero en definitiva significa una pequeña gratificación para recompensar tu compra o servicio, una añadidura.

Si la traemos a la cultura estadounidense, podríamos llamarla el *plus*, ese algo de más que te dan en la tienda cuando compras algo, o que le agregan a un producto, para que sea más atractivo, como una estrategia para atraer al cliente y lograr su fidelidad.

Al aplicar ese ejemplo a la comunicación femenina inteligente, podemos decir que una conversación o presentación con el mapa de ideas de Uno, dos, tres y la ñapa, o el *plus*, es simplemente agregar un detalle más al final para lograr que el texto o el discurso hablado, sean más atractivos para quien escucha.

En mis clases explico qué significa cada uno de ellos con amplitud, pero aquí solo voy a mencionar su función para continuar con la historia de la ejecutiva transformada:

1. La necesidad del otro
2. Los beneficios para el otro
3. El valor agregado para el otro

La ñapa: tu marca, tu empresa o tu producto.

En ese orden de ideas, cuando esta valiosa y emprendedora ejecutiva, quien además es comunicadora de profesión, logró entender cada uno de esos pasos para hablar con su esposo, comenzó a ser concreta. Entonces empezó a mostrar una claridad inusitada en su forma de expresarse, lo que le dio un brillo único. Logró canalizar todo su potencial de inteligencia, su empatía, su intuición, hacia una forma de comunicarse mucho más puntual, directa y precisa. Sin divagaciones, ni enredos confusos.

Hoy, es coach de vida certificada con un consultorio a través del cual ayuda a las personas a encontrar su propósito. Ella aplica las claves para la comunicación inteligente en todos los espacios de su vida profesional y personal. Es un verdadero caso de éxito para la metodología NCI.

Claro, el más beneficiado es su esposo que ahora disfruta de la comunicación con ella a través de su concreción. Se sorprende y la admira porque pasó del lenguaje que la opacaba, a brillar con luz propia en el ámbito de la concreción, en todos sus espacios de influencia.

Ahora, mientras él habla de asuntos concretos, que son verificables, cuantificables y pasa de uno a otro con facilidad, sin quedarse largo rato en el mismo tema, ella continúa con su enfoque en las emociones, los afectos, el corazón, la intuición y la interacción con la gente. Les habla de sus experiencias como coach a él y a sus hijos. La diferencia consiste en que ahora lo dice a través de un lenguaje concreto, sin quedarse largo tiempo en un tema, no cambia de argumento antes de tiempo ni enreda la conversación. Sabe decir frases breves, contundentes, precisas y punto.

Ahora todos los amigos de él la admiran y reconocen en ella su crecimiento personal y su transformación como agradable comunicadora.

Veinte mil palabras al día
Uno de los puntos de enfoque de las críticas hacia la comunicación de la mujer es que «habla mucho». Al parecer el asunto radica en que

ella necesita hablar más para organizar sus emociones. Ella trata de compartirlas con los demás para que participen de los asuntos que le preocupan y que afectan su sistema nervioso. Así espera encontrar soluciones mientras verbaliza sus sentimientos y pensamientos.

Según los estudios, la mujer habla tres veces más que el hombre. Aunque algunos nuevos investigadores estudian el tema para refutar-lo y dicen que el hombre habla más, solo que es más concreto y prác-tico. De todas maneras, el consenso histórico dice que la mujer utiliza veinte mil palabras al día, mientras que el hombre usa siete mil. Es decir, trece mil palabras más.

Algunas corrientes de estudio afirman que la mujer habla has-ta cuatro veces más que el hombre. Al parecer porque ella cuenta con dos áreas para el desarrollo del lenguaje y el hombre solo tiene una. Por esa razón, dos mujeres pueden hablar al mismo tiempo y entenderse. También le permite captar nuevas lenguas con mayor facilidad.

Para la mujer, el desarrollo de la comunicación interpersonal por medio de conversaciones, es una necesidad cerebral prioritaria.

Las cifras del lenguaje de la mujer en relación con el del hombre, son:

- **Palabras diarias:**
  Mujer: 6.000 a 8.000
  Hombre: 2.000 a 4.000

- **Sonidos de la voz:**
  Mujer: 2.000 a 3.000
  Hombre: 1.000 a 2.000

- **Expresiones y gestos:**
  Mujer: 8.000 a 10.000
  Hombre: 2.000 a 3.000

- **Promedio por día:**
  Mujer: 20.000
  Hombre: 7.000

Debido a que en las particularidades del diseño original la mujer muestra el hemisferio derecho de su cerebro más desarrollado, y este lado se relaciona con la emocionalidad y el lenguaje, por esa razón ella se comunica con mayor número de palabras a mayor velocidad. Puesto que el hombre desarrolla más el lado izquierdo, relacionado con la habilidad de ser racional y pragmático, sus conversaciones tienden a la lógica y a los hechos más que a los sentimientos.

A través del lenguaje se activan los centros de placer de la mujer a nivel cerebral. Es desde el habla que ella vive sus relaciones. No existe ninguna duda de que el lenguaje es la base central de la interconexión comunicativa de ella. Incluso en su relación de pareja, ella lo utiliza para expresar sus emociones más íntimas.

Además de las particularidades cerebrales, también se ha descubierto que la mujer cuenta con una cantidad mucho mayor de la proteína FoxP2, estudiada a nivel científico como la que promueve el lenguaje. Es también llamada «el gen del lenguaje» y se analiza como uno de los componentes vitales de las competencias lingüísticas y comunicativas.

En redes sociales, la mujer habla más

A nivel de redes sociales como Facebook y WhatsApp, la mujer ha mostrado que sus textos son más largos y habla más que el hombre. Por su falta de concreción, prefiere el Facebook, ya que le permite extenderse un poco más en los mensajes y no le exige los ciento cuarenta caracteres, mientras que al hombre le agrada más el twitter por ser más concreto y por referirse más a hechos sobre lo que sucede en el mundo.

Según el comportamiento del público en redes sociales, la mujer se expresa con mayor número de palabras en el WhatsApp y los mensajes de texto. También habla por Facebook con más emociones, conversaciones más informales, uso de adjetivos calificativos, *likes* y «emojis» que le permiten expresar sus sentimientos. Su tendencia es a hablar de asuntos personales, emotivos, que revelan su vida privada.

Se expresa de manera cercana y amigable, además le encanta «compartir». Su configuración interior comunicacional es muy adecuada para el uso de las redes sociales. Las utiliza para generar conexiones y contactos con la gente, en especial con los seres queridos y amistades cercanas. Por su parte, el hombre prefiere utilizar las redes para anunciar asuntos tangibles y prácticos, con menor número de palabras. Su tema favorito es sobre los negocios. Le gusta investigar, conseguir información y contactos clave que le permitan elevar su perfil y su capacidad de influencia.

El potencial de las mujeres «Gen-Xers»

La empresa global The Nielsen Company es una fuente confiable de información acerca del mercado, los medios de comunicación, la audiencia televisiva, la información *online*, los aparatos móviles, las publicaciones de negocios y entretenimiento. Las cifras del reporte Nielsen en el 2012 mostraron que el setenta y cuatro por ciento de las personas que utilizan Internet accede a las redes sociales. Dentro de esa población, la mujer cuenta con el setenta y seis por ciento de presencia y el hombre el setenta y dos por ciento. Ella utiliza diez minutos diarios y él siete. El último informe del 2016, dice que las mujeres usan el veinticinco por ciento de su tiempo en línea en medios sociales y los hombres el diecinueve por ciento. Es probable que ellas estén en Facebook los domingos a través de teléfonos inteligentes, mientras miran el horario estelar de la televisión.

La recomendación de Nielsen para los empresarios que invierten en publicidad televisiva es:

«Cuando se trata de televisión, la industria debería cortejar al grupo de la mujer de la generación X, como defensores potenciales. Porque el sesenta y uno por ciento de los únicos usuarios de Facebook que interactúan sobre algo relacionado con la televisión en Facebook son mujeres». Se trata de la llamada «Gen-Xers», al que pertenecen las mujeres nacidas entre comienzos de los años sesenta y principios de los ochenta, son las mamás de los jóvenes de la generación Z de los «mileniales», nacidos entre el 1984 y el 2004.

Nielsen asegura: «Y cuando se trata de conectarse con el público de la televisión social, debe tenerse en cuenta que el uso de múltiples dispositivos a la vez es la nueva normalidad. Llegar a este grupo cuando está viendo la televisión es vital para captar su atención. Así que deben colocar un montón de palabras clave y frases que incluyan los nombres de los programas, de los personajes, de los actores o de los atletas. Deben mantener el ojo en lo que la generación X Gen-Xers femenina mira».[8]

Este informe de Nielsen confirma varios de los conceptos que hemos tratado en este libro acerca de los lenguajes de la mujer. Entre los lenguajes brillantes se demuestra que su participación es cada vez más evidente en los espacios de influencia. Además de la capacidad de ser multitareas para mirar la televisión, hablar por Facebook y mencionar sus actores o marcas favoritas a la vez. Por eso esta generación se convierte en un grupo objetivo muy atractivo para los empresarios e industriales, que invierten millonarias sumas de dinero en publicidad por los medios de comunicación.

Entre los lenguajes opacos las cifras de Nielsen y otras entidades que facilitan información permiten ver un detalle fatal: la falta de concreción en la comunicación de la mujer. Porque si ella pasa más de su tiempo en redes sociales y habla más, entonces existe un exceso de palabras que podrían resultar inútiles, como efecto de la verborragia digital.

Este factor diferencial negativo de la mujer, de extenderse demasiado y hablar mucho, tanto en forma presencial como *online*, es necesario corregirlo. Solo será posible, a partir de un cambio de paradigma comunicacional que la conduzca a un lenguaje concreto. Para ello debe analizar varios factores sensibles de mejora continua.

La máxima de Aristóteles dice: «El hombre es dueño de su silencio y esclavo de sus palabras». Aunque al decir hombre se refiere al ser humano, si se aplicara en forma directa a la mujer, ella podría adueñarse de sus apacibles silencios y ser libre de su agobiante exceso de palabras.

Para mejorar el lenguaje de la falta de concreción la mujer necesita:

- Reconocer su tendencia a extenderse y a hablar en demasía.
- Desarrollar el hábito de realizar un mapa de ideas claro para hablar punto por punto.
- Autodelimitar el tiempo y el momento en que debe detenerse y no continuar con un tema.
- Ejercitar el silencio como parte de sus dominios comunicativos.
- Desarrollar la capacidad de síntesis, que implica hablar solo de lo relevante.

- Aplicar la máxima que dice: «Lo bueno, si es breve, es dos veces bueno».
- Hablar con intencionalidad clara y con propósito.
- No hablar por hablar.
- Aprovechar sus espacios libres de habla para escuchar a otros.
- Respirar profundo mientras calla, oxigenarse y disfrutar más la vida a su alrededor.

LENGUAJE OPACO # 2

Complicada y compleja. Respuestas confusas e inexplicables, inentendibles.

Todas las mujeres de cada generación hemos escuchado desde niñas una frase de parte de los hombres, que dice: «¿Quién entiende a las mujeres?». Una exclamación que se ha convertido en un cliché, en un estereotipo. Una expresión que ha sido usada en exceso, hasta el punto de perder la fuerza pretendida, aunque a algunos todavía les parezca poderosa o innovadora.

La otra pregunta común es: «¿Por qué las mujeres son tan complicadas?». Esa particularidad de la mujer de ser compleja ha creado alrededor de ella un estigma ante el cual debe reaccionar de manera positiva y proactiva, para comenzar a desarrollar un lenguaje más claro, sencillo y entendible. A través de una nueva cultura de comunicación femenina inteligente será posible construir un nuevo paradigma al respecto, que le permita a la mujer proyectarse y expresarse de manera mucho más consistente y explícita, sin dar respuestas confusas que la vuelvan un ser inexplicable y a veces desesperante, tanto para el sexo opuesto como para sus congéneres.

Ante esa posibilidad de transformar la cultura de la comunicación femenina existen realidades en su diseño biológico y sicológico original, las cuales ella debe conocer y concientizar, para luego iniciar un camino de desarrollo y dominio de sus competencias comunicativas, que le sirvan para adquirir un lenguaje entendible y diáfano, no complicado e inentendible.

Los investigadores de la Universidad de Pensilvania llegaron a un descubrimiento interesante, que comenzó a dar luz acerca del porqué de la complejidad de la mujer. Ellos encontraron que las mujeres poseen dos cromosomas X, mientras que los hombres tienen uno X emparejado con el cromosoma masculino Y. Lo que se sabía hasta el momento era que uno de los cromosomas X de la mujer a veces se quedaba silenciado en sus células, mientras el otro permanecía activo, para evitar la sobredosis de proteínas.

La agencia Reuters de Londres publicó: «Científicos han descifrado el código genético del cromosoma X, el cual está vinculado a más de trescientas enfermedades humanas, y esto puede contribuir a explicar por qué las mujeres difieren tanto de los hombres. La investigación, realizada por un consorcio internacional de científicos, muestra que las mujeres son mucho más variables de lo que se pensaba y, con respecto a los genes, son más complejas que los hombres. La investigación de la Universidad de Pensilvania, publicada en la revista científica *Nature*, explica en parte la razón de ser de la complejidad femenina.[9]

Ante esa realidad biológica en sus cromosomas X, la mujer de hoy debe asumir una postura en cuanto a cómo potenciar sus oportunidades de mejora para desarrollar un sistema de comunicación que la conduzca a ser un ente más entendible, por medio de un lenguaje sencillo, de respuestas claras, de actitudes y expresiones más coherentes.

Entre la complicación y la complejidad

El estigma acerca de la mujer y la dificultad para entender su lenguaje es algo tan común que ella misma ya se lo cree y lo ha asumido como parte de su esencia. Después de saberse la noticia sobre el despertar del cromosoma X en la mujer, que lo mostró más activo de lo que se pensaba, el comunicado emitido por la Universidad de Pensilvania se convirtió en una noticia que le dio la vuelta al mundo a través de grandes agencias de prensa. Lo más sorprendente fue la forma como los medios de comunicación parecían haberse puesto de acuerdo en el titular, porque por lo menos el ochenta por ciento de los medios impresos y digitales dijeron: «Las mujeres son más complicadas de lo que parecen» o «Las mujeres son más complejas de lo que se cree».

Lo que más me llama la atención es que el énfasis de la noticia no fue en el descubrimiento ni en las posibilidades de honrar a la mujer por sus capacidades biológicas sorprendentes. Todo el enfoque se le dio al aumento de dos calificativos: «más complicada» y «más compleja». Uno puede concluir que tal vez la respuesta en el público pudo ser: «Más...».

Por eso vale la pena revisar los dos conceptos que califican a la mujer para entender un poco más a fondo el nivel de complejidad y de complicación del asunto. Veamos.

Es muy complicada

Según su definición, el término complicada quiere decir que es difícil de comprender, por estar compuesta de muchos aspectos y piezas. Que es enmarañada y de difícil comprensión. Con carácter y conducta difíciles de entender.

Los conceptos que acompañan como sinónimos al de complicada son los siguientes: compleja, difícil, atravesada, enrollada, intrincada, embarazosa, engorrosa, ardua, liosa y peliaguda. A lo anterior lo acompañan acciones como: dificultar, entorpecer, obstaculizar, enredar, liar, embrollar, enrevesar, enmarañar y embarullar.

La complicación de la mujer se mide en su comunicación

Para calificar el grado de complicación de la mujer lo primero que se debe analizar es su forma de comunicarse. Es allí donde se puede saber por qué y qué tan alto es su nivel de complicación, qué produce este lenguaje opaco # 2 de respuestas confusas e inexplicables.

Hablar con indirectas:

- Si una mujer quiere darle a entender a alguien que está aburrida, le dice que la música está un poco lenta.
- Si quiere darle a entender a otra mujer que está fea, le dice que se nota que está un poco cansada y no durmió muy bien.
- Si quiere darle a entender que está gorda, le habla acerca de las últimas dietas y ejercicios que le han funcionado a ella.
- Si quiere dar a entender que quiere ir a cenar, le pregunta al hombre si él tiene hambre y le apetece comer algo.

Por eso cuando el hombre le responde que no, sea su pareja, su hijo, su jefe o algún miembro del equipo de trabajo, ella se siente frustrada e indignada y se resiente con él porque no la complace. Entonces, acto seguido, él queda atónito porque no logra comprender la situación. Por supuesto, porque ella no le dijo lo que quería o esperaba de él de manera directa y sin rodeos.

Existe un sinnúmero de memes en Internet que utilizan este lenguaje opaco de la mujer como causa de burla y sentencias cómicas. También hay listas de prototipos de sus respuestas más comunes que se vuelven populares.

Esta es una de las listas populares que me llaman la atención y que nos sirven como referencia para el análisis de este estudio acerca de la complicación de la mujer en su comunicación:

Las respuestas confusas de la mujer:
- No = Sí
- Sí = No
- Tal vez = No
- Tú verás = Como lo hagas, te mato.
- Lo siento pero… = Lo volveré a hacer igual…
- Decide tú = Haz lo que yo digo…
- Haz lo que quieras = Pero lo pagarás caro…
- No, no estoy enfadada = Por supuesto que estoy furiosa, estúpido.
- ¿Te estás durmiendo? = ¡No te duermas!
- Esta noche estás muy cariñoso = No tengo ganas de estar contigo, pesado.
- No me mires de esa manera = Me fascina que me mires así.
- ¿Estoy gorda? = Dime que estoy divina.
- Apaga la luz = Tengo celulitis.
- Quiero cambiar estas cortinas = Y las alfombras, la pintura y los muebles.
- Necesitaríamos = Yo quiero.
- Tenemos que hablar = Necesito quejarme ya mismo.
- ¿Me quieres? = Te voy a pedir algo.
- ¿Cuánto me quieres?= Y cuesta mucho dinero.

La lista popular acerca de la forma de comunicarse del hombre es bastante distinta, la revisaremos también para efectos de enriquecer aun más el ejemplo de lo que la gente percibe acerca de la mujer y su forma de responder complicada, en relación con la de él, que es mucho más simple, escueta y directa. Siempre con la conocida respuesta femenina: «Todos los hombres son iguales».

Las respuestas directas del hombre:
- Tengo hambre = Tengo hambre.
- Tengo sueño = Tengo sueño.
- Estoy cansado = Estoy cansado.
- Hablemos = Quiero impresionarte para que quieras estar conmigo ya mismo.
- Pareces tensa = ¿Te doy un masaje?
- ¿Bailas? = Te deseo.
- ¿Te gustaría ir al cine? = Te deseo.
- ¿Quieres ir a cenar? = Te deseo.
- ¿Te quieres casar conmigo? = Quiero legalizar mi deseo.
- ¿Qué te pasa? = ¿Qué tipo de trama autoinventada te afecta hoy?
- ¿Estás enfadada? = Me imagino que hoy me vas a negar mi deseo.

Es muy compleja

Según su definición, el término «compleja» quiere decir que está compuesta de elementos diversos. Que es difícil de comprender o de resolver por contener muchos aspectos en sí misma. La complejidad consiste en la unidad de muchos elementos interrelacionados que exhiben propiedades y comportamientos no evidentes. Es intrincada y difícil de comprender.

Según el origen etimológico, la palabra complejidad proviene del latín y significa: trenzar, enlazar. Quiere decir que dos elementos se entrelazan sin anular la dualidad.

Sobre complejidad se ha hablado por medio de los filósofos y los expertos en epistemología, física, biología, matemáticas, informática y ciencias de la comunicación. Cada rama la menciona, desde su propia perspectiva. Grandes pensadores, como el filósofo francés Edgar Morín, le han dedicado largos estudios a la complejidad. Morín dice que el mundo es un todo y que se debe abordar de manera multidisciplinaria para poderlo analizar.[10]

En la actualidad se habla de las «Ciencias de la complejidad» para mencionar a aquellas disciplinas que se enfocan en el uso de los sistemas. Al encontrar matices confusos, desordenados, ambiguos que generan incertidumbre, se confirma la necesidad de realzar un manejo más adecuado del conocimiento.

Dentro de todo ese contexto, se puede analizar la complejidad del lenguaje de la mujer, al reconocer que ella habla y se expresa a través de elementos diversos que se enlazan y se trenzan en medio de una constante dualidad.

Por esa razón se califica la comunicación femenina como compleja, porque para expresar alguna idea, ella no solo involucra una gran cantidad de elementos, sino que es capaz de entrecruzar y entrelazar una situación con otra, que en apariencia no tienen ninguna relación, pero que al final ella vuelve a unir, como cuando se entreteje el cabello largo en una trenza.

Presentaciones y conversaciones desarticuladas

Si se trata de una presentación profesional en su trabajo, la mujer puede comenzar con un tema y diversificarlo entre muchos otros sistemas con facilidad, pero esto produce en el público cierta incertidumbre, porque la diversidad de elementos que entrecruza se torna compleja, desarticulada y dificulta la comprensión de su exposición.

En medio de conversaciones, ya sean de trabajo o personales, por lo general sucede lo mismo. Puede mencionar más de diez temas a la vez, para luego entrecruzarlos. Puesto que ella cuenta con la facultad de un pensamiento complejo, espera que todos entiendan cada uno de los puntos de enlace entre un asunto y otro. Lo que en realidad sucede es que sus interlocutores, por lo general, perciben su conversación como difícil de entender porque no cuenta con la ilación suficiente para ser articulada.

La mujer muestra un lenguaje difícil porque siempre trata de conducir varios tópicos y asuntos en el mismo espacio conversacional. El hecho de contar con una circulación más fluida entre el hemisferio derecho y el izquierdo de su conformación cerebral y además con espacios específicos cuyo propósito es el habla, ella puede tratar diversos temas de manera simultánea. Aun dentro de una misma frase, puede lograrlo. Pasa de un asunto al otro sin dificultad alguna.

Si se trata de una conversación con otras mujeres, puede hablar de varios temas, mientras ellas también hacen lo mismo, a la vez. Por esa razón cuando el foro es entre mujeres, el hombre prefiere retirarse o hacerse a un lado, porque le cuesta trabajo entrar en esa dimensión. Su reacción inmediata es guardar silencio o abandonar el salón para dejar a las mujeres en su complicada conversación femenina.

El multilenguaje le parece al hombre no solo demasiado complicado, sino que le produce un estado de desesperación, porque su cerebro monotemático se encuentra diseñado para manejar un solo tema a la vez. Por eso cuando ella realiza su comunicación compleja él entra en confusión y perplejidad.

El hecho de ser complicada y compleja en su comunicación, aumenta en la mujer el ya mencionado lenguaje opaco # 1 de la falta de concreción. Por eso para concretar, ella requiere autoconocer su nivel de complicación y complejidad, para luego lograr autorregularlo y al final autocontrolarlo. Así conseguirá una verdadera transformación de sus lenguajes y entrará en la dimensión de la comunicación femenina inteligente.

Para mejorar el lenguaje de la complicación y la complejidad la mujer necesita:

- Concientizar la necesidad de descomplicar sus mensajes.
- Ser asertiva para decir sí o no, sin ambigüedades.
- Hablar en forma directa. Mencionar el punto que quiere tratar.
- No hablar con indirectas ni sarcasmos para referirse a un asunto.
- Tratar de ser clara y entendida, más que referirse a muchos temas a la vez.
- No tratar de dificultar sino facilitar las conversaciones. Hablar con fluidez.
- No entorpecer su mensaje ni obstaculizarlo con varios temas entrelazados. Ir al punto.
- No enredar, liar, embrollar, enrevesar, enmarañar ni embarullar las conversaciones. Hablar de un tema a la vez.
- Expresar lo que piensa y siente de manera directa, objetiva, transparente y contundente.

- Estructurar sus presentaciones con módulos y puntos concretos que le ayuden a ordenar sus ideas. Tener siempre su mapa de ideas. Uno, dos, tres y la ñapa. Y punto.

LENGUAJE OPACO # 3

Tendencia a controlar. Tóxica, rutinaria, manipula por temor.

Otro de los estigmas muy conocidos y populares es: «Las mujeres quieren controlarlo todo». Gran cantidad de hijos escucharon decir a sus padres esa frase acerca de sus madres. También los amigos de él, mientras bromeaban acerca de la suegra o de alguna esposa, decían: «En mi casa yo tengo la última palabra: ¡Sí señora!» O parodiaban la frase de Woody Allen: «En mi casa mando yo, pero mi mujer toma las decisiones». Acto seguido, risas, burlas y sarcasmos, que se constituyeron en común fuente de diversión y entretenimiento.

Este lenguaje opaco # 3, acerca de la tendencia a controlar, afecta la comunicación femenina en su inteligencia y en la interrelación, no solo con las personas del sexo opuesto, sino incluso con otras mujeres, en su espacio laboral.

En este punto es necesario aclarar tres aspectos importantes:

- Tan solo porque una mujer cuente con facultades de liderazgo y no se deje manipular de nadie no es una controladora. Porque la cultura del machismo ha pretendido durante décadas hacer sentir a la mujer, aun desde niña, que si ejerce su perfil de líder y no se deja dominar no es una mujer de verdad, sino que parece un hombre. Entonces ella optó por autobloquear su libertad de expresión, sus capacidades, habilidades y oportunidades, por miedo a verse como una mandona.

- También es importante resaltar que, en muchas ocasiones, una mujer que no es controladora termina por asumir ese papel porque se enfrenta a situaciones de agresión y abuso que distorsionan su verdadera identidad y su personalidad.

Es claro que cuando ella sale de esa situación opresiva comienza a mostrar su verdadero perfil de mujer cálida, agradable, libre y pacífica. Recupera su identidad y también sus posibilidades de conseguir éxito en las metas que se propone. Por lo tanto, lo que necesita es tratar de salir cuanto antes del yugo que la pueda esclavizar, para no entrar en una posición de control que no sepa manejar. Porque de igual manera el controlador terminará por abusar de sus emociones y controlarla con su infame agresividad.

- Otro asunto para revisar, antes de detectar si se trata de una persona controladora, es entender que no es lo mismo alguien ante quien se deben colocar límites claros, por su tendencia a inmiscuirse o querer servir, que alguien con la tendencia a controlar. Son dos perfiles distintos. Existen niveles de manipulación. A alguien que a veces manipula por estrés o por nervios, se le deben colocar límites claros. Pero frente a alguien que quiere controlar tu vida con manipulación agresiva, estás en una posición muy vulnerable y se requiere de mucho más que colocar límites. Es necesario asumir posiciones más drásticas y definitivas para que no termine por arruinar tu vida o tu profesión o producir un daño profundo en tus emociones, hasta distorsionar tu carácter.

El lenguaje opaco de la tendencia a controlar cuenta con características propias que es necesario saber distinguir, para no equivocarse en el diagnóstico y en la forma de comportarse ante la persona controladora.

Características de la comunicación con tendencia a controlar
El perfil de una mujer con el lenguaje del control muestra unos aspectos muy particulares que, en ocasiones, sabe que los presenta, pero no ignora cómo deshacerse de ellos. Veremos aquí algunos, para efectos de profundizar en las características de la comunicación femenina con tendencia a controlar y buscar las salidas para el cambio de paradigmas al respecto.

Desagradable, egocéntrica e insoportable
La mujer que intenta controlar a los demás se muestra desagradable y no logra ser asertiva puesto que su inmadurez emocional la gobierna; además, ella quiere dominar a otros a través de su postura egocéntrica, lo que se vuelve insoportable. Vivir al lado de una mujer que quiere ejercer control es correr el riesgo de que obstaculice las oportunidades y coarte la libertad del otro. Además, a su alrededor se vive una atmósfera bastante tóxica.

Por supuesto que también existen millones de hombres controladores, manipuladores, agresivos, machistas y egocéntricos que destruyen el carácter de la mujer y generan en sus hijos desórdenes emocionales. El hombre controlador es un ser obstinado que solo quiere que se hagan las cosas como él dice, cuando él dice y como él dice. Genera un ambiente de temor a su alrededor y puede llegar a anular y destruir a las personas en su zona de influencia, aun a sus seres más queridos, mientras él hace y dice lo que le place. Pero si tratan de llamarle la atención, culpa a los demás y jamás acepta su arrogancia y prepotencia insufribles.

En este espacio nos enfocaremos en la tendencia a controlar de la mujer, porque se trata de llevarla a un nuevo nivel, donde pueda ser libre de los complejos y temores que la conducen a dominar, en la mayoría de los casos porque cree que es ella quien debe «salvar» a todos.

Intenta salvarlos de ellos mismos, de sus errores, de sus malas decisiones, de su irresponsabilidad, de sus pésimas acciones, de su incapacidad de producir, de su inmadurez o de cualquier otro asunto en el que ella piense que, sin su ayuda, no podrán salir jamás adelante. Por eso es común escuchar a las mamás en las casas decir cosas como: «No sé qué van a hacer cuando yo les falte» y, de esa manera, tratan de manipular y controlar a todos para que le reconozcan su valor, el que ella tiene bastante perdido por causa de una baja autoestima bastante golpeada.

Así es como crecen muchos hombres, en hogares de madres que los controlaron y que no les permitieron madurar porque les escondían todos sus problemas y se los ocultaban a través de una sobreprotección que les causó demasiado daño. Por eso crecen inmaduros y se relacionan con una mujer que se supone debe ejercer control sobre sus vidas también, porque ellos cuentan con una forma de ser y de vivir que no presenta ningún indicio de voluntad propia, ni responsabilidad. Necesitan el control para poder avanzar. Pero si no les funciona, encuentran a quien culpar: a la mamá que los controló o a la esposa que se supone «me dañó la vida» con su control.

Ese tipo de hombre siempre intentará esconderse debajo de las faldas de mamá. De esa manera evita asumir su propia autorregulación y autocontrol como individuo. Ella termina por volverse controladora para protegerlo, aun sin querer hacerlo.

La mujer debe recuperarse por sí misma. Entender que su control no va a cambiar a nadie. Que cada uno determina lo que quiere ser y toma sus propias decisiones. Que tratar de «salvar» y controlar a otra persona no es la función para la cual fue diseñada. Que puede vivir libre del control y vivir en paz.

Rutinaria

Si se trata de su espacio profesional, en la oficina o en la empresa, ella tratará de llevar ese mismo esquema de control, de tal forma que buscará la «superprotección» de todo su equipo y terminará por realizar las tareas de todos, porque le parece que ellos no son capaces de realizarlas si ella no les ayuda y les dice cómo ejercer sus funciones.

En sus presentaciones y conversaciones, utilizará un lenguaje dominante a través del cual empleará expresiones como: «A partir de hoy se hace tal cosa…», «No estoy dispuesta a permitir tal otra…», «No me interesa lo que diga el jefe, yo soy quien toma las decisiones», «Para salir del problema ustedes tienen que…», «La única forma como se puede superar el índice de rentabilidad es como yo digo…».

No solo con su comunicación verbal, sino también con su comunicación no verbal, ella demuestra a cada paso que no está dispuesta a ceder ni un milímetro en su forma de pensar, ni a permitir el consenso de los demás para nada. Vive metida dentro de la caja de su propia inseguridad y por eso controla, porque le produce miedo perder el dominio de lo que le ella considera que le ha costado tanto esfuerzo.

Ella debe salirse de la caja, de la rutina, aceptar que no puede controlar a nadie y buscar la forma de organizar el trabajo, de tal manera que cada uno realice sus funciones con autonomía y autodisciplina, sin necesidad de que ella las realice por ellos o los controle todo el tiempo. Así podrá ser una mujer agradable y permitirá a los otros ser libres y más responsables de sus propios actos.

La mueve la inseguridad y el miedo a perder

El control se presenta como un sistema de manipulación por miedo a perder el cargo, a no ser escuchada, a no pertenecer al grupo, a perder su credibilidad, a no contar con autoridad sobre su equipo, a que las cosas no se realicen como ella piensa que son mejores, a que alguno cometa un error y se pueda dañar todo el proceso, a que lleguen otras personas con iguales o mayores capacidades que ella, a no lograr ascender a la meta que se ha propuesto, a que le impongan obstáculos en el camino, a perder su rol de mujer directiva... Son incontables las razones por las cuales la mujer profesional quiere mantener el lenguaje opaco de la tendencia a controlar.

Este lenguaje deforma su personalidad y le hace mella a su femineidad. Se percibe como mandona, pesada, insoportable, desgastante, amargada y falta de diplomacia e inteligencia emocional para interrelacionarse con los demás. Su capacidad innata de ser empática se bloquea. Por esa razón, actúa contra su propia esencia de mujer, que se distorsiona a través del control, porque al dejar de ser empática y de identificarse con los demás, para convertirse en controladora, pierde por completo su capacidad de ser apacible, serena y agradable, para presentarse como una persona turbulenta, alterada y desagradable.

Ella debe soltar el control, respirar profundo, ser consciente del valor que ella tiene, sin miedo a ser menos que nadie. Tampoco con la tendencia a creerse más. Debe manejar las situaciones en la oficina con una pacífica seguridad de sus valores, de su esencia, concentrada más en su paz interior, en el amor por los otros, en ser la persona amable y agradable que en esencia es. Esa será, si se lo propone, la manera más sabia de mantener su cargo y ocupar el mejor espacio en la empresa, en su casa y en cualquier lugar. Una mujer libre de control es una mujer feliz.

Su comunicación no verbal es defensiva

La comunicación no verbal del control muestra en ella gestos reacios y ácidos como, por ejemplo, el ceño fruncido. O permanece con un rictus en su rostro a través del cual se expresa con la sonrisa forzada, para ocultar sus sentimientos desagradables y su estado de ánimo doloroso.

Permanece en actitud defensiva, el tono de su voz es fuerte, áspero y acentuado en las frases para mostrar su dominio. El manejo de las manos es fuerte, impulsivo y se muestra agresiva. Utiliza el dedo índice para decir «No» o para señalar de manera reiterativa a una persona y decirle: «Estás advertido acerca de esta situación y no quiero que vuelva a repetirse».

La postura y el movimiento de su cuerpo pierden la gracia de su diseño original femenino porque comienza a pararse con poses de rigor y mando, al tiempo que camina con pasos fuertes, resonantes. Mucho más si utiliza tacones y se escuchan por los pasillos de la empresa, de tal manera que las personas al oírla venir puedan sentir miedo porque ella va a ejercer todo su control.

Ella debe, con su expresión corporal, sus tonos de voz, sus ademanes y posturas, tanto en presentaciones como en reuniones de comunicación formales y no formales, empezar a transmitir un lenguaje que no sea defensivo ni rígido, sino distensionado, flexible, que la muestre como una persona cálida y amable. Pero sobre todo, segura de sí misma, con autorregulación para no dejarse enganchar por las situaciones que afectan sus mensajes. Debe extrovertir sus expresiones corporales de manera tranquila, serena, amable, apacible, sin afanes, ni perturbación constante. Así generará mayor credibilidad de su imagen.

Es una persona tóxica

El lenguaje de la tendencia a controlar es propio de una persona tóxica, sea hombre o mujer, que con sus mensajes y aun con su presencia produce en la audiencia un sentimiento permanente de temor, culpa, inferioridad, baja autoestima y pérdida de la libertad, ya que con su forma de hablar pretende manipular a todas las personas a su alrededor y acusarlas de todos los males que padece.

Con su posición manipuladora, esta persona trata de generar un sentimiento de culpa en el oyente mediante frases como: «Todo lo que he hecho por ti y, mira, cómo me pagas», «Dios sabe cómo has actuado de mal conmigo», «Fue por tu culpa que no pude realizarme como persona y ahora vivo de esta manera tan deplorable», «Dañaste todo mi trabajo y por eso yo no pude conseguir una buena calificación».

Es la madre que, al ver que su hijo quiere tomar sus propias decisiones, le dice con tono de «digna»: «Haz lo que quieras, al fin y al cabo es tu vida», pero en el fondo lo que quiere decirle con eso es que ni se atreva a hacerlo, porque le iría muy mal. Con ese doble mensaje, la persona se siente tan culpable que no es capaz de tomar sus propias decisiones y termina dominada por el control y la manipulación.

La persona tóxica —hombre o mujer— genera alrededor de sí un ambiente de temor y de angustia. Cuando estás a su lado, sientes que algo te oprime, que la atmósfera es pesada y que no sabes cómo salir

de ese humo que te ahoga. Por lo general, utiliza frases descalificadoras para apabullarte, amedrentarte y poder controlarte.

De esa manera, aniquila tu autoestima y te sientes la peor persona
de todas, sin saber por qué. Utiliza frases para bajar tu nivel de amor
propio como las que siguen: «¿Y cómo te fue en la presentación de hoy
en la oficina… Si usaste todas las claves que yo te enseñé?», «¿Qué te
dijeron en la empresa por llevar ese vestido que no es tan… formal?»,
«Mejor déjame, yo preparo el pollo en el horno, porque de pronto no
te queda tan bien», «¿Y cómo te van a enviar a ese viaje, si no tienes ni
idea de identificar cuáles son las rutas?».

El control del individuo tóxico va de la mano con la habilidad para
manipular a las personas y lograr que todos crean o hagan lo que quiere el manipulador. Así logra conseguir su objetivo de continuar en su
autonegación, lo que le permite la autogratificación viciosa, egoísta,
egocéntrica y ególatra.

Muestra cambios abruptos de genio

Una de las actitudes más evidentes en una persona controladora es su
cambio de genio en forma repentina y abrupta. Su mente solo piensa
en el maltrato, el abuso o la situación difícil que ha sufrido, tal vez
desde niño, y que le ha causado dolor. La manera de encontrar una
salida de escape al malestar interior permanente que eso le causa es
asumir una posición controladora de las demás personas a su alrededor. El aliciente está en buscar quién se rinda ante su control y sienta
miedo cuando lo quiera culpar. De esa manera tapa su propia culpa para no asumirla y continuar en la manipulación a través del mal
genio, que ya es parte de sus hábitos.

Vive de mal genio, a veces es agresiva y puede llegar a mostrar su
depresión o expresar que se siente frustrada, precisamente cuando los
demás se encuentran en la feliz celebración de un evento. Si no le prestan atención suficiente, puede llegar a explotar y patalear como un niño
cuando no le dan lo que quiere. Con esas expresiones, por lo general
consigue su propósito, porque a la gente le cuesta mucho trabajo no
sentirse mal, incómoda o afectada cuando alguien dice que se encuentra muy golpeada por la situación y que es demasiado grande su dolor.

Algunas veces manifiesta sus explosiones de agresividad por medio
del acoso para desestabilizar, sembrar miedo y así lograr su control.

También utiliza un lenguaje amenazante. En definitiva, la persona que maneja el lenguaje controlador no se encuentra dispuesta a interiorizar en sí misma para encontrar la raíz de sus propios problemas. Espera que entiendas todo lo que le sucede y accedas a lo que pide. Pero si alguien se muestra en desacuerdo con ella y no hace lo que quiere, siente que es una amenaza para su dominio, entonces puede manifestar su ira a través del abuso emocional o físico con los demás.

Debe reconocer su agresividad y sus abruptos cambios de genio como la respuesta a una raíz de dolor o abuso en su vida que aún no ha sido resuelta. Si logra sanar esa situación, podrá encontrar la salida perfecta. Porque una raíz de amargura desde la niñez, no solo la perjudica a ella, sino que contamina a muchos a su alrededor. Si logra sacar la raíz y sembrar allí una nueva planta de alegría, amor, paz, paciencia, buen genio… comenzará a dar el fruto de un carácter sano. La amargura puede ser parte del pasado. Su comunicación se transformará y pasará de la expresión agria a las dulces y agradables respuestas.

Su forma de hablar es con halagos o desprecios

La manera de comunicarse de la persona que usa el lenguaje con tendencia a controlar puede estar en los dos polos opuestos: entre cubrirte con halagos o despotricar contra ti con palabras denigrantes e insultos, si le parece que hiciste todo mal. Por eso junto a esa persona lo más seguro es que te sientas en un constante estado de humillación y vergüenza, por el menosprecio que puede ser con agresiones o con sarcasmos y burlas.

Esa persona jamás le reconoce a otro sus sentimientos positivos, porque siente que puede perder su control. Por el contrario, puede optar por ridiculizarlo, menospreciarlo y llevarlo a sentirse estúpido, torpe o bruto para que de esa manera «sienta un precedente» y que entienda cuánto lo necesita. Con su lenguaje controlador y abusivo es capaz de decirle que todo lo que tiene y ha logrado es producto y resultado de sus esfuerzos y que gracias a ella estás donde estás. Ese tipo de manipulación emocional es un abuso verbal que no debes aceptar jamás.

Por lo general, la persona con ese lenguaje opaco tendiente a controlar vive en una permanente actitud de juicio, crítica y murmuración hacia todas las demás personas. Habla mal de todo el mundo, dice que son unos mediocres, que no sirven para nada, que cometen muchas faltas y si es posible habla de sus errores a los demás, porque de esa manera muestra su aparente superioridad, que en realidad es complejo de inferioridad. Eso le ayuda a mantener el aparente control.

Tal clase de persona debe eliminar la tendencia a controlar que la impulsa a usar las adulaciones, o los insultos, a su antojo. Debe entender que no necesita manipular a las personas agradándolas ni agrediéndolas. Sino que se puede relacionar con ellas de manera más sana, a través de una comunicación neutral, que no busca ser parcializada ni inclinada a alguno de los dos lados, ni al agresivo ni al pasivo. Si habla sin calificativos despectivos o halagadores, su comunicación será más asertiva y equilibrada; además vivirá libre de la necesidad de encontrar adjetivos para calificar todo lo que hacen, dicen o son los demás.

No acepta negativas que le lleven la contraria

La persona con lenguaje tendiente a controlar no acepta que le respondan con una negativa ni tolera las diferencias. Será muy obstinada y persistente en su manipulación, hasta lograr la respuesta que ella quiere. El problema es que no solo logrará su cometido, sino que también conseguirá generar en el otro un estado de culpabilidad, rabia y vergüenza, por haber cedido, sin quererlo.

Por eso, frente a esa persona, es necesario siempre contar con la claridad de que las respuestas y las determinaciones que tomas, negativas o positivas, no pueden ser manipuladas. Porque de lo contrario comenzará a utilizar sus frases tenaces para culparte. Te dirá que «el conflicto eres tú», porque para ella, nada es su culpa y va a manipular a otro en cada ocasión en que sus defectos y errores sean evidentes.

La persona que se expresa con esa tendencia a no aceptar negativas, ni a que le lleven la contraria, es arbitraria y tendenciosa en sus decisiones corporativas. Cree que es la dueña de todo y no valora el trabajo de los demás. Utiliza a la gente para cumplir sus objetivos. Cuando los logra, resuelve demostrar contra viento y marea que fue ella quien consiguió los resultados.

En caso de que la verdadera persona gestora de las ideas, creadora de la visión, la que en realidad trabajó en forma ardua y agotadora, reciba aplausos o méritos merecidos, considera que es «injusto», porque es ella quien se los «merece» y a quien deben darle todas las bonificaciones. Aun cuando no haya hecho nada más que intentar controlar y aprovecharse del talento de los demás para ocultar sus incapacidades.

Ella debe empezar a reconocer el esfuerzo de los otros y honrarlos por el mérito que tienen. Dejar a un lado su intención de adueñarse del trabajo de los demás y mostrarse a sí misma de lo que es capaz. Aceptar cuando alguien presente ideas u opiniones contrarias a las suyas, como un aporte valioso que debe ser tenido en cuenta. También aceptar cuando le digan «no» y saber responder a cualquier negativa con amabilidad. Soltar, ser y dejar ser.

El control simulado y la manipulación pasiva

Existe también en algunas mujeres una forma de controlar que, aunque no es tan evidente, ni tan fácil de discernir, es una de las más dañinas. Es la del control simulado. No maneja a las personas con dominio y agresividad, sino por el contrario, con palabras suaves que muestran una clara hipocresía al emitir mensajes como: «Me encanta que estés aquí…», pero enseguida incluye una frase adicional para ejercer su control: «estamos listos para comenzar la reunión que yo preparé de modo que todos estén unidos en medio de las decisiones que vamos a tomar bajo mi dirección».

Ella busca con su tono simulado el control de todas las personas, a partir de la «dulzura» y de los comentarios como que «Yo tengo el remedio perfecto que necesitas; si quieres, ya mismo te traigo un poco de agua para que te lo tomes y sientas alivio». No les da opciones a las personas de participar con sus propias ideas, porque quiere introducirlos a todos en su paquete» controlador, que por lo general muy pocas personas logran percibir ya que, al no ser un control agresivo sino pasivo, sutil, los demás tienden a caer en la trampa y deslizarse en medio del montón de «miel» que ella utiliza para que todos caigan en el deleite de su simulación, hagan las cosas como ella quiere y se mantengan a su alrededor.

Al final, terminarán como marionetas que ella mueve con una sola mano y mucha habilidad. Solo las personas con suficiente capacidad de discernir el lenguaje de la tendencia a controlar podrán entender de qué se trata y quedarán librados de su dominio tóxico.

Ella debe dejar esa forma de comunicarse con la que siempre busca disimular, encubrir, disfrazar, maquillar y aparentar. Que sus palabras no sean más como mantequilla, cuando en el interior guarda una dura coraza de control. Que empiece a hablar con palabras normales, sin tratar de falsear cada cosa que dice para conseguir sus objetivos.

Debe dejar que los demás piensen, sientan y organicen su trabajo y sus vidas de acuerdo a sus propias decisiones y no a su «dulce» y fingida posición. Que entienda que ella cuenta con sus propias virtudes y no necesita a los demás para conseguir sus propósitos. No tratar de empaquetarlos a todos en su bolsa de miel, porque puede terminar en una sobresaturación empalagosa y dañina. Además, nunca conseguirá ser auténtica, sino que vivirá autobloqueada por su propia hipocresía. Para ello, necesita elevar sus niveles de autoestima, entender de verdad lo que ella vale y no encubrir más su inseguridad con la agradable simulación. Ser ella misma y dejar que los demás sean.

Resultados del lenguaje con tendencia a controlar

Los sentimientos de una persona que se encuentra ante una mujer —o un hombre— con tendencia a controlar, son siempre los mismos:

- Se mantiene aturdida entre el sofocamiento, el dominio, la confusión y la angustia.
- Vive aburrida de que le indiquen todo el tiempo las tareas que debe realizar.
- Experimenta un sentimiento de culpa por ceder al control permanente.
- Debe dirigirse a esa persona con extremo cuidado para que no se enfade.
- Trata de no hacer nada que pueda detonar su furia, que explota por cualquier detalle.
- Siente que no puede ser ella misma porque el control del otro ejerce una enorme influencia en su comportamiento.
- No logra tomar decisiones propias porque la persona con tendencia a controlar siempre la va a criticar o tratar de cambiar. Aun las más sencillas.

- Le cuesta trabajo colocarle límites al controlador por miedo a sus reacciones.

Por eso es necesario conocer todos los síntomas del controlador, para que sepas identificarlo y no creas que es por tu culpa todo lo que le sucede. Tú no debes tolerar el control por miedo a las reacciones de la otra persona, ya que eso te puede generar un daño emocional severo y además contribuyes a que esa persona continúe en el círculo vicioso de su agresión.

Entiende que no es por tu culpa que se comporta de esa manera o presenta problemas en su interior. El problema no eres tú. Tal vez el daño que ella sufrió en la niñez o la adolescencia la lleva a comportarse de esa forma y a mantener un lenguaje con tendencia a controlar, pero no es tu culpa.

En el caso ser tú la persona con el lenguaje opaco tendiente a controlar, necesitas reflexionar al respecto y salir del daño que esto le puede ocasionar a tu comunicación. Porque afectará todas tus relaciones interpersonales, tanto a nivel profesional como particular.

Qué necesita la mujer para mejorar el lenguaje tendiente a controlar

No es tan sencillo encontrar la salida a este lenguaje opaco de la tendencia a controlar. Tal vez es uno de los más difíciles de detectar y también de manejar. Pero con el primer paso, que es el del reconocimiento, ya se ha avanzado lo suficiente para continuar hacia adelante, para ser libre de este flagelo que afecta de manera muy profunda la estabilidad emocional.

Tanto si es ella quien controla como si es víctima del control y el abuso de otra persona, existen algunas herramientas que pueden ser útiles para encontrar la forma de tratar con el control.

Si es ella quien controla:

- Reflexionar y meditar en sus actitudes controladoras que generan malestar en las personas.
- Reconocer que maneja este lenguaje e intenta controlar a los demás por su propia inseguridad.

- En caso de que se haya pasado los límites con alguien, debe reparar el daño y pedirle que la excuse por esa falta.
- Intentar sanar los momentos de la niñez o de la adolescencia en los que sufrió algún abuso o maltrato, para encontrar la causa de su deseo de controlar.
- Cuando se encuentre en medio de diálogos o conversaciones en que intente controlar, debe recapacitar y cambiar el rumbo.
- No intentar que todas las personas hagan lo que ella dice, sino más bien permitir que sean libres y tomen sus propias decisiones.
- No inmiscuirse en los asuntos personales de los demás, aunque no esté de acuerdo, y pensar que no puede controlar sus vidas.
- Si le dan explosiones de mal genio porque los demás ignoran sus sugerencias, debe reconocerlas de inmediato y cambiar la actitud hacia ellos.
- Si ejerce la manipulación pasiva, que intenta controlar a todos de manera amable, gentil y simulada, también debe reconocerlo y encontrar la raíz de la baja autoestima que la impulsa a controlar con hipocresía.
- Entender que no es dueña de la vida de nadie y que puede ser libre del agobio que le causa a sí misma su lenguaje opaco de la tendencia a controlar.

Si es otra persona quien la controla:

- No continuar la conversación, ni permitir que esa persona dirija la culpa hacia tu inconsciente.
- Si es una persona a quien ama, debe separar el vínculo afectivo que la llevará a disculpar su atropello.
- Debe aceptar a esa persona tal como es, no intentar cambiarla, pero tampoco aceptarle su manipulación.
- Si es posible, debe sacarla de su vida. Si no es posible, debe cambiar la forma de tratar con ella.
- Atreverse a decirle que «no», aunque reaccione. Así sabrá que no hay disposición para tolerar más su control.

- Mantenerse bien firme, para que esta persona no consiga disminuirle ni debilitarle con sus mensajes tóxicos.
- No contarle los sueños y mucho menos las debilidades, porque un día los utilizará como arma para desacreditar al otro.
- Continuar con la determinación de no permitir el control, aunque la persona utilice frases para presionar.
- Si la comunicación se vuelve agresiva, continuar con calma, sin perder el control. Si es demasiado, entonces cortar la conversación cuanto antes.
- Si no es posible distanciarse de esa persona por el vínculo afectivo o laboral, mantener la interlocución lo más amable, pero breve posible.
- No permitir que esta situación le afecte más. Entender que la paz interior es lo más importante.

LENGUAJE OPACO # 4

Dependencia emocional. Demanda atención, apegos enfermizos.

Cuando la estabilidad y la felicidad de una mujer dependen de otra persona, sea su pareja, sus hijos, su familia, su jefe o un objeto, se puede saber que todo lo que comunique lo transmitirá a través del lenguaje de la dependencia emocional, uno de los que más la puede disminuir y opacar, porque todo lo que ella exprese estará afectado por lo que dice, piensa, hace o deja de hacer la otra persona. Su vida gira alrededor del objeto de su dependencia, lo cual no solo le impide mostrar sus propias emociones, sino que coarta su libertad e impide su felicidad.

Las relaciones interpersonales con dependencia emocional son disfuncionales y, por lo tanto, la comunicación en medio de ellas también lo es. Muestran inestabilidad y una marcada tendencia a la idealización, subyugación y sublimación del otro, hasta convertirlo en el centro de toda su existencia, lo cual termina por destruir las emociones, la autoestima, su capacidad de expresión y toda su carrera profesional y privada.

A pesar del daño emocional, mental y aun físico que puede causar la relación con esa persona, ella seguirá sometida al dolor que le produce su maltrato, porque su debilidad emocional, por necesidad de amor y afecto no resuelta, la lleva a depender. Por eso se siente incapaz de abandonarlo.

Por lo general, esa mujer se relaciona con personas dominantes y controladoras, con tendencias egocéntricas y aun narcisistas, que la llevan a sufrir. Cuando se da cuenta de su error e intenta cortar la relación, no lo consigue por su dependencia desmedida. Eso convierte su comunicación con los demás en un nudo de confusión, con expresiones conflictivas e irascibles. Se trastorna su personalidad y se muestra amargada, sin serlo, porque la mayoría son seres dulces y amables encerrados en la dependencia.

Su autoengaño, apego enfermizo e incapacidad de abandonar a la persona objeto de su dependencia se produce por los diferentes miedos interiores que maneja, como el temor a quebrantar sus principios y sus valores morales, a no cumplir con el deber de perdonar lo suficiente, aunque ya haya perdonado hasta la saciedad, a romper la relación, a quedarse sola, a causarle daño a esa persona, a afectar a otras personas cercanas por su ruptura, o a no suplir su necesidad de afecto, que le brinda una aparente seguridad.

La comunicación de la mujer con dependencia emocional
Aunque este parece un cuadro muy anormal, es bastante común hoy entre las mujeres, sean adultas o jóvenes. El miedo a la soledad y a la falta de afecto se torna cada vez más evidente y esto produce en la comunicación femenina tendencias al lenguaje que las opaca, las anula y bloquea sus habilidades comunicativas, tanto profesionales, laborales y formales, como personales e informales.

Las señales de la comunicación con el lenguaje opaco de la dependencia emocional:
- **Demanda permanente de atención:** Se comunica a través de la búsqueda excesiva de demostraciones de afecto, debido a sus faltantes de amor y su temor al rechazo.
- **Deterioro de sus relaciones externas**: No puede enfocarse en otra cosa que no sea la persona objeto de su

dependencia emocional y por eso se deterioran sus relaciones interpersonales con los demás.

- **Necesidad de agradar**: No soporta la idea del rechazo y vive para agradar a los demás, sean personas de su entorno cercano o de relaciones profesionales en el trabajo.

- **Asumir una postura de inferioridad**: En la relación siempre se comporta como el ser inferior, o el superior, según sea su tipo de dependencia.

- **Busca la total atención**: Espera que la otra persona también le dé su exclusiva atención y se aísle de todos los demás para atenderla.

- **Necesidad de contacto continuo**: Mantiene una adicción por la persona de su dependencia y lo agobia en forma persistente e intensa con llamadas, mensajes, correos, contacto afectivo...

- **Inestabilidad emocional**: Se mantiene en estados emocionales desequilibrados, con un genio cambiante y se expresa como una persona disfórica, es decir, enojada, deprimida, irascible o con exceso de ansiedad, que la puede llevar a desórdenes alimenticios o de cualquier otra índole.

- **Busca compañía permanente**: No tolera la posibilidad de pasar un tiempo en soledad, porque le aterra la idea de estar sola. No sabe cómo administrar sus espacios a solas, trata de llenarlos siempre con la persona de su dependencia. Todo por causa de su baja autoestima, que no le permite disfrutar consigo misma.

- **Ceder a sus principios**: Puede llegar a renunciar aun a sus propios principios, a través de la realización o aceptación de acciones con las que no se está de acuerdo, pero las realiza a través del lenguaje de la dependencia emocional que la anula y la opaca por completo.

Codependencia emocional

En caso de que la relación interpersonal de la mujer sea con alguien dependiente del alcohol, las drogas u otras adicciones, su comunicación será no solo dependiente, sino que además presentará el agravante de la codependencia emocional. Es decir, ser dependiente de un dependiente de adicciones. Es usual que la mujer con excesiva necesidad de agradar busque este tipo de relaciones con otras personas dependientes, que terminan por convertirse también en una adicción emocional destructiva.

Para ella la vida gira entre proteger a su pareja y «salvarla». Asume toda la carga de su irresponsabilidad, trata de resolverle y ocultarle sus problemas que son serios. Es capaz de entregarle todo lo que ella tiene y todo lo que ella es, para sacarlo del estado en que se encuentra. Pero no logra conseguirlo, a pesar de todos sus titánicos esfuerzos, que son desmedidos porque no entiende que no depende de ella, sino de la voluntad del adicto. Entonces su comunicación comienza a mostrar una constante frustración, desesperación y angustia, porque no puede salir de la relación que la esclaviza y le es imposible terminar.

Entonces vive en el círculo vicioso entre ser la cuidadora y la salvadora del dependiente, lo cual la hunde cada vez más y puede llegar a sentirse más enferma que el mismo dependiente. Alrededor del dependiente se pueden enfermar las emociones por lo menos de cinco personas en su radio de influencia. Por supuesto, la mujer pareja será la más afectada.

Apegos emocionales enfermizos

La mujer con apegos se encuentra enferma de sus emociones y, por esa razón, su forma de comunicarse es también enfermiza. Ella busca un vínculo de manera obsesiva con algún objeto, una persona o idea, basada en la equivocación de creer que es el único motivo de su felicidad y seguridad. Cree que es lo único que le da sentido a su vida. Por eso jamás aceptará perder esa vinculación y mucho menos desprenderse de ella.

El efecto del apego en la expresión de la mujer puede llegar a distorsionar y destruir su comunicación por completo. Ha sido una de las principales causas del deterioro de su dignidad, del respeto a sí misma, de sus principios y valores. Está expuesta a acabar también con su libertad, su tranquilidad y su paz interior, porque su único móvil es el temor a la pérdida del objeto de su apego. Le cuesta trabajo tomar decisiones sobre su propia vida, porque esta situación es tan absorbente que no se puede concentrar. Por eso su forma de expresarse no es alegre, sino que comienza a tornarse sombría, afectada y opaca.

Ella debe encontrar su propia gobernabilidad, amarse a sí misma y no negociar la riqueza de sus principios y valores, ni la de su dignidad, por un supuesto amor. De esa manera comenzará a transmitir una expresión más sana y una comunicación verbal y no verbal más libre y espontánea, que no esté viciada por la anulación, sino que se interrelacione con los otros desde su propia independencia emocional. Así conseguirá una efectiva inteligencia comunicacional.

Para lograrlo es importante que se desapegue primero del miedo a la pérdida y se haga consciente de que ella no lo va a poder cambiar. Pero por encima de todo, que es más importante su tranquilidad y su paz interior que cualquier otra cosa. Cuando la recupere, se reencontrará a sí misma y proyectará un lenguaje mucho más asertivo, capaz de decir: «No más» y colocar los límites necesarios.

Reconocimiento del apego afectivo enfermizo

La primera salida para eliminar un lenguaje opaco de dependencia emocional es admitir que se está enredado en los lazos sofocantes y esclavizantes de un apego afectivo enfermizo. Algunas de las salidas efectivas para comenzar a detectarlo, salir de él y conseguir una comunicación femenina inteligente son:

- **Reconocerlo.** El primer paso para salir de cualquier vicio o adicción es reconocerlo. De lo contrario, será imposible dejarlo. Debes aceptar que te sientes incapaz de ser feliz si esa persona motivo de tu apego se ha vuelto imprescindible, lo cual es un autoengaño.
- **Eliminar el lenguaje dependiente.** El lenguaje es generativo. De manera que, si utilizas un lenguaje dependiente, tus declaraciones te llevarán a autocondicionarte y recibirás lo que dices. Por ejemplo, si le dices a esa persona: «Me muero si te vas», condicionas toda tu existencia a su presencia. Pero si mejor dices: «Me encanta estar contigo, pero estaré bien si deseas irte», entonces todo cambiará en la interrelación. No solo te sentirás mucho mejor, sino que tu imagen frente al otro será de autorregulación e inteligencia emocional, no de dependencia y apego sofocante.

- **Mantener una reflexión e introspección permanente.** Cuando logras el desapego, debes mantener una constante reflexión interior que te lleve a revisar en forma periódica tus actitudes frente a las otras personas. Debe ser un diálogo íntimo sincero, en el que realices un inventario de tus reacciones y respuestas ante distintas situaciones. Es importante analizar si has mostrado la suficiente serenidad en esos instantes de presión, cuando las emociones salen a flor de piel.

La introspección te ayudará a mantenerte sana de la dependencia y los apegos. Porque cada vez que recaigas, podrás retomar el rumbo y recuperarte a ti misma. Mirar a Dios y contar con él como tu refugio y fuente de amor inagotable es una sólida base para tu fortaleza emocional y espiritual. Sin que sea una religiosidad legalista, sino una espiritualidad profunda y verdadera, que te produce vida y paz.

- **Buscar ayuda profesional.** Perdonar, claro que sí. Hasta más de setenta y siete veces. Pero, busca ayuda profesional. Porque en ocasiones los principios y valores espirituales y morales se pueden manejar de forma equivocada, y pueden mantenerte atada al apego enfermizo sin salida. Piensas que debes perdonar a esa persona una y otra vez, aunque te maltrate, abuse de tu bondad y te esté destruyendo poco a poco. El perdón sí es la clave determinante para la libertad emocional, pero aunque perdones a una persona por sus ofensas, no debes aceptar el maltrato emocional que te genera.

Si esa persona quiere separarse, que se separe. No debes volver a recibirla, ni su constante manipulación. ¿Cómo sabes tú si serás capaz de que cambie? Estás diseñada para vivir en paz, no avergonzada, ni humillada, ni manipulada, en medio de una situación que pareciera no tener fin. Busca apoyo profesional y espiritual, porque te será de gran ayuda. El apego de las emociones es una enfermedad y necesita ser tratada como tal.

Si quieres un milagro, no esperes que sea el cambio de esa persona. Porque tal vez nunca lo querrá. Por eso, el milagro más urgente es el de tu propia recuperación. Entonces conseguirás tu verdadera transformación comunicacional.

Qué necesita la mujer para salir del lenguaje opaco de la dependencia emocional

- **Amarse a sí misma.** La máxima de Jesucristo es: «Ama a tu prójimo como a ti mismo». Si no te amas a ti misma, no puedes amar bien.[11]

  Nadie irradia mayor seguridad e inteligencia en su comunicación que una mujer que conoce su alta estima.

- **Buscar la paz por encima de todo.** Entender que no fuiste creada para permanecer bajo esclavitud emocional, ni sujeta a una servidumbre interminable, sino para vivir en paz. Sin tranquilidad es imposible ser una profesional asertiva y persuasiva. La serenidad se transmite desde el interior.

- **Reconocer que es un ser libre.** Si las relaciones te esclavizan, denigran, atormentan, te roban la alegría, te deterioran, van en contra de tu libertad y tu integridad como ser humano, piensa que eres un ser libre. Esa libertad la proyectarás en cada uno de los escenarios o conversaciones en que debas comunicarte.

- **No vivir en el pasado.** Si quieres entrar en una nueva dimensión de tu comunicación, necesitas soltar el pasado. Busca la ruta segura de la transformación para cambiar ese lenguaje opaco de la dependencia emocional, en el camino del nacer de nuevo, para una completa innovación personal, desde tu ser interior.

LENGUAJE OPACO # 5

Actitudes cíclicas y cambiantes. Esencia impredecible.

Otra de las marcas difíciles de manejar que se ha convertido en un estigma fatal es la de: «Todas las mujeres son cíclicas». Crecieron con esa etiqueta. En la adolescencia pocas la entendían, al madurar aceptaron convivir con ella y con el título de impredecibles. Estos ciclos con cambios producidos por subidas y bajadas hormonales, procesos de ajuste interior, variaciones de las emociones, períodos menstruales, contracciones de cólicos, sentimientos encontrados, cambios de la edad, circunstancias adversas, momentos de dicha y hasta el medio ambiente, todo influye en forma directa en su forma de comportarse y comunicarse.

Por todo y por nada, cada mujer experimenta en su interior los ciclos propios de su esencia femenina, muchas veces sin saber cómo abordarlos. Solo sabe que ella es «cíclica», pero nadie le explica qué significa eso y, mucho menos, cómo comunicarse a través de cada una de esas temporadas de su vida. Así que lo asume como un insulto que acepta porque no encuentra otra opción.

Es necesario empezar a ver los ciclos de la mujer como uno de sus mejores atributos. Pero para ello debe aprender a prepararse con sabiduría para cada uno de ellos.

Así como en las diferentes estaciones del año, los agricultores, industriales, diseñadores de moda, empresas de turismo, aerolíneas, expertos en *marketing*, gobernantes, educadores, dirigentes del tránsito, poetas, compositores, médicos… todos, deben alistarse para saber cómo comunicar a sus públicos los cambios de la temporada que viene, así mismo la mujer puede contar con la opción de prepararse para cada estación de sus ciclos naturales. No deberían ser vistos como una fatalidad, sino como una oportunidad para madurar su inteligencia emocional y sus habilidades comunicativas. Para ser plena consigo misma, dentro de una feliz autoaceptación consciente.

Solo si la mujer comienza a autoconocerse se podrá autorregular. Pero si no entiende la diferencia de sus comportamientos internos y externos, no sabrá cómo enfrentar cada uno de ellos a tiempo y estará condenada a que le digan cíclica, como si fuera una humillante ofensa y no como lo que en realidad es: el privilegio de un diseño único y con propósito definido de un ser con una riqueza interior formidable.

Cada estación cuenta con sus propios beneficios y también sus inconvenientes. Lo importante es que el agricultor se prepare para la época de la siembra y después esté listo para la cosecha de manera adecuada, con las herramientas apropiadas. Pero si no entendiera los cambios, si no supiera que son una bendición de la creación original, entonces solo se quejaría de que la tierra es cíclica y nada más. Pero con limitarse a estigmatizarla, no obtendría la bendición del fruto a su tiempo que bien plantado, regado y cuidado produce enormes beneficios y rentabilidad.

La mujer debe conocer la bendición de sus cambios y asumir como parte de ella misma los momentos difíciles de cada ciclo. Así como el que siembra vive las lluvias a veces extremas de la primavera, la sequía y el calor fatal del verano, o las hojas que caen en el otoño, o el insoportable y brutal frío de la acumulación de nieve en el invierno. La diferencia está en que él se prepara bien para vivirlos con inteligencia y asumirlos como una oportunidad para la riqueza, no como una calamidad.

Ella por su parte, parece estar predispuesta y condicionada para vivir sus períodos como si fueran un desastre insufrible y una maldición que le tocó asumir y no como una facultad que puede disfrutar, aun en los momentos de las bajadas emocionales, los dolores y fastidios de la menstruación, los desajustes físicos y las dificultades por las manchas que puede ocasionarle un período mal administrado.

Necesita dejar de compararse con el diseño físico del hombre y no volver a verlo como «el privilegio que él tiene de no sufrir todo esto que a mí sí me tocó, por el simple hecho de ser mujer». Si no sale de ese autoboicot, jamás podrá ver su diseño como una ventaja única, que la constituye en un ser excepcional. Debe identificar sus propias oportunidades a través de sus cambios. No quiere decir que son fáciles, ni que debe negar los aspectos negativos, pero el reto es reconocerlos como una ventaja con propósitos sublimes. De esa manera terminará por amarlos. Es decir, por amarse a sí misma.

Si comparamos los períodos femeninos con las cuatro estaciones del año, podríamos realizar un paralelo, así:

- **Primavera** = Antes de la ovulación. Se siente y proyecta como: joven, que no requiere de ayuda. Briosa, elocuente, brillante, enfocada, emprendedora. Puede autodominarse y crear su propio espacio.
- **Verano** = Ovulación. Se siente y proyecta como: señora, mamá, fértil, proveedora, poderosa, convincente, atractiva, capaz de ejercer relaciones públicas con facilidad y encanto. Logra impactar en una presentación. Vive su mejor etapa.
- **Otoño** = Antes de la menstruación. Se siente y proyecta como: luchadora, dominante, pesimista, capaz de poner

límites, potente, furiosa, observadora precisa, intolerante.
Busca el cambio. Muestra un alto nivel de lucidez.

- **Invierno** = Menstruación. Se siente y proyecta como:
madura, sabia, sensible, demanda descanso, calma y sueño.
Aunque en las últimas décadas realiza actividades que
antes eran imposibles en esta etapa, como la equitación
o la natación. La mujer de hoy es mucho más consciente
de su potencial y no siente miedo ni vergüenza de
«mancharse». Además, cuenta con productos más avanzados
y especializados para aliviar su proceso menstrual. Por eso,
aun en medio del invierno, para ella la vida continúa.

- Lo mismo durante el embarazo, hoy la mujer es mucho más
dispuesta a mostrar su barriga con honor. Incluso las grandes
figuras y artistas salen en portadas y realizan conciertos
con su estómago gigante al aire. Un par de décadas atrás, las
mujeres embarazadas escondían su estado entre los vestidos
de maternidad amplios y se sentían como enfermas en su
gestación. Hoy la mujer trabaja, se arregla, hace ejercicio, luce
su embarazo y la gente lo acepta como un proceso natural y
hermoso, no como un problema o una falla que debe cargar
nueve meses.

Cada estación o período cuenta con diferentes retos que ella necesita asumir con coraje, entereza y dignidad, para vivirlos a plenitud y de esa forma poder transmitir al mundo sus cambios físicos y emocionales, a través de una comunicación femenina inteligente.

Los estrógenos y la progesterona le generan estados emocionales y físicos cambiantes en su cerebro y en todo su ser. Por eso ella debe saber a cabalidad cuáles son los comportamientos de su organismo en cada estación, para estar preparada y responder a ellos según sea el caso.

Otro de los cambios y variaciones esenciales que debe conocer y aprender a manejar es el de las fases de su ovulación, que también juegan un papel predominante en su carácter y en sus expresiones al comunicarse.

Además de los cambios hormonales periódicos, la mujer debe asumir también los ciclos de la edad. Sus procesos fisiológicos cambian de acuerdo a la etapa de la vida en la que se encuentre. En la adolescencia, su rebeldía, porque adolece de todo. En la edad adulta, la depresión, por sentir que su vida va en descenso hormonal.

Menopáusica: insulto o elogio

En el paso a la edad adulta, con la premenopausia y la menopausia, la mujer vive un momento de cambios y diferentes formas de comportamientos. Puede sentirse enojada o deprimida con facilidad, por la baja de los estrógenos, que conduce a los calores del climaterio, la falta de sueño y, como resultado, la irascibilidad y sensibilidad permanentes. También los episodios de baja autoestima por la confrontación con la pérdida de la ovulación y el paso de los años que se evidencia en su organismo y se transmite a través de sus emociones.

En esta etapa, cuando la mujer deja de menstruar, debe enfrentar el estereotipo de ser menopáusica, como si fuera una vergüenza. Este es un estigma que debe cambiar pronto porque, al contrario de ser una palabra para descalificarla, la menopausia debería ser un elogio. En esta etapa ella puede pasar por el mejor momento de su vida. Es capaz de expresarse y proyectarse con más madurez y sabiduría. Incluso cuando han pasado varios años sin recibir el flujo del período menstrual, ella cuenta con la habilidad de percibir las cosas con mayor serenidad, tranquilidad y lucidez.

Se potencia su sabiduría y la percepción se amplía. Todo esto, por supuesto, en un estado de aceptación y conocimiento del cuerpo. Porque, tal y como se plantea la menopausia desde nuestro sistema cultural, es un auténtico drama. Esta es una imagen que la mujer madura puede cambiar a partir del desarrollo de sus competencias comunicativas, basada en la convicción de que la pérdida de la menstruación debe ser una etapa para disfrutar y no para padecer, como si fuera otra marca negativa en su lista de cruces que le han sido impuestas a nivel popular.

Es evidente que la baja de hormonas la lleva a desajustes emocionales. Por eso debe estar preparada para esa estación de la vida, a nivel físico, emocional y espiritual, de modo que no la tome por sorpresa. Primero que todo, asumirla como una posibilidad de libertad y crecimiento, no como una sequía interior.

No verla como un indeseable final, sino como un formidable comienzo. De esa manera, proyectará libertad, frescura, seguridad y una tranquila madurez, que la ubicará en el plano de las mujeres interesantes, no en el de las acabadas. Su comunicación y su expresión personal no pueden seguir pegadas a los estigmas insultantes. Debe depender de la postura que ella misma escoja asumir.

Después, interiorizar la importancia de realizar actividades que le ayuden a nivel físico como caminar cuarenta minutos diarios, alimentarse de manera saludable y tomar mucha agua. Además, puede consumir suplementos que contengan productos naturales como las isoflavonas de soya que, según algunos estudiosos del tema, ayudan a movilizar los estrógenos, regulan el sueño y controlan los calores del climaterio. Así su genio, sus emociones, su carácter, serán mucho más estables. Y lo más importante, reconciliarse con su esencia como mujer madura, que puede llegar a verse y expresarse como una persona sabia, productiva y espléndida.

Impredecible: indomable e incontrolable

Por todos esos cambios físicos, y por los embates de la cultura que la rodea, la mujer ha asumido su papel de «impredecible» en su forma de comunicarse y expresarse. Lo ha asumido desde el ángulo negativo de la palabra, a veces sin saber qué significa el concepto.

Por supuesto que ella es un ser cambiante, desde su diseño original, desde su esencia personal. Pero impredecible significa aquello que el ser humano no puede dominar o controlar. De manera que lo que ella necesita es desarrollar sus propios dominios del lenguaje y autocontrolarlos para comunicarse de manera más asertiva, en medio de cada fase, estación o período, para no proyectarse más como una impredecible indomable e incontrolable, sino como una persona con dominio de sí misma, con autorregulación y autocontrol. Que sabe gerenciar sus propias estaciones y emociones, para expresarse como un ser apacible, amable, con equilibrio y ponderación.

Por el hecho de no contar con un patrón estático y rígido que se puede mover con facilidad, la mujer se convierte así en un ser con esencia impredecible. Mucho más que el tiempo y las estaciones, que a veces se tornan más obvias que ella, porque a pesar de los cambios climáticos, los meteorólogos pueden dar el pronóstico del tiempo.

La mujer puede aceptar que es un ser con esencia impredecible si asume un cambio de postura, desde la connotación positiva que implica ser fabulosa, diferente, no obvia, ni plana, sino con una riqueza interior valiosa. Pero no desde el lado negativo que implica ser insoportable e insufrible. Su comunicación inteligente le debe permitir ver sus propios cambios y ciclos como factor de éxito y fuerza interior, no como una marca de fastidio, rechazo o inferioridad.

Con la CFI la mujer se mantiene segura, firme, pacífica, alegre y estable en cada período y en cada estación.

Recomendaciones y conclusiones

Para conseguir una verdadera vindicación de la imagen de la mujer y de su forma de ser, de expresarse y comunicarse, es necesario mirarla desde un punto de vista integral. Es decir, estudiarla y considerarla como un todo. Concebirla en la realidad completa que ella es, desde el principio de la creación. Sin lugar a dudas, complejamente extraordinaria.

Conclusiones y recomendaciones acerca de los diez lenguajes de la mujer

1. Ante todo, la mujer es una persona virtuosa y admirable, su estima es invaluable y así se debe proyectar.
2. Cuenta con fortalezas comunicativas suficientes para no opacarla sino llevarla a brillar.
3. Tiene debilidades que deben ser vistas como oportunidades de mejora continua.
4. Por eso necesita enfocarse más en concientizar y desarrollar sus competencias comunicativas a partir del ser.
5. Es urgente eliminar los estigmas alrededor de ella y de su comunicación para sacarla de los odiosos estereotipos culturales negativos y descalificantes.
6. Será posible la transformación de sus lenguajes, si logra concientizar su valor, amarse a sí misma y confiar en el diseño original que Dios le dio.
7. Si quiere comunicarse mejor con la mujer, el hombre debe ser más intencional y empático para valorarla, escucharla, entenderla y proyectarla.

8. Para ello requiere: palabras de valoración, no de descalificación. Porque la comunicación femenina está ligada al corazón de ella, a sus emociones, a su voluntad, a su ser.

9. Cuando una mujer profesional se siente amada, valorada, motivada por palabras de aprobación, de empoderamiento, de afecto, su comunicación transmite seguridad y logra mayores resultados en la empresa.

10. Los empresarios que promocionan a las mujeres profesionales por sus cualidades y capacidades, basados en el respeto y el honor, en la valoración de sus logros, son mucho más efectivos y pueden alcanzar más altos niveles de eficiencia del equipo femenino que los acompaña en la organización.

11. Si quieres saber todo lo que una mujer es capaz de lograr por tu empresa, por los resultados del fin de mes, por la construcción de una plataforma de desarrollo exitosa para tu compañía, entonces comienza a pensar cómo cambiar tu comunicación hacia ella, con mensajes y palabras que le den ánimo, empoderamiento y coraje.

12. Es necesario construir una cultura CFI para empoderar y valorar a la mujer en su completa dimensión.

CAPÍTULO 3

Inteligencia comunicacional y emocional de la mujer: su expresión, a partir del ser

«La gran pregunta que nunca ha sido contestada —y a la cual todavía no he podido responder, a pesar de mis treinta años de investigación del alma femenina—, es: ¿qué quiere la mujer?».
—SIGMUND FREUD

El progreso de las competencias comunicativas implica entrar en un nuevo nivel de desarrollo de las capacidades de la mujer a partir de su inteligencia emocional; desde la ontología de sus lenguajes. Es decir, en base al estudio de ella como ser. Solo con un cambio en su forma de expresión y en cómo transmite las ideas y los mensajes, el género femenino logrará en verdad entrar en la dimensión transcendente de todas las áreas de influencia.

El empoderamiento de la comunicación femenina es un asunto urgente dentro de las empresas, entidades, organizaciones y universidades, en las que las mujeres cuentan cada vez con mayor nivel de aceptación y demostración de resultados contundentes.

Sin embargo, requieren de un mayor impulso en sus competencias comunicacionales, para demostrar todo su potencial y la calidad interior con que cuentan. Así la mujer podrá conseguir niveles mucho más elevados de asertividad, persuasión y alto impacto.

No basta saber «acerca de»… Es necesario saber «cómo» transmitirlo… La mujer de hoy no debe centrarse solo en recibir cada día más conocimiento. Porque si no sabe cómo transmitirlo, sus esfuerzos por el logro serán en vano. El enfoque mayor de la mujer, para avanzar como persona de proyección, debe ser desarrollar sus habilidades y competencias comunicativas, para así poder cumplir sus sueños y alcanzar las metas trazadas.

No basta con pelear por los derechos de la mujer, hay que saber cómo pelear por ellos. No basta con elaborar discursos acerca de la igualdad, se necesita seguridad, poder, efecto, pasión, innovación y coraje suficientes para exponer en público acerca de todo lo que la mujer quiere exponer, en cuanto a la equidad y la justicia social.

No basta con lograr altos cargos en las empresas y las organizaciones, se requiere del crecimiento en la expresión, los lenguajes y la comunicación, para ser una mujer que convence y expone sus ideas, sentimientos y proyectos, con absoluta certeza.

Para ello se necesita que ella efectúe un clic interior, profundo, que va mucho más allá de la efectividad, de la capacidad básica de hablar en público. Es necesario que la mujer entre en la dimensión de una comunicación que conecta con la gente, que habla y se expresa con inteligencia emocional y comunicacional, a partir del ser.

La mujer necesita sacar, desde lo más profundo de su interior, una valiente dignidad con coraje para eliminar los miedos, el temblor, las inseguridades, los complejos, y plantarse ante los diferentes auditorios y escenarios a fin de mostrar de qué está hecha y todo lo que es capaz de lograr. Si enfoca más su energía y sus esfuerzos en hablar y comunicarse mejor, con una comunicación inteligente, desde el ser, más que desde el saber o el hacer, entonces estaremos ante una mujer que se prepara como profesional no solo para conseguir algunos resultados, sino para sobrepasar todas las expectativas.

Para ello es necesario entrenarse en sus competencias del ser, desde la inteligencia emocional, que la ayudará a autoconocer, autorregular y autocontrolar los dominios de sus lenguajes. La comunicación efectiva se realiza desde la razón y la técnica. Pero para entrar en el nivel de la comunicación inteligente necesita comenzar a comunicarse con conexión desde el corazón, con mayor coeficiente de inteligencia emocional, para entonces pasar a un mayor coeficiente comunicacional. Por eso nos enfocaremos ahora, de manera intencional, en esa dirección.

LAS EMOCIONES Y EL SER EN LA MUJER

Para estudiar la comunicación inteligente de la mujer es necesario pasar por el análisis de sus emociones y por todo lo que han llamado —diversos científicos y autores, desde hace más de treinta años— inteligencia emocional (IE). Aplicada al ámbito de la comunicación femenina, la inteligencia emocional se reconoce por la capacidad de:

- **Motivarse a sí misma** con optimismo y autovaloración.
- **Perseverar en sus metas**, aun por encima de las dificultades, fracasos y frustraciones.
- **Controlar los impulsos** que pueden ser desmedidos y la pueden boicotear.
- **Diferir sus gratificaciones** con dominio propio para no excederse.
- **Autorregular sus estados de ánimo** y su humor para tener equilibrio.
- **Evitar el bloqueo de la ansiedad** y la angustia que controlan sus emociones y su salud.
- **Lograr empatía con los demás**, identificarse con sus necesidades.

El nivel de dominio que la mujer logre sobre cada una de esas habilidades del ser, mostrará al final por qué algunas mujeres consiguen el éxito en su comunicación y por qué otras, con los mismos niveles de preparación y capacidad intelectual, terminan en el fracaso y la frustración.

Al hablar de inteligencia, por lo general, se enfatiza en el área cognitiva, en especial la memorización o la resolución de problemas del conocimiento. Muchos son los estudiosos del tema que han llegado a nuevas conclusiones. Desde 1920 hasta hoy, se ha hablado de inteligencia social, de inteligencias múltiples, de inteligencia inter-personal e inteligencia intrapersonal y, en los últimos años, de inteligencia emocional.

La inteligencia intrapersonal de una mujer es su habilidad para formar un modelo realista y preciso de sí misma, con acceso a sus propios sentimientos, que le servirán como guías de su conducta.

La inteligencia interpersonal de una mujer es su habilidad para comprender a los demás. Entender qué los motiva, cómo operan, cómo relacionarse de manera adecuada. Capacidad de reconocer y reaccionar ante el humor, el temperamento y las emociones de los otros.

El enfoque de este estudio está en lo que he llamado en las empresas y universidades, desde hace quince años: inteligencia comunicacional. Hoy es una metodología para ayudar a las personas en sus competencias. Se basa en la forma como las personas transmiten sus ideas, de manera inteligente, para ser más asertivas, persuasivas y de alto impacto.

La inteligencia comunicacional se relaciona con la capacidad de autorregular las emociones que pueden bloquear o impulsar la comunicación de una persona. En este caso, al tratarse de la comunicación femenina, hablamos de la manera en que una mujer puede afianzar su capacidad de expresarse, con su talante personal, para conquistar nuevos escenarios y espacios con seguridad.

La inteligencia comunicacional femenina se basa en la forma en que cada mujer transmite sus emociones y las autorregula, para pasar de expresar miedo, inseguridad, tristeza o fracaso a proyectar entusiasmo, alegría, determinación, efecto-afecto y, como consecuencia, éxito.

Conciencia y comprensión emocional

Una mujer con comunicación inteligente se expresa con:

- Conciencia de sus emociones como dama.
- Comprensión de los estados de ánimo del otro.
- Nivel alto de tolerancia a las presiones y frustraciones laborales o personales.
- Capacidad de sinergia y trabajo en equipo, incluso con otras mujeres.

- Empatía para identificarse con las necesidades de su audiencia.
- Un clima y una atmósfera de armonía y distensión sostenible a su alrededor.

Sus competencias comunicativas le permitirán mostrar energía, expresar sus sentimientos con libertad, contar con un alto sentido de valoración de sí misma y de la vida. Además, le permitirán ser receptiva a las relaciones sociales, expresarse con serenidad y calidez, al tiempo que soporta las tensiones. Lograr relacionarse con facilidad y sentirse complacida consigo misma, para mostrarse como una persona feliz, con total espontaneidad. No se proyecta a través de la culpa, el negativismo ni el fatalismo, sino del pensamiento flexible, siempre positivo, alineado, equilibrado y con un optimismo realista. Aun mejor, cuenta con el discernimiento espiritual para entender que todo es posible si puede creer.

La mujer que se enfoca en su coeficiente intelectual, se muestra confiada solo en su conocimiento, en su propia opinión, en sus ideas y teorías, por eso muestra una tendencia a ser muy centrada en sí misma, ansiosa, con predisposición a la crítica, la exigencia desmedida y poca capacidad para expresar lo que siente. Cuando se encuentra frente a una presentación ante un público, tiende a centrarse solo en los contenidos, pero no busca la conexión emocional porque le parece sin sentido.

Una mujer que sabe autorregular sus reacciones y sus emociones, muestra el desarrollo de su inteligencia comunicacional con madurez y equilibrio. Cuenta con autoridad y, además, es cálida, amable y empática. Sabe responder con sus emociones ante cada situación, sin ser reactiva, pero sí firme y propositiva.

Sabe brindar respuestas emocionales efectivas, útiles, adecuadas y adaptables que la ayudan a relacionarse con el entorno, con los demás y consigo misma. Maneja el autocontrol emocional, sin negarse a la expresión natural de sus sentimientos. Algunas veces, muestra sus enojos, tristezas o miedos, pero sabe canalizarlos como herramientas de motivación o de sabiduría para la resolución de conflictos.

Entiende que la autorregulación de sus emociones no implica la pérdida de su espontaneidad, lo que la podría llevar a problemas incluso de salud, por tratar de controlar en exceso sus sentimientos.

No acepta la represión emocional, que la puede llevar a dolores de cabeza, de articulaciones, músculos o gastritis crónicas. Además, puede también entorpecer sus capacidades del intelecto y, lo peor, afectar sus relaciones interpersonales con la gente que la rodea e, incluso, con las personas que más ama.

La inteligencia comunicacional es una competencia del ser que le permite a la mujer expresar con entera confianza y seguridad sus emociones y sentimientos en el marco de una correcta y equilibrada autorregulación.

Una competencia para la vida

El concepto de comunicación femenina inteligente -CFI- como competencia, muestra desde otra perspectiva el desarrollo de las habilidades comunicativas. Se asocia más con la forma en que reaccionan las mujeres ante la vida y las relaciones interpersonales, que con las técnicas para hablar en público. Se basa en los cuatro pilares de la educación por competencias para aprender a: conocer, hacer, vivir juntos y ser.

La competencia comunicativa femenina va más allá del intelecto y se enfoca en la forma de actuar de la mujer frente a las diferentes situaciones de la vida real. Son sus expresiones ante las diversas realidades, a través de la capacidad de búsqueda de su mejoramiento continuo.

Es la capacidad de impulsar sus habilidades, actitudes y conocimientos para manejar conflictos o situaciones cotidianas en diferentes contextos. De esta manera, busca cada vez más acciones efectivas para enfrentar los procesos y los desafíos de la vida. Eso le permite adaptarse a los cambios, diseñar acciones y conseguir los recursos para enfrentarlos y verlos como un factor de éxito.

A través de su comunicación inteligente, como competencia emocional, la mujer puede regular sus expresiones, porque toma conciencia de sus emociones y las de la gente que la rodea en su zona de influencia. De esa manera, puede llegar a su realización personal y a una interacción saludable con su entorno. Adquiere autonomía para que los estímulos externos no la afecten, porque encuentra la forma de autoblindarse y autoinmunizarse.

Es capaz de construir redes sociales y desarrollar acciones que propendan a una calidad de vida saludable, que redunde en una mejor convivencia con su entorno. También puede identificar los efectos de las emociones negativas y forjarse una vida con emociones positivas que le permitan avanzar y expresarse con una comunicación propositiva.

Inhibidores de la fluidez

Existen algunos conflictos internos que cohíben a la mujer para comunicarse con libertad y fluidez, con seguridad y convicción. La mayoría de las veces, esos inhibidores provienen de distorsiones emocionales que la han afectado y la llevan a bloquearse o sentirse incapaz de ser una buena comunicadora. Tal vez porque sus niveles de autoestima han sido lacerados y su seguridad en sí misma es nula.

Son muchas las mujeres que se encuentran en las empresas, en puestos de alta responsabilidad, pero deben cargar con un fuerte yugo de situaciones difíciles que las mantienen oprimidas y sin ganas de expresar nada. Prefieren evadir las oportunidades para realizar presentaciones, antes que exponerse al desastre moral de mostrar su frustración y desajuste emocional. Es un mal muy frecuente hoy en el mundo empresarial y profesional.

Se trata de un asunto bastante delicado que necesita el apoyo de profesionales y expertos en la materia, para dirigirlas y brindarles herramientas de soporte que les permitan saber cómo salir de estados críticos como la dependencia emocional, la codependencia, los apegos emocionales enfermizos y otra serie de síndromes que pueden estropear su estado emocional y, por lo tanto, sus competencias comunicativas.

EL BLOQUEO DE LOS APEGOS EMOCIONALES

Un alto índice de mujeres, sobre todo en las culturas latinas, cuenta con una elevada tendencia al apego emocional que estropea su comunicación, puesto que no les permite ser ellas mismas, ni comportarse como profesionales estables con credibilidad. Al contrario, se retraen y perturban un poco, se sienten sin ánimo para mostrar una buena presentación y con un tono de voz que emite los sonidos de su crisis interior.

Ser libre de apegos no tiene que ver con ser una mujer dominante, apartada de todo y de todos, que busca controlar y es llevada por su parecer, sin tener en cuenta a nadie. La estabilidad interior implica la capacidad de autorregularse, pero de acuerdo a los lineamientos de los valores, de los códigos de convivencia de la empresa, de los principios morales. La independencia emocional se relaciona con la habilidad de establecer vínculos sanos con los otros, sin permitir que dañen su integridad o afecten su fuero interior. Es una mujer capaz de integrar todas las partes entre su cognición, su emoción, su actuación y su relación, con la gente y con Dios, como el centro de su estabilidad.

Los apegos provienen de relaciones obsesivas arraigadas. Conducen a la mujer a pensar que, sin esa persona, objeto de su apego, no podrá conseguir sus sueños, su seguridad, estabilidad, realización, placer, soporte o felicidad. Toda su existencia depende de ese otro ser, de tal manera que se convence de que sin él no es nadie en este mundo, que jamás logrará conseguir sus metas o propósitos.

Los afectos saludables y edificantes

Para lograr una comunicación libre, espontánea y segura, la mujer con apegos desmedidos necesita con urgencia iniciar un proceso de desapego emocional que la lleve a proyectarse como una profesional dueña de sí misma, que sabe mantener relaciones sanas y edificantes, sin adicciones sentimentales destructivas.

Para ello requiere concientizar primero su necesidad de afectos saludables y edificantes, a fin de no caer en la trampa de creer que debe volverse una mujer hostil, que no confía en nadie y no puede mantener una relación estable, en el marco de la comprensión pacífica, la bondad y la amabilidad cálida, amigable. Entender que puede relacionarse y vivir dichosa, sin esclavizarse. Porque fue diseñada para vivir en paz. De esa manera logrará transmitir una expresión más serena, optimista, confiada y estable, sin actitudes dominantes.

El desapego emocional le ayudará a ser más productiva y efectiva puesto que no vivirá con los síndromes evidentes de la abstinencia a su adicción emocional, como son la desorganización de sus asuntos y archivos, la imposibilidad de realizar agendas, de asumir responsabilidades, de atender a una reunión y la ansiedad compulsiva permanente que no le permite concentrarse.

Además, le ayudará a soltarse con madurez de su constante, desesperante y agobiante preocupación por esa persona, por el miedo a quedarse sola, a ser abandonada o engañada, a no ser amada, a perder la provisión de su «estabilidad» y «seguridad». Comenzará a exponer sus ideas con mayor propiedad porque empezará a vivir con más capacidad para disfrutar la vida, lo cual la impulsará para ser exitosa en su cargo en la empresa, en sus materias de estudio en la universidad, en los quehaceres de su casa o en un sencillo y delicioso tiempo de descanso necesario con las amigas o la familia.

Una mujer con una relación emocional sana y saludable podrá vivir en armonía con su pareja, ser capaz de realizar todos sus proyectos y sueños sin la perturbación almática de vivir preocupada por ser abandonada, porque se siente apoyada, comprendida, valorada y, por supuesto, amada de verdad, al lado de alguien con quien se percibe segura de sí misma, estable, serena y en paz.

Establecer límites claros

Uno de los principales problemas de una mujer dependiente es no poder comunicarse ni expresarse con entera libertad, porque no sabe colocar los límites de manera adecuada. Es decir, trazar la línea que la ayude a no ser vulnerable ante la injusticia, el abuso, la agresión verbal, la manipulación o cualquier otro flagelo que la ubique en situación de riesgo.

Los límites emocionales son la frontera que enmarca la soberanía de su territorio personal, para evitar agresiones o maltratos. Permiten el orden y la ecuanimidad para la mujer. La ayudan a contar con una idea clara de sí misma y de las personas que la rodean. Además, las ubica en la línea clara de su trato hacia ella.

Cuando la mujer establece límites claros, demarca hasta dónde alguien puede ingresar en su territorio emocional. Los límites la ayudan a evitar que alguien abuse de ella o la hiera de manera física o verbal, cualquiera que sea la relación de autoridad, el cargo o rango de influencia que esa persona ejerza sobre ella. Si se violan los límites, quedará expuesta al abuso emocional, físico, financiero y espiritual. Colocar los límites en el modo adecuado establece con claridad la distancia que debe tomar con las personas que intentan abusar de ella o agredirla.

Los límites claros le brindan salud, bienestar, seguridad y tranquilidad. Por eso debe aprender a decir «NO», sin sentimientos de culpabilidad. También a decir «SÍ» cuando sea adecuado y no le costará el duro riesgo de negociar sus valores o su salud emocional. Nunca debe callar, en aras de «mantener en orden la situación», porque llegará el momento en que tendrá que poner los límites a la fuerza.

No debe ser tolerante con el maltrato, la agresión ni los abusos por miedo a la agresividad. Establecer límites la protegerá de una vez por todas de las continuas manipulaciones que ha soportado para «no hacerles daño a los demás», o por temor a la retaliación de la persona agresiva, que prefiere «evitar». Debe pensar en sí misma, pararse firme en su propio terreno.

Cuando se violan los límites, el agresor atraviesa las fronteras de su integridad y de su salud emocional y física. Si ella trata de colocar los límites, él buscará siempre la manera de hacer que se sienta culpable por no dejarle entrar en su terreno como él quiere y como lo ha hecho siempre. Por eso es necesario colocarlos con firmeza, porque la gente debe saber que sus valores y su integridad no son negociables.

Al eliminar la codependencia y la dependencia emocional, la mujer es capaz de establecer los límites y decir: «¡No más!». De esa manera mejorará su nivel de seguridad y comenzará a comunicarse de forma más libre, firme, decidida y exitosa.

LA URGENTE INDIVIDUACIÓN EMOCIONAL PARA LA AUTORREALIZACIÓN

Un concepto de la andragogía, el estudio del ser, que me ha parecido muy relevante dentro de la investigación acerca de la comunicación de la mujer, es el de la individuación.

El principio de individuación le permite a la persona, en este caso a la mujer, diferenciarse de otros individuos. Llegar a ser ella misma, con sus particularidades, como un ser único, de tal manera que consiga su autorrealización. Es el proceso de conseguir la individualidad como persona, basada en la pluralidad. Grandes autores, sicólogos y filósofos como Aristóteles, Carl Jung y algunos otros, de diversas épocas y corrientes, se han interesado en el estudio de la individuación.

Aplicado al estudio de los recursos para la mejora continua de la comunicación de la mujer, el concepto de individuación es muy valioso. Es el descubrimiento de la singularidad lo que permite que el individuo alcance un mayor rendimiento en su actividad social y en el cumplimiento de su propósito, al lado de otras personas.

El proceso de individuación genera la realización de la mujer, sin renunciar a sí misma, sin dejarse alienar por la necesidad del reconocimiento social, la búsqueda de un rol, o de un ideal externo que no existe o que es imposible de alcanzar. Implica entender que fue creada por Dios como un ser con atributos propios, lo cual le posibilita la opción de alcanzar su plenitud y ser única. Además, le permite la libertad de ser ella misma, libre de paradigmas y estereotipos, para empezar a comunicarse como una mujer segura y dueña de sí misma.

La terapeuta familiar y educadora Maureen Murdock, autora de *La mujer, un viaje heroico*, creó un «mapa del **proceso de individuación femenino**», que le presentó al profesor estadounidense Joseph John Campbell, durante un seminario en el Gestalt Institute. Ella propone diferenciar los procesos, porque mientras que el viaje de individuación del hombre es hacia el exterior, la mujer lo realiza hacia el interior.

Murdock asegura que la mujer se separa de sí cuando se vuelca en el mundo exterior, de tal manera que olvida sus propios deseos y necesidades. Por eso el «viaje de regreso al hogar», que ella realiza es hacia sí misma, en su interior. Este mapa cuenta con etapas como: separación del hogar, iniciación, enfrentar pruebas y encontrar la bendición.

La joven sicóloga colombiana, María José García Sierra, presentó una interesante tesis para la maestría en Sicología Clínica, en la Universidad Javeriana, sobre el tema de la individuación en la mujer.[12] Su interés por el tema surgió al identificar una consulta recurrente dentro de sus casos de atención sicoterapéutica por mujeres jóvenes adultas que viven con sus padres o uno de ellos y que por ese hecho presentan malestar y dificultad en su expresión emocional.

Analizó los diferentes escenarios en los que se relacionaban —como familia, pareja, amistades, trabajadores, académicos— o en el mismo proceso terapéutico. Ella reconoció haberse encontrado inmersa en el proceso en algún momento, por ser una mujer joven madura, con los mismos retos y dificultades de las que asistían a su consulta sicológica.

«Al tener en cuenta los distintos contextos de la sociedad en los que se relacionan estas mujeres en su día a día, se debe comprender el momento histórico actual y los cambios que ha traído consigo el siglo veintiuno. Los conceptos de familia, trabajo, amistad y relaciones sentimentales han cambiado», dice la sicóloga en su tesis. Uno de los cambios que considera de mayor importancia para la mujer es su ingreso al mundo laboral, el que se evidencia en el aumento de su participación en la actividad laboral remunerada.

Ella menciona los planteamientos teóricos del siquiatra estadounidense Murray Bowen, en 1991 sobre la individuación, como la habilidad para diferenciarse a sí mismo de la familia de origen. Este concepto permite evidenciar la forma como cada uno se separa de manera emocional y física. Según Bowen, todos contamos con un apego emocional no resuelto en nuestras familias de origen, unos más que otros, pero todos presentamos aspectos en los que se debe mejorar el nivel de diferenciación de sí mismo.

Diferenciarse de la familia, cuando la mujer es ya una joven madura, no implica armar peleas o divisiones. Tampoco antagonismo o insubordinaciones hostiles, que traen consigo alzamiento o rebelión. Al contrario, implica una sana y positiva unidad, fundamentada en el amor verdadero, no viciada ni manipulada por el control desmedido y la sobreprotección.

La individuación saludable trae consigo libertad, uno de los valores más esenciales que ella debe abrazar, para disfrutar la vida a plenitud.

Los efectos de la falta de diferenciación emocional

Si la mujer no logra la individuación, su nivel de adaptación será bajo y puede llegar a mostrar debilidades en su desarrollo emocional y comunicacional. Porque la fusión e intimidación siempre la llevarán a la ansiedad. Incluso si se encuentra lejos, puede continuar sin diferenciarse, apegada a las simbiosis emocionales. Por ello, su proceso de cambio implica esforzarse para definirse a sí misma, de manera individual, de tal forma que logre sentirse cercana a los otros en sus emociones, pero sin necesidad de perder las propias.

El hecho de no realizar sus procesos de individuación afecta la comunicación en el entorno profesional y laboral de la mujer. Le produce espasmos de estrés y no logra relaciones interpersonales positivas. Porque siempre existirá una conexión entre su estrés y la falta de diferenciación de sus padres o de uno de ellos.

También podrá afectar sus relaciones de pareja dentro del matrimonio, por no existir una correcta individuación y diferenciación de sus emociones con las de ellos. Además, siempre vivirá bajo su control o su interferencia, como una sombra permanente que no le permitirá tomar sus propias decisiones. Se siente culpable por no estar con ellos o por alejarse en algún momento. Es incapaz de vivir feliz si no está bajo ese control, pero tampoco puede construir una relación sana con ellos, porque no le agrada el dominio que ejercen sobre sus emociones.

La saludable desvinculación de las emociones

El principio de individuación se logra cuando la mujer, joven o adulta, logra desvincular sus emociones de manera sana de sus padres, y no depende del control de ellos para su realización personal. Cuando lo consigue, puede empezar a mantener relaciones sanas, con amor y en paz, desarrolla sus talentos con libertad, viajar, pensar por sí misma e iniciar sus propios proyectos. Se convierte en un ser capaz de autorregular sus vínculos y sus responsabilidades con inteligencia emocional. Por supuesto, su forma de expresarse y comunicarse adquiere seguridad, fuerza, impulso y nuevos espacios de crecimiento e influencia, porque se proyecta como una mujer dueña de sí misma.

Es necesario que las madres de las jóvenes adultas, en especial de las culturas latinas, permitan a sus hijas la posibilidad de crecer sin su control, manipulación y sobreprotección. Que les concedan el derecho de ser ellas mismas, a tiempo, para que puedan saber de qué están hechas y hasta dónde pueden llegar con su propia individuación. Sin transferirles la culpa de los conflictos que ellas vivieron en sus propias familias, en las que la simbiosis entre madre e hija o hijo, entre esposa y esposo, son muy comunes y, en casos extremos, pueden llegar a generar daños en la personalidad, como anorexia, adicciones u otros trastornos sicológicos serios.

El nivel de individuación que la mujer logre, con la diferenciación de sí misma, será acorde con su capacidad de realización personal, su inteligencia emocional y comunicacional. De lo contrario, terminará por vivir una continua tensión que la alejará de la gente y de las relaciones interpersonales edificantes. Con una sana individuación, elegirá su pareja con sabiduría para construir su propia vida en una relación armoniosa, agradable y sin amenazas de asfixia mutua.

El proceso de individuación será más efectivo, fácil y de evidentes resultados, si se fundamenta en el soporte espiritual de la fe y la confianza, con una verdadera relación y conexión espiritual con Dios, que la lleve a la transformación. Ello le brindará a la mujer confianza, paz, esperanza y gozo, lo que se convertirá en su principal fortaleza y refugio. Bajo la máxima de que todo es posible para quien cree.

En los casos clínicos severos, que requieran de ayuda profesional, es importante buscar también una terapia apropiada, como la de la sicóloga y coach María José García Sierra, que le permitirá iniciar los ajustes con el acompañamiento apropiado para los cambios necesarios.

Proceso de ajustes y cambios: nuevos hábitos

Para alcanzar el equilibrio deseado dentro de su contexto familiar, la mujer joven y adulta necesita un proceso de ajustes y cambios que implica nuevos hábitos en su forma de relacionarse. Así construirá su entorno familiar sano y equilibrado, con límites claros, para diferenciar sus emociones de las de sus padres. Ese mismo modelo saludable de relacionamiento la llevará luego a su propio hogar con su esposo e hijos. De esa manera conseguirá una exitosa individuación, con inteligencia emocional y afianzamiento espiritual, que le permitirán vivir el poder de una comunicación inteligente en todas las áreas de su vida como mujer.

Puede ser que al principio el proceso de ajustes y cambio no sea de fácil aceptación, y le podría producir incluso situaciones de tensión y malestar, de modo que debe estar lista para afrontarlo con entereza. Para ello requiere de una gradual y coherente diferenciación, hasta comenzar a lograr las respuestas deseadas. No necesita realizarlo bajo presión o con un distanciamiento hostil o agresivo de sus padres. Debe colocar los límites y definir las emociones, en forma paulatina. En la medida de lo posible, y en cuanto dependa de ella, dentro de un ambiente de paz. Con el tiempo, y los recursos necesarios, la individuación puede arrojar los resultados positivos de un proceso amable, gentil y afectuoso.

Los resultados de la individuación se verán reflejados en forma notable en el desarrollo de las habilidades y competencias comunicativas de la mujer profesional. Su expresión será más libre, definida, contundente, espontánea, cálida, segura de sí misma, serena y fluida. Con más capacidad de autocontrolar algunos bloqueadores de su comunicación como el pánico escénico, la timidez, la inseguridad, la falta de dicción, la celeridad, el volumen, la respiración y la forma de exponerse ante cualquier público. Pero sobre todo, reflejará la expresión de una mujer feliz.

CÓMO ELIMINAR LA «INTOXICACIÓN» EMOCIONAL

Con frecuencia nos relacionamos de manera directa o indirecta con mujeres que crean un conflicto por cualquier situación, son negativas, pesimistas, controladoras, manipuladoras, críticas constantes, se condicionan como las víctimas de todo, infunden culpa, se mueven a través de la envidia y la rivalidad, son egocéntricas, se enfurecen por cualquier detalle, pelean por todo o forman enredos para que los otros peleen, son irascibles y generan a su alrededor un ambiente insoportable.

Suelen oprimir con sus actitudes y respuestas, de tal manera que, después de pasar un tiempo cerca de ellas, se experimenta una sensación de malestar emocional que, aunque no es fácil de describir, es evidente en el interior, como una especie de desasosiego e intranquilidad inexplicable. Necesitamos una desintoxicación emocional de los efectos de este tipo de personas.

Son mujeres que manipulan de manera agresiva o pasiva. Directa o simulada. Hostil o diplomática. Con regaños o con dulces halagos. Con sarcasmo o con cariño. Pero siempre, después de conversar un rato con ellas, se experimentará un estado de menosprecio interior, porque cuentan con la nefasta habilidad de producir un sentido de inferioridad impresionante. Una forma de decir las cosas que manejan con sorprendente sagacidad. Suelen intoxicar las emociones de los demás con sus expresiones permanentes de desaprobación o de culpa, porque su comunicación es ante todo destructiva.

Por lo general, son hábiles para desbaratarle la vida, los proyectos, las ilusiones y los sueños a cualquier persona a su alrededor, incluso las que se supone que más aman. Entre esas personas pueden estar: el novio, el esposo, los hijos, los nietos, los familiares o los amigos. También su equipo de trabajo o los compañeros de la empresa, lo cual genera un clima organizacional asfixiante y un malestar general a su alrededor que puede afectar un área completa de la entidad o todo el sistema de la comunicación organizacional.

Cinco claves para responder ante la manipulación tóxica

Para saber cómo comunicarse con una mujer tóxica, que utiliza la manipulación, es necesario conocer las claves para responderle, sin afectarse en el intento:

1. Detectarla, identificarla y reconocerla como manipuladora.
2. Ser asertivo para trazarle límites claros con convicción. Saber decir sí o no.
3. No ser reactivo a sus mensajes, ni tomarlos como asunto personal.
4. Huir de ella lo más lejos y lo antes posible.
5. Si no es factible, tratar de no responder. O contestar con amabilidad, sin dejarse afectar.

Aunque a veces es muy evidente su nivel de manipulación, en ocasiones puede ser difícil de percibir, incluso aunque produzca daño permanente. Por eso es necesario contar con el discernimiento suficiente para detectarla, identificarla, reconocerla como persona tóxica y luego saber colocar los límites claros para que permanezca en su lugar y no permitirle generar más daño emocional.

Si te relacionas con una persona manipuladora, la llave maestra para mantenerte libre de su intoxicación es huir de ella para que esté lejos de tus emociones. Ubica los límites con convicción, lo más distantes posible, para no darle oportunidad de que pueda continuar con el manejo de tu integridad afectiva y de tu salud mental, a través de la línea abierta de comunicación con ella.

Pero si se trata de alguien con quien debes convivir, por algún grado de consanguinidad, o por tratarse de una relación laboral importante que debes mantener con discreción, lo ideal es —primero que todo— reconocer que estás ante una persona manipuladora, sin sentirte culpable. Debes verla con claridad, para luego asumir una postura inteligente que te produzca el menor daño posible.

Es importante saber que las personas tóxicas son descalificadoras. Según su perfil, pueden ser dominantes de una manera visible y evidente pero, por lo general, son sutiles y utilizan relaciones cercanas como la amistad, el compañerismo o el afecto fraternal. Fingen interés en tus proyectos, para luego utilizar, entre líneas y de manera casi imperceptible, palabras irónicas y sarcásticas. Buscan minimizar tus fortalezas y maximizar tus debilidades.

De esa manera, minan tu seguridad y tu autoestima, que son una amenaza para ellas. No soportan sentirte superior en ningún área, ya que uno de sus móviles principales es la envidia, por causa de su baja autoestima e inseguridad. En aras de la «unidad» y la «solidaridad», intentarán mantener el control de todas las personas a su alrededor, aunque a veces se enfocan en alguien que, por desdicha, podrías ser tú, por ser la mayor amenaza para sus propósitos.

La asertividad como respuesta efectiva

La comunicación asertiva es una de las herramientas más útiles para comunicarse con una persona manipuladora. Desarrolla la capacidad de responderle con ecuanimidad, es decir, sin ser agresivo ni pasivo. Debes decirle sí o no en forma contundente, nada más. Para no darle espacio a la interlocución, ni a la oportunidad de intoxicar tus emociones y dejarte con un malestar que puede durarte largo rato o quedarse contigo para siempre, de manera crónica.

La asertividad te permitirá esgrimir una comunicación inteligente con las mujeres manipuladoras, de modo que no las contradigas ni las confrontes en público. Además, podrás mirarlas a los ojos y sonreírles, lo que casi siempre logra desconcertarlas y desarmarlas. Así mantendrás una interacción sana, sin profundizar en una amistad que podría llevarte a un caos emocional, sin darte cuenta.

También puede tratarse de una persona que manipule de forma agresiva. En ese caso, buscará imponer su control con violencia verbal, intimidación, amenazas, comentarios mordaces y sarcásticos. En algún momento puede empezar a gritar, a dar puños en la mesa, a hacer movimientos bruscos con las manos y a vociferar lo suficiente como para producir terror, miedo y disminución total de la seguridad. Se siente con derecho a ejercer su furiosa agresividad y siempre busca, de manera obstinada, demostrar que tiene la razón, aunque sea de forma arbitraria y absurda. Siente que todas las personas a su alrededor deben obedecer a sus intransigencias y que puede armar un escándalo de enormes dimensiones si se le lleva la contraria.

Para lograr la asertividad ante la manipulación agresiva, tu mejor opción es no responderle. Si es necesario, contesta sin utilizar frases ásperas —que pueden acrecentar su furor—. Responde con palabras blandas, que disminuyan su actitud airada y mantengan tu postura inteligente. Puedes permanecer en tu lugar, y escuchar sus intransigencias, pero la mejor opción es no responder a ellas. De esa forma entenderá que no cuenta con retorno ni retroalimentación a su agresividad. Mantén siempre tu actitud madura y firme, pero amable y humilde. De esta manera se desconcertará y desarmará, e impedirás una confrontación en la que podrías salir con un maltrato emocional severo.

La triste cultura de la autovictimización

Uno de los estilos más comunes de manipulación en nuestra cultura latina que, por desdicha pasa de generación a generación, es el de las mujeres que se muestran como las «víctimas». Este estilo emplea la autoconmiseración y la actitud de «pobre de mí» para manipular y controlar a los demás, y dejarles con un sentimiento de culpa.

La persona que se victimiza, utiliza el dolor para dar lástima, y los sarcasmos para mostrar que su dolor es mayor que el tuyo. O para suplicar que no le produzcas ningún daño. O minimiza tus problemas al tratar de responder ante estos con la descripción detallada de sus terribles sufrimientos, que siempre serán mayores que los tuyos.

También usa la fórmula de descalificar cualquier intento que hagas para agradarla. Si la invitas a un lugar, muestra tristeza porque hubiera preferido ir a otro. Siempre va a utilizar un lenguaje lastimero para manipular. Incluso puede infundirte culpa usando frases con las que demuestra todo lo que ha hecho por ti, como por ejemplo, alguna vez que te previno de algún problema o te ayudó con tus necesidades básicas.

Nunca intentará solucionar el objeto de su queja puesto que es su herramienta para evadir la responsabilidad. De esa manera, cada una de las personas a su alrededor, cercanas y lejanas, son las culpables de su dolor. Pero la culpa nunca será suya, porque ella es la supuesta «víctima» de todo y de todos.

Si tienes un motivo de celebración y de alegría, la «víctima» buscará la forma de encontrarle un pero o un factor de posible amenaza a tu éxito. Puede lanzar preguntas con las que se enfoque en el único punto negativo que podría presentar tu dicha. Dado que mantiene un estado de culpa permanente, necesita inventar algo desagradable para poder disfrutar de alguna manera con su constante estado quejumbroso. En algunas ocasiones se unirá a otras personas similares a ella, para promover una reunión en la que la murmuración y la queja sean el centro del programa.

Con su sistema de comunicación fundamentado en el negativismo, muestra una continua oposición a cualquier actividad, idea o proyecto que le plantees, por simple que este sea. Siempre encontrará la forma de responder con un no a tus propuestas. Su forma de pensar está viciada por la calamidad y la catástrofe, a través de lo cual intenta demostrar que ella se encuentra bien, pero que la mayoría vive equivocada y que todo lo que hacen es un completo desastre. En especial si lo haces tú.

También puede utilizar la fórmula contraria: demostrar que los demás están mejor y que a ti te va bien pero, en cambio, a ella todo se le dificulta y por eso se siente tan frustrada.

La forma de relacionarse con el negativismo

La mejor forma de relacionarse con las personas negativas, murmuradoras y quejumbrosas, es distanciarse de ellas lo más lejos posible, porque su objetivo es la manipulación. Algunas veces no funciona intentar ser positivos, porque sería darles la razón y permitirles que continúen con su capacidad de manipular. En esos casos, puede funcionar la respuesta divertida en la que, si alguien se queja de algo, tú respondes con una queja aun mayor. De esa manera se siente fuera de base y no tendrá respuesta. Si se queja del tráfico de la zona, opta por hablar de la falta de medidas de gobierno en todo el país o en el mundo entero.

Sin embargo, la mejor postura ante personas así es no ser reactivos. No permitir que nos afecten. No dejar que se involucren nuestras emociones positivas, con sus emociones negativas. Debemos entender que son personas con un alto índice de frustración, inseguridad, baja autoestima, odio, envidia y resentimiento, que jamás estarán dispuestas a disfrutar contigo de una buena noticia o proyecto. Incluso se pueden convertir en una especie de «profetas» de la desgracia, que condicionan todas sus respuestas a alguna posibilidad de mal final. Si te muestras alegre, intentarán hundirte en la culpa, porque no resisten que estés feliz, cuando para ellas todo está mal.

La persona tóxica en el papel de la «víctima», optará por dramatizar todas las conversaciones y demostrar que no tiene la culpa de nada. Al contrario, los demás —y en especial tú—, le arruinaron y echaron a perder su vida. De esa manera te manipulan con acusaciones permanentes y te infunden culpa.

Una de las mejores opciones para realizar un verdadero tratamiento personal y responder ante el daño emocional que te pueden llegar a generar esas personas es encontrar la sanidad emocional en una de las defensas más saludables que Dios te dio: tus endorfinas. Buscar espacios especiales para reír, bailar, cantar, ir de pesca, jugar bolos, leer un buen libro, tomar un buen café o un exquisito té de frutas, ver una buena película, promover una reunión con algunas personas positivas y amigables... cualquier acción o actividad que mantenga inmune tu alma de la infección del negativismo. De lo único que sí te debes contagiar, de ahora en adelante, es de alegría y paz interior.

Cómo relacionarse con la envidia y la rivalidad

Las personas envidiosas, que muestran una tendencia a la rivalidad permanente, padecen de un malestar crónico por tus logros. Estos les producen tristeza, angustia, desasosiego y hasta insomnio. Tus éxitos son los desencadenadores de su malestar. Por esa razón, busca constantemente destruir tus sueños y tus proyectos. Siempre trata de revisar cuáles ascensos o gestiones efectivas has conseguido, porque no las tolera y necesita descalificarlas. En ocasiones, incluso puede preferir sentirse mal con tal de que tú no te encuentres bien.

Por eso es de suma importancia que, ante todo, desarrollemos una autoestima saludable, para no llegar a compararnos ni competir, ni rivalizar con nadie. De modo que podamos celebrar el éxito de los demás y no intentemos minimizarlo con palabras de desaprobación o rivalidad.

Además, debemos tratar de ser prudentes y discretos para no compartir las buenas noticias de los triunfos particulares con ciertas personas, a las que se les dispara el gatillo de la envidia. Pueden responder con supuestas buenas intenciones, sus palabras pueden ser tan blandas como la mantequilla, pero mantienen una guerra no declarada, con la que maquina en forma constante desde su ser interior. Te pueden incluso decir palabras amables de buenos augurios, pero en su interior lo único que esperan es tu fracaso y tu desgracia.

Ante la envidia y la rivalidad simuladas no es muy sencillo responder, porque no se reconocen con facilidad. Debes saber que se manifiestan en las personas que manejan roles parecidos, porque nadie envidia a alguien que no sea un peligro para su carrera. Pero hay señales que te pueden ayudar a identificarlas, como por ejemplo, el hecho de que no toleran cuando la persona es reconocida. Esto les produce una seria descomposición. Tu fracaso será su mayor motivo de celebración.

También debes saber que las personas envidiosas intentarán a toda costa obstaculizar tus éxitos con una de sus armas favoritas: una verdad. Con esa verdad manipulada a su antojo hablan en contra tuya y la convierten en una mentira. La mayoría de las veces con expresiones para descalificarte y ridiculizarte.

La baja autoestima de esa persona le llevará a compararse contigo pero, como siempre se ve inferior, intentará destruirte. Si no lo consigue, irá en busca de otros para unirse y lograr que sean ellos quienes te descalifiquen, colocándose a su favor y en tu contra.

No intentes congraciarte con esas personas, ni tampoco sacarlos de la envidia. Por el contrario, te afectarán cada vez más, porque no soportan verte brillar. Busca la forma de alejar tus emociones de una manera inteligente y pacífica. Además, no te sientas culpable por poner los límites a tiempo. Es parte de tu necesidad de vivir en paz y sin esclavitud emocional. Tu protección yace en los límites que establezcas. Aprende a decir no. Y, en los casos extremos, deberás decir: ¡no más! Tu única verdadera responsabilidad es la de cuidar tu autoestima y tu inteligencia comunicacional.

Cuando eres tú la persona negativa

En los casos en que tú seas la persona negativa, puedes cambiar y transformar tu sistema de comunicación. Pasar de la manipulación causada por la envidia y la autoconmiseración a una expresión libre y sana, lejos de las feas comparaciones con los demás y los sentimientos de inferioridad que te llevan a la murmuración y a emitir expresiones quejumbrosas.

El acercamiento genuino a Dios es el camino más seguro para el éxito de este proceso emocional, que es también de gran profundidad espiritual. Recibir la convicción de su amor y su perdón te permitirá experimentar la liberación de la culpa, para después entrar en un crecimiento interior progresivo, en el que entenderás cuánto vales, cuál es tu posición en su reino, tu identidad como su hija y tu propósito en la tierra como su magnífica obra de arte. Entenderás lo que implica ser una mujer virtuosa, cuya estima sobrepasa aún la de las piedras más preciosas. Tu crecimiento en él te dará un sentido de autovaloración que irá en aumento imparable.

Para salir del esquema comunicacional negativo y tóxico, debes iniciar un plan de cambio digno, sincero y profundo, desde tu ser interior, que te permita una introspección sana, para luego llegar a la profundidad del reconocimiento, el arrepentimiento y el perdón liberador. De esa manera, estarás cada vez más cerca de la autovaloración y la autoestima saludables.

El comienzo de un proceso de autodesintoxicación comunicacional

Si reconoces que cuentas con un nivel bajo, medio o alto de manipulación, que necesitas desintoxicar tu comunicación, puedes comenzar de inmediato una de las etapas más gratas y edificantes de tu vida.

Empieza por cuestionarte

- ¿Por qué no te es posible disfrutar de los triunfos y éxitos de otros y celebrarlos con entera libertad?
- ¿Por qué razón te es tan difícil alegrarte de sus declaraciones de progreso o de las buenas noticias de su prosperidad?

- ¿Por qué no puedes responder ante ellas con palabras positivas de aprobación, sin hablar de ti mismo, como víctima o como la única capaz?
- ¿Por qué requieres de la manipulación —pasiva o agresiva—, para comunicarte?
- ¿Por qué has creído que no podrás lograr tus propios proyectos sin necesidad de tratar de copiar o menoscabar los de los demás?

Revisa tus áreas de autovaloración más afectadas

- Pregúntate si buscas siempre minimizar al otro con tus comentarios o de robarle la energía. Si sientes que necesitas destruir su estima para sentirte bien.
- ¿Reconoces que eres adicto emocional y necesitas hacer sentir mal a los que han triunfado?
- ¿Te cuesta reconocerte como tóxico porque crees que todos se comportan mal y tú no?
- ¿Transmites miedo o culpa cuando hablas a los demás para manipularlos, ya sea de manera pasiva simulada o agresiva intimidante?
- ¿Sientes que eres un manipulador pasivo, que no muestra nunca su ira, pero con tu estilo calmado logras acabar con las personas con una sola palabra a través de tu agresión verbal y sin esfuerzo?
- ¿Intentas entrar en el círculo íntimo de las personas, y obtener su amistad, para luego descompensarlas con tus comentarios envidiosos, quejas o chismes?
- ¿Minimizas los triunfos del otro por envidia y te sientes triunfador cuando lo logras?
- ¿Sientes que tienes tu autoestima baja y tratas de elevarla perjudicando a los demás?
- ¿Fuiste maltratado, abusado o rechazado de alguna manera, y por eso ahora tratas de maltratar a otros?
- ¿Crees que es imposible dejar de manipular o intoxicar a los demás porque te podrían superar?

5 claves para encontrar la salida de tu negativismo tóxico

1. Trata de trabajar siempre en tus debilidades con humildad, no te sientas nunca un producto terminado.

2. Procura cuidar tu vida espiritual a través de tu relación con Dios, como la mayor riqueza. El hecho de reconocer que eres su hija amada afianzará tanto tu auto percepción como tu autoestima y tu seguridad.

3. Muestra el fruto de la renovación de tu mente, al ejercitar una comunicación verbal y no verbal con frases de sabiduría amable, sinceras, positivas, de reconocimiento, agradecimiento y afecto.

4. Utiliza expresiones más saludables y felices acerca del valor de la vida. Conviértelas en tu nuevo hábito comunicativo.

5. Recuerda que todos, en alguna medida, podemos presentar rasgos tóxicos y que solo la decisión de reconocerlos te ayudará a cambiarlos, para alcanzar la inteligencia comunicacional que necesitas.

Cómo es la comunicación verbal y no verbal de la persona manipuladora

Cuando una persona que intenta manipular se comunica, sus expresiones tanto verbales como no verbales denotan agresividad o simulación, de acuerdo al nivel y al tipo de dominio que quiera lograr. Veamos aquí los tipos básicos de expresiones, según estos perfiles básicos: manipuladora agresiva y pasiva.

- **La manipuladora agresiva** utiliza una mirada directa, penetrante, que logra intimidar y amedrentar. En ocasiones, opta por la indiferencia prepotente, que te desprecia y evita mirarte para ignorarte. El tono de su voz es fuerte, con un volumen más alto que el de los demás, para hacerse sentir y generar dominio sobre el escenario.

  Con los movimientos bruscos de sus manos consigue el dominio de tus emociones y te acobarda al punto de hacerte sentir taquicardia y temblor, tan solo con su presencia o con uno de sus gestos.

- **La manipuladora pasiva** prefiere no enfocarse en ti, sino que esquiva la mirada, para no parecer muy intensa. El tono de su voz es débil y fino, pero con el susurro de sus mensajes casi siempre genera rumor y malestar en tu contra. De manera hábil comienza a efectuar preguntas, con palabras amables, que más tarde utilizará para criticarte o hablar mal de ti con otros.

Utiliza la fórmula de sembrar cizaña con indirectas, palabras ambiguas o tergiversación de la realidad, a través de comentarios que generan desconfianza acerca de ti, o de la persona objeto de su rumor. Buscará la manera de involucrarse en tu vida íntima, para ganar confianza y así lograr su meta de manipulación.

EXPRESIÓN FEMENINA A PARTIR DEL SER. ONTOLOGÍA DE LOS LENGUAJES DE LA MUJER

La mujer ha demostrado aptitudes únicas que la distinguen en su forma de conectarse con el mundo. Ella fue dotada por Dios, desde el génesis de la humanidad, con una comunicación especial e inteligente, suficiente para ser una persona idónea, en todo el sentido de la palabra. Significa que ella reúne las condiciones necesarias y óptimas para funciones y fines que realiza de manera adecuada y apropiada.

La gran pregunta es: ¿cómo empoderarla para que logre su máxima expresión? Para responderla necesitamos analizar la ontología del lenguaje de la mujer y su inteligencia emocional. Así llegaremos a la cúspide de su expresión, que es la inteligencia comunicacional.

La ontología es, desde los filósofos griegos hasta hoy, el estudio del ente, es decir, del ser. Una de las áreas de estudio de la ontología es la manera en que se relacionan las entidades que existen. En este análisis acerca de los diez lenguajes de la mujer y la comunicación femenina, vamos a revisar cómo se comunica y se interrelaciona la mujer, desde el ser, con ella misma y con otros seres.

En el diagnóstico que realizo como mentora sobre la comunicación de los profesionales en empresas, organizaciones y universidades, puedo ver en cada presentación que las mujeres se comunican más a partir del corazón que desde la razón. Algunas con mayor intensidad que otras, de acuerdo a su perfil y personalidad. Pero, por lo general, ellas se expresan más con intuición que con lógica. Se muestran empáticas e intuitivas.

Cuentan con el tan mencionado «sexto sentido», que pocos saben qué es, pero siempre se ha oído mencionar. Reflejan todo lo que sienten con facilidad y muestran sus sentimientos a flor de piel, en cada cosa que dicen. No pueden desincorporarlos de su manera de expresarse. Aunque lo digan a través de un carácter práctico y objetivo, siempre logran una conexión desde el corazón.

Por eso necesitamos verlas aquí desde su interioridad, desde el alma de su expresión y su emoción. Eso nos permitirá realizar un diagnóstico más acertado de su inteligencia comunicacional.

«En el agua se refleja el rostro, y en el corazón se refleja la persona», dijo Salomón en uno de sus proverbios de sabiduría.[13] Ese «reflejo» se puede ver mucho más nítido si se trata de una mujer que habla y se comunica desde su corazón, el sentimiento y la emoción, de manera integral con su profesión, su conocimiento y todo lo que ella es.

Cuando habla, su inteligencia comunicacional femenina está ligada a su inteligencia emocional. Las mujeres, de todos los niveles y áreas profesionales, de todas las edades, cuentan con extraordinarios recursos para alcanzar las metas que se proponen, como parte de su gestión de resultados. Además, para ser felices y sentirse realizadas como personas. Solo se requiere concientizarlas y desarrollarlas, para autorregularlas y potenciarlas al máximo.

Autoconocerse, para autorregularse

El concepto de inteligencia emocional lo utilizaron los investigadores John Mayer, de la Universidad de New Hampshire, y Peter Salovey, de la Universidad de Harvard, hacia 1990. Ellos querían describir las cualidades emocionales de las personas que tienen éxito en la vida. Para esos fines, analizaron asuntos como la empatía, el control del genio, la expresión de cada sentimiento, la capacidad de independencia, de adaptación, de ser simpáticos, de afrontar y solucionar los conflictos en medio de las relaciones interpersonales, de ser persistentes, amables, gentiles y de mantener el respeto.[14]

La inteligencia emocional fue más difundida por Daniel Golleman, sicólogo y periodista del New York Times. Él la define como la capacidad de autoconocerse, para autorregularse, para autocontrolarse. Para ello, dice, se requieren habilidades personales que permiten ser perseverantes en medio de la frustración, regular los estados de ánimo, eliminar la angustia que bloquea las decisiones, controlar los impulsos, diferir las gratificaciones, tener capacidad de empatía y de confiar en los otros.

Existen tres tipos de habilidades, dentro de la inteligencia emocional: sociales, básicas y avanzadas. Con ellas las personas pueden regular sus reacciones sentimentales, sus alternativas ante la agresividad, el estrés y la forma de afrontar los problemas.

Entre las habilidades avanzadas en la comunicación de la mujer, ella cuenta con una inteligencia emocional especial que, al ser desarrollada de manera adecuada puede mostrar capacidades comunicacionales para: escuchar, conversar, dar gracias, participar en escenarios, ser generosa, dirigir, seguir instrucciones, acudir a otros en busca de apoyo, pedir perdón, expresar lo que siente, ser capaz de entender lo que sienten los demás, ser afectuosa, regular la furia, afrontar los miedos, negociar, no ser pendenciera, resolver conversaciones difíciles, tomar la iniciativa, valorar sus propias habilidades innatas, enfocarse en su objetivo y ser feliz.

En las últimas dos décadas, hemos visto en las organizaciones un enfoque mayor hacia la valoración de la inteligencia emocional de las mujeres, como factor de crecimiento. Con el objetivo de asignarles, desde todas las gerencias y, en especial, desde el área de Recursos Humanos, aquellos cargos que necesitan ver resultados en las áreas comerciales, de liderazgo asertivo y de trabajo en equipo. Según las curvas de Bell, las mujeres gestionan mejor las situaciones en las que deben mostrar su empatía.

Con este enfoque en la inteligencia emocional, y basada en la profundización de las habilidades y competencias avanzadas en comunicación inteligente femenina, puedo decir entonces que las mujeres han desarrollado diez lenguajes fundamentales que las caracterizan, cinco de ellos brillantes y cinco opacos. En el próximo capítulo veremos cuáles son, y estudiaremos uno por uno, para conocer mejor la manera en que se comunican ellas, para entenderlas, valorarlas y empoderarlas cada vez más, desde la perspectiva de la comunicación inteligente femenina.

Estos son los dos grupos quíntuples para analizar la inteligencia comunicacional femenina. Creo que pueden ser múltiples. No pretendo afirmar que sean los únicos. Pero para efectos de concretar y compactar el tema, de arrojar luces a esta profunda y fascinante investigación, nos referiremos aquí a los cinco lenguajes brillantes de las mujeres y los cinco opacos.

LAS SIETE CAPACIDADES QUE LA MUJER DESARROLLA A TRAVÉS DE LA INTELIGENCIA COMUNICACIONAL Y EMOCIONAL

La inteligencia emocional le sirve a la mujer para realizar una serie de actividades que le permiten apreciar y expresar de manera justa las emociones propias y las de otros. También para emplear su sensibilidad con el fin de motivarse, planificar y realizar de forma cabal su propia vida.

A través de la inteligencia emocional que Dios le dio, la mujer cuenta con siete capacidades que le permiten desarrollar una Comunicación Femenina Inteligente:

- Motivarse a sí misma.
- Perseverar con determinación, aún por encima de sus frustraciones.
- Controlar sus impulsos.
- Diferir sus gratificaciones.
- Regular sus propios estados de ánimo.
- Evitar que la angustia interfiera con sus facultades racionales.
- Empatizar y confiar en los demás.

Además, la inteligencia emocional la llevará a una comunicación inteligente, porque podrá tomar conciencia de sus emociones, comprender los sentimientos de los demás, tolerar las presiones y frustraciones que soporta en el trabajo o en la casa, acentuar su capacidad de trabajar en equipo, adoptar una actitud empática y social que le brindará mayores posibilidades de desarrollo personal. Podrá participar, deliberar y convivir con todos desde un ambiente armónico y de paz.

El nivel de dominio que ella alcance en estas capacidades podrá determinar el grado de éxito que pueda adquirir en su profesión y en la vida misma. A través de ellas se podrá percibir la diferencia abismal entre una mujer autorregulada, que llegará a alcanzar grandes oportunidades, y una sin control emocional, que las perderá todas.

A través de la inteligencia emocional la mujer vive sus emociones básicas, cada una de las cuales cumple una función específica. El afecto: para la vinculación. La alegría: para la vivificación de su existencia. La tristeza: para retirarse. El enojo: para defenderse. El miedo: para su protección y cuidado.

Perfil de la mujer con inteligencia emocional: mayor energía, alegría y autovaloración

La mujer con inteligencia emocional suele contar con mayor energía para comunicarse y tiene una visión positiva de sí misma que refleja en sus mensajes. Su vida cuenta siempre con sentido y eso lo transmite a los demás. Es capaz de socializar, ser receptiva con la gente y cuenta con buenas amistades, lo cual le permite excelentes resultados en las negociaciones.

Logra expresar sus sentimientos de manera adecuada, con aplomo, sensatez, sabiduría y serenidad. No con arranques de desenfreno que le pueden costar caro. Soporta el estrés y las presiones con fortaleza y entereza, lo que le agrega un efecto de confiabilidad. Vive a gusto consigo misma, por lo que refleja alegría y espontaneidad. No vive ansiosa, con culpa ni desesperada por sus preocupaciones.

Su inteligencia emocional la lleva a relacionarse y comunicarse en dos campos básicos: Por un lado, el de la inteligencia intrapersonal, para contar con una imagen adecuada de sí misma, examinar sus propios sentimientos y utilizarlos para guiar su forma de expresarse y comportarse. Por otro lado, la inteligencia interpersonal, para comprender a la gente que está a su alrededor, sus motivaciones, su forma de comportarse y reaccionar. Además, cuenta con la habilidad de reconocer el humor, el temperamento y las emociones de aquellos que le rodean y reaccionar de manera sana frente a ellos, a partir de su comunicación femenina inteligente. Puede aprender a regular sus respuestas emocionales, como una señal de su madurez comunicacional.

No se trata de reprimir los sentimientos y las emociones, sino de elegir cómo expresarlos de manera adecuada. El dominio propio implica saber regular los propios sentimientos para canalizarlos de forma positiva. En ciertos momentos las emociones como el enojo sano, pueden ser útiles para asumir posiciones claras o tomar decisiones importantes. La melancolía y la ansiedad pueden convertirse en un momento de creatividad e inspiración positiva, si no son emociones destructivas más que constructivas. Además, cada una de esas emociones, en algún momento puede ser parte de la demostración de nuestra habilidad para lidiar con situaciones y resolver conflictos.

Cuando una mujer se enfada, puede encontrar una fuente de automotivación, puesto que siente un deseo intenso de tener justicia ante inequidades o abusos. Cuando se encuentra triste, puede llegar a lograr que la gente a su alrededor alcance mayor unidad y solidaridad.

No debe confundirse su capacidad de autorregulación con el control excesivo de los sentimientos, lo que le impedirá la espontaneidad y la expresión libre. Puede llegar a ocasionarle bloqueo de la mente y, aún peor, daños físicos al somatizar la emoción inhibida. Eso produce dolores de cabeza, malestar corporal e incluso daños en la presión sanguínea, los que pueden derivar en problemas cardiovasculares.

Por medio de la inteligencia emocional, la mujer puede llegar a definir sus competencias personales. De esa manera transmitirá una comunicación femenina cada vez más inteligente.

COMPETENCIAS DEL SER. LOS TRES SABERES BÁSICOS

La mujer vive su inteligencia comunicacional desde los tres saberes básicos:

1. Saber
2. Saber hacer
3. Saber ser

El saber

Se relaciona con su parte cognitiva. Es decir, con el conocimiento, la preparación intelectual y el «saber de...» que ha desarrollado a través de su educación, su profesión, su especialidad, su enfoque y su interés permanente por desarrollar el conocimiento de nuevos saberes.

El saber hacer

Se relaciona con la aplicación, las prácticas y los ejercicios que realiza a partir de su saber cognitivo. Del saber hacer depende su capacidad de mostrar una comunicación efectiva, con técnicas para desarrollar presentaciones y habilidades comunicativas para hablar en público, escribir o escuchar.

El saber ser

Se relaciona con sus emociones, con su espiritualidad, con la forma como reacciona y muestra actitudes ante las diferentes circunstancias de la vida y realiza una gerencia de sí misma, desde su ser interior.

Dentro de cada uno de estos saberes, ella puede desarrollar habilidades y competencias que la lleven a comunicarse de una manera más efectiva. Dentro de la metodología de la Nueva Comunicación Inteligente, el desarrollo de las competencias femeninas implica los tres campos. Es decir:

- **Con el saber de**, ella demuestra, en el fondo, su preparación y su manejo de los conceptos. Le permite exponer su conocimiento acerca del asunto tratado y el dominio con que cuenta acerca del tema. Le permite presentarse como una comunicadora bien preparada.
- **Con el saber hacer** ella muestra, en la forma, sus habilidades para transmitir su conocimiento a través de las claves y herramientas aprendidas sobre cómo hablar en público y ser una comunicadora efectiva.
- **Con el saber ser** ella convence, desde su ser interior, por la forma como inspira, transforma, impacta, persuade y es asertiva, con el dominio de sus emociones y su espíritu, lo que le permite mostrarse como una comunicadora de alto impacto.

Cada uno de estos tres saberes es importante para el desarrollo integral de la CFI . Aunque por lo general se enfocan más en el primero, o en el segundo, y pueden llegar a descuidar el tercero, sin el cual no podrían conseguir una inteligencia comunicacional completa.

He podido comprobar como mentora que, en el caso de emociones como el miedo a hablar en público, llega un momento en que el «saber de...» no basta. Tampoco el «saber hacer...» una presentación o contar con buena expresión oral. Porque si ella no muestra autorregulación y dominio propio de su pánico escénico, todo su conocimiento y sus habilidades se verán afectados y se bloqueará por completo.

La inteligencia comunicacional femenina que propongo aquí incluye los tres saberes, empodera los conocimientos y entrena las habilidades comunicativas, basada en el fortalecimiento del ser interior, de las emociones y de la autorregulación de las mismas, para poder llegar a ser mujeres que no solo saben expresarse bien, sino que son transformadas en su interior y, por ende, pueden llegar a inspirar a otros a través de sus competencias del ser. De eso se trata la Nueva Comunicación Inteligente.

Cuando la mujer logra desarrollar sus competencias en los tres saberes, se destaca dentro de su trabajo en la empresa, como profesional, porque toma conciencia de su compromiso como comunicadora dentro de la entidad y genera valor agregado al realizar las estrategias de la organización.

Su talento humano se muestra más competente para alcanzar los objetivos de la organización, con una nueva visión más completa y afianzada de ella misma. El desempeño de su rol en la entidad será evaluado como óptimo. Sus competencias para realizarlo serán medidas y calificadas como excelentes. Como resultado, asegura a la organización una ventaja competitiva y una mayor eficacia en el logro de la gestión de resultados.

CAPÍTULO 4

La medición SELF y los perfiles femeninos de comunicación

Para autorregular la comunicación femenina, y llevarla a ser cada vez más inteligente y asertiva, necesitamos conocer esos diferenciales que la caracterizan. Para ello, es necesario que miremos los cuatro tipos de perfiles que, desde Hipócrates y los griegos hasta hoy, han mostrado en un cuadrante fascinante los diferentes temperamentos.

Existen tantos perfiles de comunicación femenina como diversidad de estilos en las mujeres. Sería imposible clasificarlos si antes no acudimos a una medición de los cuatro perfiles básicos, que nos permita revisar la forma en que se comunican las personas en general. En este libro, vamos a enfocar el estudio desde el aspecto en que se comunican las mujeres, con sus propios perfiles.

Se le llama temperamento a la temperatura interior de cada persona, de acuerdo a sus particularidades y a la forma en que domina su humor y sus motivaciones, lo que le permite interactuar de manera natural con su entorno. Es ese sello personal con el que naciste y que, por ser genético, no se podrá cambiar, pero sí transformar para mejorar. Es tan propio como la huella digital o el iris del ojo. Por eso pueden existir en una familia cuatro hijos y todos con diferentes temperamentos, que los definen como únicos, por el estilo personal y la forma de actuar frente a las circunstancias y las personas.

Desde los griegos hasta hoy, la investigación acerca de los temperamentos ha sido importante para el entendimiento del comportamiento del ser humano. Hoy la gente los valora con mayor interés, porque cada vez más se encuentra en la búsqueda de su inteligencia emocional para autorregular su forma de ser y de responder ante la vida.

Según el médico y filósofo griego Hipócrates, considerado por muchos «el padre de la medicina», existen los cuatro tipos de temperamentos que describen el alma humana y sus tipos de humores o temperatura interior. Sanguíneos: superextrovertidos y emocionales. Coléricos: de voluntad firme y obstinados. Melancólicos: introvertidos y analíticos. Flemáticos: calmados y tranquilos.

RASGOS COMUNICACIONALES SEGÚN CADA PERFIL

El estudio de los temperamentos ha sido parte vital de mi investigación sobre la comunicación humana. Durante los últimos veinte años he estado dedicada a la profundización de este tema fascinante, para entender la forma como se comunican las personas, desde su perfil individual.

Así surgió la medición SELF, para facilitar a los profesionales en las empresas y a los estudiantes de maestrías universitarias, el entendimiento de su propio perfil como comunicadores. Porque si se autoconocen, se podrán autorregular y llevar a un nuevo nivel su forma de expresarse ante un público o en cualquier conversación informal.

En este libro estudiaremos la medición SELF de los perfiles personales, desde la óptica de la comunicación femenina inteligente:

Sociable - Cálida - Emotiva
Explosiva - Impositiva - Organizada
Lógica - Analítica - Perfeccionista
Filial - Tranquila- Diplomática

LA MEDICIÓN **SELF**

Perfiles de la Comunicación Femenina Inteligente

SOCIABLE — Cálida / Emotiva

EXPLOSIVA — Impositiva / Organizada

LÓGICA — Analítica / Perfeccionista

FILIAL — Tranquila / Diplomática

LA MEDICIÓN SELF / PERFILES DE LA COMUNICACIÓN FEMENINA INTELIGENTE

Sociable - Cálida - Emotiva
Explosiva - Impositiva - Organizada
Lógica - Analítica - Perfeccionista
Filial - Tranquila - Diplomática

Sociable - Cálida - Emotiva. Superextrovertida y comunicativa. Hábil para las relaciones interpersonales. Es el centro de las reuniones. Le gusta el público y es protagonista. Se siente a gusto con otras personas. Es muy optimista. Su sistema nervioso es rápido y equilibrado. Responde pronto, antes de pensar mucho. Cuenta con un alto nivel de sensibilidad y muchas respuestas rápidas a las señales externas. Bajo nivel de concentración y detallismo. Es receptiva, intuitiva, reactiva y flexible a los cambios. Es vivaz y contagia en forma divertida su capacidad de disfrutar la vida. Prefiere enfocarse más en los sentimientos y las emociones que en los argumentos y las reflexiones.

Explosiva - Impositiva - Organizada. Segura de sí misma. Competitiva. Individualista. Desafiante. Orientada a las metas. Exigente e impaciente con los otros. Obstinada, voluntariosa y dominante. Su sistema nervioso es rápido y desequilibrado. Ama el alto nivel de actividad. Cuenta con capacidad de concentración. Alta reactividad a los estímulos externos, no necesita que la motiven, más bien ella motiva a los demás y los impulsa. Responde en forma agresiva. Habla en tono fuerte y dominante, a veces intolerante. Es muy activa, ágil y práctica, se fija metas muy altas, que a veces no puede cumplir por estar ocupada en otra actividad más interesante. Se muestra autosuficiente y autónoma. Es extrovertida. Trabaja para cumplir objetivos ambiciosos. Se enfoca en las metas y no escatima esfuerzos para conseguirlas, a cualquier precio. Muestra sus opiniones con firmeza y las impone.

Lógica - Analítica - Perfeccionista. Le apunta a la excelencia. Es dedicada a las tareas óptimas. Tiene inteligencia y es introvertida. Es brillante en el análisis. Bastante crítica y pesimista. Cuenta con un tipo de sistema nervioso débil. Es sensible en cuanto a sus emociones. Disfruta el arte y la creatividad. Muestra estados de ánimo cambiantes. Se deprime con cierta frecuencia. Su nivel de atención y capacidad de concentración son muy altos, no le gusta que la distraigan. Su abnegación implica entrega real, porque ama a profundidad. Espera a que las personas la conozcan poco a poco, antes que presentarse. Su mentalidad no es flexible al cambio. Es perfeccionista en las tareas que se propone. Por la excelencia y capacidad de llevar los proyectos hasta el final, produce confiabilidad. Mira más las amenazas que las oportunidades y es muy idealista. Tiende a ser pesimista. Está dotada de una inteligencia brillante.

Filial - Tranquila - Diplomática. Serena. Muy introvertida y agradable, por ser tan equilibrada, estable y paciente. Está dispuesta a ayudar a otros y es amigable. Puede lidiar con la rutina. Le gusta el trabajo detallado. Es controlada y calmada. La caracteriza una terquedad pasiva. Su sistema nervioso es lento y balanceado. Es una líder de inteligencia tranquila. Es capaz de concentrarse en los detalles. Su sensibilidad no es muy alta, a veces no se sabe qué piensa o siente, porque no lo expresa con facilidad. Es de un humor muy estable, lo cual la convierte en una persona muy fiable, que inspira seguridad y confianza. Su reacción a los estímulos del medio es mínima, es bastante racional y piensa con frialdad. Su tranquilidad le permite mantenerse con una inteligencia aplomada. Ama su zona de confort, no le agradan los cambios, quiere tener una vida placentera, sin sobresaltos. Se enfada muy pocas veces. Es prudente y no se inmiscuye en los asuntos de otros.

Existen mezclas de perfiles y diversidad de posibilidades
Los perfiles temperamentales se mezclan en cada persona en diferentes porcentajes. Por lo general, siempre hay uno que predomina. Pero la persona puede tener dos, tres o los cuatro a la vez. Por eso es tan fascinante el estudio y el conocimiento del perfil de cada individuo. Máxime, cuando se trata de una mujer.

La diversidad de posibilidades en las mezclas de su temperamento la convierten en un ser aún más interesante. Lo importante es que cada una sepa autoconocer y autorregular su temperamento, para entender por qué se comunica de una u otra manera. Para que sepa cómo puede autorregular sus potenciales fortalezas y cómo transformar sus debilidades comunicativas, puede utilizar el sistema de medición SELF, que cuenta con tests y herramientas para facilitarle el proceso de autoconocimiento y autorregulación. De esa manera, tendrá éxito en el crecimiento de su inteligencia emocional y comunicacional.

El nombre del sistema de medición SELF es un acrónimo formado por las siglas de los cuatro perfiles siguientes:

- Sociable
- Explosiva
- Lógica
- Filial

Además de que concuerda con la palabra *self* en inglés, que significa: «yo» y se utiliza como prefijo «auto» para conceptos tales como «autoconocimiento», «autorregulación» y «autocontrol», los cuales son el objetivo de esta medición de perfiles para una comunicación inteligente.

FORTALEZAS, DEBILIDADES Y OPORTUNIDADES DE MEJORA EN LA COMUNICACIÓN DE CADA PERFIL FEMENINO

LAS MUJERES DEL PERFIL «S»: SOCIABLES

Son cálidas en su comunicación, por su manera de ser superextrovertida y vibrante. Son animadas, alegres, espontáneas, divertidas, encantadoras y sociables al extremo. Por lo general, son el centro de la reunión, porque llaman la atención con su capacidad de impactar e influir a su alrededor. Se sienten a gusto al hablar en público y su facilidad de expresión oral y corporal se destaca entre los cuatro perfiles al comunicarse. Su efecto es de alto impacto.

Fortaleza
Logran persuadir con facilidad al público o a los clientes de la empresa. Cuentan con capacidades innatas para realizar relaciones públicas y conseguir resultados con sus habilidades de negociación de

alto nivel. Son originales y apuntan a la innovación. Son capaces de fluir de manera espontánea en una conferencia o espacio de influencia con naturalidad, poder de motivación y atracción hacia la gente. Pueden llegar a altos niveles de conexión emocional con las personas a su alrededor.

Debilidad

Falta de concreción. Por su deseo de agradar, por lo general se exceden en las explicaciones, exageran los ademanes y el volumen de la voz. Pero sobre todo, se extienden en demasiadas descripciones y narraciones que pueden conducir a una presentación de muy alto impacto, con impresionantes niveles de motivación, pero que no cierra la negociación ni consigue los resultados esperados en la rentabilidad. Por lo general, les importa más la emoción y la relación que la productividad.

Oportunidad de mejora

Ser más puntuales en la estructura del mensaje. Manejar el dominio de sí mismas para autorregular las expresiones demasiado abiertas y cálidas. Sobre todo en los espacios muy formales. Deben utilizar todos los métodos para organizar las ideas de manera más concreta y precisa. Eliminar de la agenda de la presentación todo lo que sobre y las lleve a verse desorganizadas, con demasiada intensidad en los contenidos. Necesitan desarrollar el aplomo que les permita proyectarse con serenidad y contundencia.

LAS MUJERES DEL PERFIL «E»: EXPLOSIVAS

Son líderes dominantes en su comunicación, tanto al hablar como al escribir. Se expresan de manera práctica, objetiva y organizada. Hablan sin titubeos. No les tiembla la voz para decir lo que piensan o sienten. Para ellas son más importantes los resultados y la efectividad que agradar a las personas y mantener las relaciones interpersonales. Cualquier cosa que no sea «útil» en el mensaje, les parece ridícula y fútil. Su efecto es la contundencia.

Fortaleza

Logran transmitir coraje y determinación en sus mensajes. Consiguen altos rendimientos inmediatos, a través de su forma de comunicarse franca, determinante y tajante. Cuentan con la habilidad extrema de organizar, por eso todo lo que dicen genera alto impacto ante los equipos de trabajo que las consideran muy efectivas y eficientes. De esa manera, generan un ambiente de confianza en ellas, lo que les permite alcanzar las metas propuestas. Son concretas y precisas.

Debilidad

Falta de calidez. Por lo general, las personas a su alrededor se sienten un poco regañadas cuando ellas les hablan, porque utilizan un tono seco y dominante. La obstinación que las acompaña las lleva a pensar que las cosas se deben hacer cuando ellas dicen, donde ellas dicen y de la manera que ellas las dicen. De lo contrario, no sirven para nada. Pueden llegar a ofender a los demás puesto que quieren lograr los objetivos, aunque en el camino quede gente herida.

Oportunidades de mejora

El valor de la calidez, la amabilidad y la valoración de las personas debe ser parte de su gestión de resultados. Si logran concientizar que ser más afectuosas puede llevarlas a conseguir los objetivos trazados, lo lograrán, porque lo volverán parte de su pragmática y rigurosa agenda. Entonces se verán más flexibles y su extraordinaria capacidad de liderazgo será no solo efectiva sino muy asertiva.

LAS MUJERES DEL PERFIL «L»: LÓGICAS

Son introvertidas y perfeccionistas en su comunicación. Por su forma de ser metódica, planean con riguroso esmero y anticipación su presentación, conferencia o mensaje escrito, hasta conseguir la tarea casi perfecta. Son idealistas, analíticas en su mensaje y exigentes consigo mismas y con los demás. Por su pulcritud metódica e impecable en cada detalle, inspiran mucha confiabilidad en la calidad de su comunicación. Su efecto es la excelencia.

Fortaleza

Son brillantes en el análisis profundo de las ciencias y profesiones más complejas. Se muestran confiadas en los temas que implican investigación exhaustiva y exégesis. Es decir, buscan la explicación detallada de cualquier materia. Su capacidad de desarrollar un mensaje con meticulosidad es impresionante. Provocan admiración en su público, por la forma ingeniosa en que plantean los contenidos de su presentación. La perfección es su meta dorada.

Debilidad

La búsqueda excesiva de la perfección en su comunicación les impide fluir con tranquilidad en el escenario de lo bueno, porque siempre esperan lo óptimo. De esa forma, muchas veces se autobloquean en la transmisión de sus mensajes, porque prefieren no decirlos que exponerlos «de cualquier manera». Por lo general, nunca se sienten «bien preparadas». Por eso se niegan a sí mismas las oportunidades de salir a la escena o de publicar sus ideas.

Oportunidades de mejora.

Avanzar con libertad en su comunicación, conectarse desde el corazón y no solo desde la razón, sin exigirse demasiado en la perfección metódica. No autoboicotear sus posibilidades de comunicarse en público o por escrito, por la necesidad de verse perfectas, ya que nunca lo van a conseguir. Deben buscar la expresión abierta de sus pensamientos, sin esperar a que sean demasiado profundos. Entender el valor de lo simple para transmitir sus expresiones con libertad.

LAS MUJERES DEL PERFIL «F»: FILIALES

Son calmadas y diplomáticas en su comunicación, por su talante sagaz, tranquilo, ecuánime y calmado. Por eso son tan fiables, inspiran seguridad y confianza. Cuentan con la habilidad de ser amistosas y queridas por todas las personas, porque jamás se desmiden en sus expresiones ni apreciaciones, sino que se mantienen equilibradas, con respecto a las emociones, lo que las muestra como personas confiables y aplomadas. Son muy introvertidas y se destacan por mantener las buenas relaciones con todas las personas porque prefieren cualquier cosa antes que generar discrepancias. Su efecto es la tranquilidad.

Fortaleza

La capacidad de ser amables, serenas, amigables, cordiales y sencillas les permite ser mujeres con un perfil diplomático. Nunca se entrometen en situaciones que las comprometan con una discusión o un conflicto. Por eso son extraordinarias para todos los asuntos que impliquen la resolución de conflictos, con clientes internos o externos de la compañía.

Debilidad

El ser muy introvertidas les produce excesiva timidez y pánico escénico al hablar en público. Prefieren los grupos pequeños para mostrar sus proyectos o presentaciones. No se sienten cómodas en el escenario. Escogen ser espectadoras antes que protagonistas. Eso les impide mostrar todo el potencial de su inteligencia tranquila, que podría ser deslumbrante. La calma que las acompaña como parte de su talante, les puede llevar al conformismo y a la ley del menor esfuerzo, para estancarse en su zona de confort.

Oportunidades de mejora

Manejan la autorregulación del pánico escénico y la timidez a través de la exposición permanente y voluntaria en diferentes escenarios. Si logran convertir las presentaciones en una disciplina, serán excelentes expositoras. Deben utilizar un lenguaje contundente y no olvidar la importancia de darle fuerza al volumen y energía a sus expresiones. Aplicar la clave de la «presencia de ánimo en la voz» y el *up & down* (subidas y bajadas de la voz). Es decir, darle mucho ánimo al mensaje y marcar los énfasis en las frases, para no verse planas y monótonas, sino vibrantes y empoderadas.

PARTICULARIDADES DE LA COMUNICACIÓN
ENTRE LA MUJER Y EL HOMBRE

Aunque este libro no intenta comparar la comunicación de la mujer con la del hombre, revisemos algunas particularidades clave de cada uno de ellos para enriquecer nuestro análisis de la inteligencia comunicacional femenina. Ello desde una perspectiva positiva, que considere las diferencias como parte de la admirable creación del ser humano. No desde la perspectiva de la comparación que busca encontrar la superioridad o igualdad de alguno de los dos géneros, o la competencia entre ambos.

La forma de comunicarse entre mujeres y hombres es el ámbito donde se pueden notar más las diferencias de los géneros y la diversidad de lenguajes. La analizaremos como una oportunidad de mejora dentro del estudio del poder de la comunicación femenina inteligente. A través de ella, se expresa el ser interior, el alma, las emociones, los sentimientos, las opiniones, las ideas y los valores personales.

Existen evidentes diferencias biológicas, sociales, sicológicas y culturales, que han sido tema de interés histórico. También miles de corrientes de pensamiento al respecto. Muchas de ellas se basan en las dos tipologías básicas: Alfa, que enfatiza las diferencias. Beta, que prefiere afirmar que son muy pocas.

En este estudio, las revisaremos desde la perspectiva del equilibrio, que no pondera las diferencias, pero tampoco las minimiza. Creo que cada individuo, sea mujer u hombre, brilla con luz propia, y que las diferencias deben ser parte de la sana convivencia. Por eso no las llamaremos diferencias, con énfasis en los más o los menos de cada uno, sino particularidades especiales.

Además, cuanto más conscientes de las particularidades seamos, estaremos más cerca de construir una cultura de comunicación femenina inteligente.

Por lo general, la mujer tiende a extenderse en los detalles, cuenta con una forma de comunicarse emocional. Prefiere preguntar y utilizar eufemismos. Es decir, la manifestación suave y decorosa de ideas cuya recta o franca expresión sería dura o malsonante. Para ella, hablar es sinónimo de solución.

Por lo general, el hombre tiende a ser concreto, tiene una forma de comunicarse informativa. Prefiere llamar las cosas por su nombre, afirmar y utilizar disfemismos.

Su modo de decir consiste en nombrar una realidad con una expresión peyorativa o con intención de rebajarla de categoría. Para él, hablar es sinónimo de problema.

Por eso, el asunto más importante para la comprensión entre géneros es la comunicación. Si la mujer y el hombre logran ingresar al ámbito de la comunicación inteligente, el entendimiento podrá ser posible. Para ello, es necesario primero autoconocer cada uno sus particularidades, para autorregularlas y lograr así no solo una comprensión mayor de sí mismo sino también del otro y de esa manera desarrollar una interrelación más exitosa.

Aunque la forma de expresarse cada uno depende no solo del género, sino que obedece también a factores individuales del perfil personal como el temperamento, la personalidad, el carácter y a factores externos como la educación, los valores inculcados y, por supuesto, el desarrollo y empoderamiento de sus competencias comunicativas, sí existen unas particularidades generales.

Las he podido observar durante esta investigación, en la cual me sirve de apoyo el diagnóstico en cada una de las universidades y empresas donde enseño como mentora en comunicación. He podido estudiar en cada salón, las características comunicativas y la forma de expresión de los participantes, según su género.

Aquí veremos una lista de veinte particularidades de cada uno, de tal manera que puedan aportar al análisis:

Particularidades de la mujer en la comunicación no verbal

1. La vida comunicacional de la mujer tiende a mostrarse emocional y empática.
2. Busca enfocarse en la posibilidad de interrelacionarse.
3. Por lo general se preocupa e involucra de manera cercana con y por las personas.
4. Se enfoca en identificarse con los sentimientos y situaciones de la gente.
5. Fomenta la cooperación en la resolución de conflictos.

6. Intenta crear ambientes de intimidad y construir buenas relaciones con su entorno.
7. Tiende a participar y comprometerse en las tareas y ejercicios durante las prácticas.
8. Le agrada compartir y trabajar en la calidad de las relaciones.
9. Se mantiene dispuesta a aceptar ayuda y la solicita de manera indirecta.
10. Por lo general, se expresa con una cantidad de palabras que excede a sus pensamientos.
11. Prefiere la comunicación frente a frente que la ausencia o el distanciamiento.
12. Asiente con la cabeza para mostrar que está procesando la información con comprensión.
13. Logra conexión con la comunicación no verbal y el tono de las otras personas.
14. Busca consejo y le interesan los acuerdos con las personas.
15. Puede soportar con cierta tolerancia las interrupciones.
16. Intenta suavizar los conflictos y consecuencias desde el lado positivo de la otra persona.
17. Si consigue buenos resultados en el equipo, suele decir «es el esfuerzo de todos».
18. Se enfoca en el universo personal de la gente, para comprender qué sucede en su interior y poder aportar desde su mundo interno.
19. Si trabaja en equipo y no consigue resultados, tiende a asumir la falla como propia. Si tiene éxito, celebra los logros del equipo.
20. Se centra en el mundo interior. Sus conversaciones giran en torno a los sentimientos y al estado de las personas.

Particularidades del hombre en la comunicación no verbal

1. La vida comunicacional del hombre tiende a mostrarse pragmática y racional.
2. Busca enfocarse en la posibilidad de realizar tareas y obtener resultados.
3. Por lo general, se complace con cada oportunidad para aplicar sus competencias.

4. Se enfoca en mostrar su capacidad para resolver problemas y su compromiso.
5. Fomenta la gestión en la resolución de conflictos.
6. Intenta generar negociaciones y mantener su estado e independencia.
7. Tiende a ser parco y a alejarse en las sesiones y ejercicios de entrenamiento.
8. Le agrada dar prioridad a las tareas y a la resolución de problemas.
9. Tiende a evitar la búsqueda de ayuda y dirección.
10. Por lo general, utiliza la burla y el sarcasmo. En especial con respecto a temas sensibles.
11. Prefiere mantenerse distante, no disculparse ni revelar su información personal.
12. No asiente mucho con la cabeza, ni comparte demasiadas expresiones faciales o reacciones de acuerdo o desacuerdo.
13. No escucha de manera dinámica ni empática. Maneja expresiones distantes sin conexión visual.
14. Toma decisiones con independencia, sin buscar consenso o consejo.
15. Apunta a la toma de decisiones con rapidez o determinación.
16. Tiende a tomar decisiones de una manera singular.
17. Tiende a promocionarse más y a «presumir» de sus logros.
18. Suele ser directo en sus deliberaciones.
19. Si trabaja en equipo y no consigue resultados, tiende a buscar la falla en las personas del equipo o en la organización. Si obtiene el éxito, celebra sus propios logros.
20. Se centra en el mundo exterior. Sus conversaciones giran en torno a asuntos de negociación, noticieros, cifras deportivas y estado del clima.

Los mapas del cerebro señalan el comportamiento de la mujer y el hombre

Un grupo de investigadores de Pennsylvania University analizaron, a través de diferentes tomas de escáner cerebral, a casi mil personas, cincuenta por ciento mujeres y cincuenta por ciento hombres, desde la niñez hasta la juventud (9-22 años). El estudio arrojó varios resultados interesantes para nuestro enfoque de la inteligencia comunicacional de la mujer y sus particularidades frente a la del hombre.

Según los científicos de Pennsylvania University, las redes del cerebro muestran por qué son diferentes los comportamientos entre ambos sexos. Por ejemplo, da a entender por qué ellas son más intuitivas y ellos cuentan con más habilidades motoras.

Las diferencias que señalan confirman la teoría de la Nueva Comunicación Inteligente —NCI— acerca de por qué las mujeres se destacan en unas habilidades comunicativas y los hombres en otras.

La investigación asegura que el sistema de conectividad neuronal de las mujeres une el hemisferio derecho con el izquierdo. Es decir, el lado de la capacidad analítica y de la información con el lado de la intuición. Por su parte, los hombres cuentan con un sistema de conectividad neuronal que va de adelante hacia atrás, desde uno de los hemisferios. Por eso su cerebro refleja una estructura que facilita una especial conectividad entre el centro de la percepción y la coordinación de la acción. De esa manera se explica por qué la mujer es un ser mucho más intuitivo, por qué cuenta con una memoria más activa y por qué sus habilidades sociales e inteligencia emocional son más desarrolladas. Así mismo, por qué el hombre cuenta con más capacidad de coordinación y percepción de los espacios, se orienta más a la acción y es más acertado en aquellas labores que necesitan respuestas inmediatas.

El lado izquierdo del cerebro se encarga del razonamiento lógico y el derecho, del pensamiento intuitivo. Por esa razón, si una labor requiere de ambos lados del cerebro, la mujer podría realizarlos bien. Porque es más intuitiva y cuenta con capacidad de memoria. Ella se involucra con su sistema emocional al comunicarse, por esa razón su inteligencia comunicacional tiende a escuchar más y a ser más empática.

El hombre se muestra más desarrollado para entender y realizar actividades como el ciclismo y otros deportes. La mujer desarrolla más su memoria e inteligencia social, por eso puede ser más apta para realizar múltiples tareas y ofrecer soluciones de grupo. Según el estudio, los cerebros de la mujer y el hombre se complementan de manera perfecta. Mientras él es más apto para aprender una tarea, ella cuenta con inteligencia para realizar varias a la vez, o mejor, seguidas de manera continua muy rápido, de tal manera que parecen simultáneas.

El cerebro muestra que la mujer es hábil negociando

Varios estudios de la Universidad de California sobre el cerebro[15] muestran que tanto el cerebro de la mujer como el del hombre exponen diferencias desde el momento de nacer, luego en el proceso de crecimiento de la niñez, la adolescencia y como adultos. Aseguran que, desde la gestación, el bebé produce testosterona que desarrolla su cerebro. Por su parte, la bebé desarrolla las partes del cerebro encargadas del lenguaje, la expresividad, la emocionalidad y la conexión con los demás.

Por esa razón, en su etapa de profesional, la mujer es hábil en las negociaciones, puesto que su sistema nervioso se encuentra direccionado hacia la empatía. El hombre es capaz de avanzar en la competencia, porque su sistema nervioso se encuentra más direccionado hacia la fuerza muscular y la agresividad.

También encontraron los investigadores de la Universidad de California que la mujer y el hombre son distintos en el momento de reaccionar frente a cualquier presión exterior y al estrés. La mujer utiliza en ese momento el lado izquierdo de su cerebro, por eso cuenta con la habilidad de autorregular sus emociones con más conciencia de sí misma. Frente al dolor, ellas al parecer lo sienten más y por esa razón padecen más de dolores crónicos. Por ejemplo, respecto a las migrañas, se cree que ellas las padecen en mayor cantidad, porque las emociones las afectan más que a ellos. Por su parte, el hombre utiliza en medio de la tensión y el estrés, el lado derecho del cerebro, que se relaciona con la ira y la agresión.

Los científicos de California llegaron a conclusiones muy interesantes, como por ejemplo que el cerebro de la mujer es más eficiente porque necesita menor cantidad de energía y neuronas para adaptarse a cualquier cambio, manejar su pensamiento inductivo y las operaciones numéricas complejas, a pesar de contar con un cerebro de menor tamaño, porque el del hombre es aproximadamente un diez por ciento mayor. El hombre muestra una mayor capacidad para lo relacionado con su forma de percibir el espacio.

Desde el ámbito de la neurociencia también se ha llegado a conclusiones interesantes que arrojan luz ante nuestro tema de la comunicación femenina inteligente y que la confirman cada vez más. Se llegó a la conclusión de que, por la mayor cantidad de conexiones en su cerebro, la mujer puede realizar varias tareas a la vez. El hombre cuenta con una mayor habilidad y destreza para manejar mapas, tomar decisiones, enfocarse en una sola dirección u oficio y visualizar mejor. Creen que esa sería la razón por la cual la mujer se enfoca más en carreras relacionadas con ciencias humanas, mientras que el hombre se inclina más a profesiones relacionadas con la lógica de los números exactos, la inteligencia ingenieril o la física cuántica.

Dónde nacen las particularidades entre ellos y ellas

Las particularidades de la comunicación de cada género se pueden notar desde la niñez, en sus comportamientos y en sus formas de expresarse e interrelacionarse en la infancia, entre niños y niñas. Ellas usan más palabras, prefieren realizar peticiones, utilizan el lenguaje para generar relaciones armónicas. Ellos usan más acciones, prefieren realizar demandas, utilizan el lenguaje para generar conflictos más que relaciones.

Por supuesto, además de las particularidades naturales del diseño original, en el que ellas son más suaves y tiernas, mientras ellos son más rudos y fuertes, ambos son influenciados desde la niñez por los patrones de educación y de cultura, los juguetes y el tipo de comunicación en la familia.

Es evidente que las niñas se relacionan más con las caricias y el contacto físico de sus madres, por lo que al crecer usan sus manos para cada una de sus expresiones. A través de ellas transmiten toda su empatía, cada una de sus emociones y su afecto. Ellas son más propensas a la comunicación maternal, por eso —desde niñas— prefieren cuidar a sus muñecas, sus juguetes y sus videojuegos que incluyan moda, maquillajes, dulces personajes y colores suaves.

También es claro que los niños se expresan con sus manos para transmitir su virilidad, ejercer dominio y demostrar su fuerza. Además, ellos se muestran más agresivos, competitivos y utilizan un lenguaje fuerte. Desde niños, prefieren jugar con carros, fuertes héroes de ficción, armas de guerreros vencedores y videojuegos que incluyan musculosos gladiadores y colores fuertes.

Todo ello se refleja en las competencias comunicativas de cada género en la edad adulta, que no solo se encuentran influenciadas por los factores genéticos, sino también por todo el entorno social, educativo y cultural. En ese contexto, la mujer siempre ha sido formada para ser más «civilizada» y con buenas maneras. Por ejemplo, no hablar demasiado fuerte, no reírse muy duro, manejar modales femeninos, es decir, más suaves, delicados y reservados.

Por su parte, a los hombres se les educa para ser verdaderos «machos», como varones que no lloran para no verse como «nenas» y ser blanco de las burlas de sus compañeros en el colegio o de sus primos y familiares de la misma edad, ante los que deben comportarse de manera ruda y muy fuerte para parecer verdaderos hombres. Deben mostrar gestos fuertes, movimientos firmes y asumir posturas agrestes, que jamás impliquen ternura, puesto que no quieren verse ridículos y hasta podrían ser entendidos como anormales. Cuando crecen, a cada uno se le asignan roles y trabajos en los que ellas deben mostrar actitudes solidarias y de cooperación. Por su parte, ellos necesitarán demostrar sus posturas de dominio.

Por supuesto, todo dependerá de la cultura donde nazcan, crezcan y se desarrollen las niñas y los niños. Porque los principios y los valores no son los mismos en Latinoamérica que en Norteamérica, o en Japón, China, India, Europa o África. En cada cultura existen códigos comunicacionales distintos, de acuerdo a los patrones de conducta para hombres y mujeres. Pero es evidente que, cualquiera que sea el contexto, el color o la raza, la comunicación de las niñas siempre es más tierna, empática y emocional, mientras que la de los niños es más ruda, enérgica y racional.

No porque ellas sean el sexo «débil» y ellos los «machos», sino porque en el diseño original, ellos fueron creados como seres más fuertes y rudos, ellas como delicadas, frágiles y sublimes. Es decir, excelsas y dotadas de nobleza. Lo cual no significa que deban comunicarse con debilidad o complejos. Al reconocer su valor, la mujer puede iniciar el empoderamiento para transmitir todo su potencial y sus habilidades comunicativas.

La influencia del cerebro del hombre y la mujer en su comunicación

La conformación cerebral del hombre y la mujer muestra con claridad las particularidades de cada uno en la comunicación. Varios investigadores y científicos en el mundo se han dedicado de lleno a este estudio fascinante que ha generado diversidad de posturas y escuelas al respecto.

Lo importante aquí es enfocar esas particularidades del cerebro de la mujer y del hombre en su influencia sobre la comunicación de ambos géneros. Hay quienes aseguran que todo lo que realizamos está afectado por las hormonas, de tal manera que las mujeres pueden realizar mejor los oficios que implican empatizar, es decir, ser sensible a saber cómo se siente la otra persona. Los hombres son más direccionados a tareas que impliquen analizar y sistematizar. Aunque existen excepciones, y muchas veces también depende de la influencia cultural, esa es la generalidad.

Es obvio que todos los seres humanos podemos presentar la mezcla de los dos tipos de cerebro. Pero la mujer o el hombre cuentan con un mayor porcentaje de uno que del otro. Aunque pueden existir algunas que se excluyen de la regla común, en su mayoría ellas son más propensas al lado empático y ellos al de la sistematización.

La posibilidad de estar expuestos a los distintos tipos de hormonas, desde el vientre de la madre, influye en la composición del cerebro y en los comportamientos de la mujer o el hombre desde la niñez hasta la vejez. De acuerdo al nivel de testosterona prenatal en los bebés, será su relacionamiento con otras personas. Si el nivel es muy alto, los niños muestran más lentitud para su desarrollo social, logran menos contacto visual y conexión emocional. Su vocabulario es más reducido antes de los dos años y muestran menos empatía. Pero son más dispuestos para identificar formas en una estructura de diseño compleja.

Un científico de Alemania, muy involucrado en las investigaciones sobre el cerebro humano y las diferencias entre la mujer y el hombre, el doctor Boris Schiffer, aseguró después de un largo proceso de estudios con la Universidad LWL de Bochum, que la mujer tiene mayor facilidad para lograr conexión con la mirada de las otras personas y memorizar sus nombres y rostros, porque desarrolla las áreas del cerebro encargadas de la actividad de las emociones. El hombre no cuenta con esa capacidad de captar toda la información que brinda la mirada de otra persona, ni retener nombres o caras, porque les cuesta conseguir el contacto visual con facilidad.

Una forma de ver y escuchar «más allá»

El sistema sensorial de la mujer es más desarrollado que el del hombre. Por eso la forma de ver y escuchar entre ambos géneros es distinta. La mujer tiene la capacidad de «ver más allá», es decir, una amplitud panorámica que le permite mirar hacia los lados de sus ojos, mientras mira hacia el frente. Ella cuenta con mayor capacidad óptica para percibir los colores, los detalles y mirar aun en la oscuridad. Por esa razón se le facilita encontrar los objetos en la casa o la oficina, mientras que al hombre le cuesta un enorme trabajo encontrarlos, aun cuando los tenga cerca de su área visual.

Mientras ella percibe la vida en multicolor, por decirlo así, con diversidad de gamas y tonalidades, él prefiere ver todo en amarillo, azul, rojo, es decir, los colores primarios. O en blanco y negro y, a lo sumo, gris. Le cuesta apreciar los matices y las tonalidades diversas porque, en realidad, no le interesan. A ella le encanta encontrar las diferencias y conseguir las mezclas perfectas para su gusto, las que asocia con sus sentimientos de alegría, paz, nostalgia, serenidad, pasión, esperanza o euforia, según sea el caso y el momento. Ella puede describir los colores de un traje o de un paisaje en detalles, mientras a él solo le importa si el vestido es cómodo y de buen precio, o si el terreno —dado el caso— cuenta con proyección financiera para que se valorice pronto.

Esa percepción es la que produce en la mujer un mayor deleite cuando realiza actividades como ir de compras, que asocia con sus emociones y gratificaciones. Por eso requiere mayor cantidad de tiempo en una tienda que el hombre, que por lo general muestra actitudes de desespero ante la demora de ella, ya que no le gusta pasar tanto rato en esa actividad que, por lo general, le produce estrés y hasta mal genio.

Él quiere comprar lo primero que ve o, por lo menos, lo más rápido posible. Va directo al objetivo que persigue. Ella lo busca con sensibilidad y fijándose en los detalles. Además, con empatía pensando en que tal vez pueda aprovechar el momento para comprarle de una vez el regalo de cumpleaños a la mamá, al novio o a los nietos. Y para elegir, necesita el espacio y el tiempo adecuados. Entre tanto, él piensa en cuánto les va a costar toda la compra, cómo va a afectar al presupuesto del mes y cuántas horas de trabajo al día deberán ocupar para cubrir el gasto.

En cuanto al sentido de la audición, la mujer también cuenta con mayor capacidad que el hombre. Eso le permite «escuchar más allá», como si pudiera traspasar los muros y oír lo que dicen los otros. Esto se da porque el centro del habla y del lenguaje en ella es más desarrollado.

Cómo empoderar las particularidades entre géneros

Al reconocer las particularidades entre la mujer y el hombre, la idea no es preguntarse quién es mejor o peor de los dos. Cuál es «más» o «menos» en cualquier campo. La idea de este reconocimiento es empezar a modificar el desarrollo de la nueva cultura de comunicación inteligente, en la que cada uno está resuelto a transformar su forma de expresión, de tal manera que trabaja en sus debilidades, como oportunidades de mejora y empodera sus fortalezas como plataforma para el éxito en su interrelación con los demás.

Este ejercicio debe realizarse en un marco de valores como el respeto, la solidaridad, la empatía, el afecto, la comprensión y la ayuda mutua. Además, como una oportunidad de autovaloración de cada uno, al entender que cuenta con un amplio espectro de posibilidades para el crecimiento de sus habilidades comunicativas. No solo en lo que respecta a la comunicación verbal, sino también a la comunicación no verbal —CNV—, el *body language*, que debe ser también motivo de análisis para las particularidades entre géneros.

Las diferencias cerebrales son parte del diseño original de la creación y, por tanto, deben ser entendidas y analizadas como la perfecta complementariedad entre la mujer y el hombre, como seres creados de manera providencial para ser los administradores de la inmensidad de las riquezas de la tierra. Desde esa óptica, cada una de las particularidades podrá ser vista como oportunidad para aportar al otro ayuda, soporte y relaciones interpersonales armónicas, dentro del marco de la valoración del otro, la sana convivencia y la inteligencia comunicacional.

De esa manera, el aprovechamiento de las oportunidades y el empoderamiento de la comunicación será mayor en la medida en que cada uno de los géneros conozca sus posibilidades cerebrales y las utilice para aportar, y no para competir o rivalizar, dentro de una interminable guerra de cerebros y géneros. Si la mujer entiende su papel relevante y el propósito de haber sido creada como un ser intuitivo, empático y con elevada conexión emocional, su rol en la familia, la profesión, la sociedad y en cada uno de los espacios donde deba desenvolverse, será mucho más efectivo y exitoso. Sin competir de manera hostil con el hombre ni con sus congéneres, sino consigo misma, en medio del reconocimiento de sus propias fortalezas y debilidades, como oportunidades de mejora continua.

La comunicación no verbal y el *body language* entre géneros

Un elemento sustancial de las particularidades de la mujer y el hombre es la comunicación no verbal. El sicólogo alemán Albert Mehrabian, reconocido por su trabajo investigativo sobre la CNV, aseguró que el porcentaje de origen de nuestra comunicación, derivada de las emociones, se divide así: 7% palabras, 38% tono de voz y 55% lenguaje no verbal.

El porcentaje de origen en la comunicación verbal y no verbal

- Palabras: 7%
- Tono de voz: 38%
- Lenguaje no verbal: 55%

La CNV se basa en aquellas formas de comunicarse que no incluyen palabras ni expresiones orales, sino que se derivan de las actitudes, gestos, ademanes y comportamientos que transmiten —sin hablar— las emociones y el carácter de las personas, a través de su expresión corporal.

Ello incluye el movimiento de las manos, los pies, el cuerpo, los gestos del rostro, la postura, la mirada. El lenguaje del cuerpo —*body language*—, muestra también marcadas particularidades entre géneros. Por su empatía, la mujer busca siempre posturas que impliquen

EL PORCENTAJE DE ORIGEN EN LA COMUNICACIÓN VERBAL Y NO VERBAL

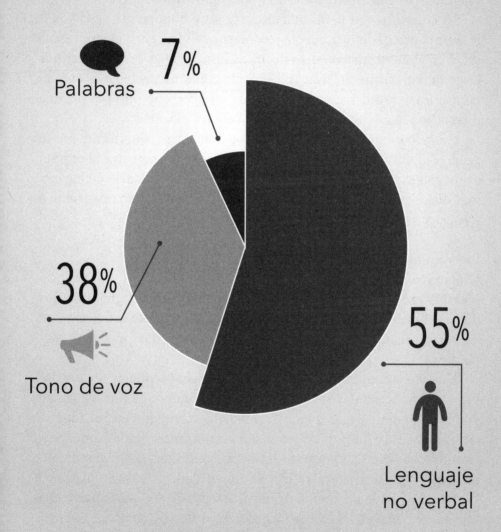

Palabras
7%

38%
Tono de voz

55%
Lenguaje
no verbal

una escucha dinámica, con el cuerpo inclinado hacia adelante, en demostración de interés.

Cuando conversa, la mujer muestra una forma de asentir y realizar movimientos más flexibles y adaptables. Su postura es de brazos a los lados, cerca del cuerpo, y sus piernas cruzadas indican reserva prudencial y calidez. El hombre exhibe una postura más abierta y desplegada, con sus brazos lejos del cuerpo y las piernas abiertas y separadas, lo que indica dominio y adueñamiento del espacio.

La conexión con la mirada es parte muy importante de la CNV. En este campo, la mujer cuenta con mayor calidez, pero menor intensidad en el dominio visual, es decir, en la capacidad de mantener por largo rato una mirada firme. Ella cuenta con un espectro más amplio para mirar, de tal manera que puede parecer que observa en una dirección, cuando está enfocada hacia el otro extremo.

Cuando un grupo de mujeres, o dos de ellas, se comunican, por lo general se miran frente a frente y con una posición cercana. Si se trata de un grupo de hombres, o dos de ellos, prefieren ubicarse en lugares más distanciados y no mantienen una conversación cercana frente a frente, porque para ellos es sinónimo de desafío.

La comunicación no verbal transmite autoconfianza

La CNV no solo se relaciona con la forma como nos perciben los demás. También puede transformar la percepción que tenemos de nosotros mismos, por medio de nuestras poses o expresiones corporales.

Cuando la mujer busca llenar el espacio sin prejuicios ni complejos, alzando la mano para participar en las reuniones con seguridad y libertad, puede llegar a reflejar convicción, aunque en realidad se sienta nerviosa e insegura. Pero si, por el contrario, tiende a amedrentarse, a acoquinarse, y a asumir posturas temerosas, desde el momento en que ingrese al salón, reflejará inseguridad.

La CNV de la persona le transmite seguridad y confianza a ella misma. No importa si en realidad siente pánico escénico o inseguridad total. Porque la postura que asume eleva su testosterona, hormona que influye en el autodominio. Al mismo tiempo, reduce el cortisol o hidrocortisona, hormona que influye en el estrés.

De esa manera, asumir una postura de seguridad por medio de la CNV eleva los niveles de testosterona en el organismo y disminuye los de cortisol, lo cual aumenta la autoestima. Así podemos transmitir una comunicación persuasiva, con la imagen y la autoimagen de personas con habilidades comunicativas, capaces de conseguir resultados exitosos en sus profesiones.

Es importante que la mujer, al igual que el hombre, busque el proceso de desarrollo y empoderamiento de su CNV. De esa manera le transmitirá a su sistema cerebral su fuerza y su energía interior. Con su expresión, será capaz de transformar la inteligencia de su comunicación.

Cuando la mujer confía en lo que dice su expresión corporal —body language— comienza a fluir de manera natural, proyecta seguridad, convicción y ha de ser persuasiva. Por eso, no debe forzar sus gestos ni ademanes, sino realizarlos de la manera más natural, espontánea y sencilla posible, porque de lo contrario se verá forzada y con falta de autenticidad.

En ese momento, el mensaje que el cerebro recibe de parte de su expresión es inconsistente y comenzará a verse débil en su comunicación. La inteligencia comunicacional femenina consiste en reflejar seguridad en base a su expresión verbal genuina y contundente.

¿Habla la mujer veinte mil palabras al día?

Uno de los aspectos más interesantes de la discusión sobre las particularidades entre la comunicación de la mujer y la del hombre tiene que ver con cuál de los dos habla más. La respuesta tradicional afirma que las mujeres hablan más y que pronuncian mayor número de palabras por minuto. Pero los estudios más recientes han señalado que, al contrario, son los hombres quienes hablan más.

Algunas evidencias podrían demostrar la teoría de que son los hombres quienes hablan más, sobre todo cuando se encuentran en grupos de hombres y mujeres. Mientras que ellas hablan más cuando se encuentran entre mujeres.

Lo que se evidencia, hasta el momento, es que las mujeres pueden usar veinte mil palabras diarias dentro de su lenguaje y los hombres siete mil. Esta afirmación surgió en la portada del libro *El cerebro femenino*, por la autora Louann Brizendine, neurosiquiatra de la Universidad de California en San Francisco.[16]

Aunque esa afirmación no fue muy bien acogida por algunos científicos y sicólogos contemporáneos, en especial las mujeres, que se resisten a creer que, mientras que ellas se dedican al rumor subjetivo, los hombres se enfocan en su tarea objetiva.

El profesor de lingüística en Pennsylvania University, Mark Lieberman, resolvió cuestionar tales cifras. La doctora Brizendine le dio la razón y asumió su responsabilidad para cambiarlas en próximas publicaciones de su libro muy vendido.

Louann Brizendine afirma que tenemos circuitos cerebrales tan solo ligeramente distintos. Que el cerebro masculino y el femenino son más parecidos que diferentes, porque pertenecemos a la misma especie. Aun así, existen zonas del cerebro masculino que han crecido más porque, en el proceso de gestación, todos empezamos con circuitos cerebrales similares, hasta las ocho semanas del embrión, cuando los testículos de los bebés empiezan a liberar abundante testosterona que inunda su cerebro y convierte los circuitos en masculinos.

La doctora Brizendine asegura además que las mujeres suelen hablar en el contexto de un escenario social íntimo, como el de su hogar. Allí conversan hasta tres veces más que el hombre. En cambio, en lugares como una sala de juntas en la oficina, un ambiente de negocios o un seminario empresarial, demuestran hablar menos que ellos. Ella piensa que por esa razón es importante analizar el contexto de cada estudio. En el caso de una primera cita amorosa, por ejemplo, cuando el hombre intenta conquistar a la mujer, él puede hablar tanto que no le permita hablar a ella.

Esta última afirmación requiere de una seria concientización por parte de la mujer profesional. En el ámbito de la comunicación de la mujer profesional, es de relevante importancia. Porque es allí donde se supone que ellas necesitan mayor empoderamiento, soporte y desarrollo de habilidades comunicativas para superar la timidez y hablar de una manera más fluida, asertiva, persuasiva y de alto impacto, como parte del desarrollo de su CFI.

Nada conseguimos si «hablan mucho» en grupos informales, pero no impacta en un auditorio, ante un público. Ese es justo el enfoque del empoderamiento de la Comunicación Femenina que necesitamos, para verla entrar en el próximo nivel como presentadora asertiva, persuasiva y de alto impacto.

CAPÍTULO 5

Necesidad de cambiar los estereotipos de la comunicación de la mujer

«Si quieres que se diga cualquier cosa, pídeselo a un hombre.
Si quieres que se haga algo, pídeselo a una mujer».
—Margaret Thatcher

La mujer debe asumir su rol como comunicadora de alto impacto, empoderada, decidida, y comenzar a reflejar lo que en realidad es como persona clara, concreta, definida, valiosa, segura, que sabe para dónde va y lo expresa en cada palabra que transmite.

Es tiempo de pasar del estereotipo « ¿Quién entiende a la mujer?», a ser reconocida por su capacidad de comunicadora articulada, con ilación, fluidez, concreción, exactitud, precisión, que sabe brillar con luz propia y ser entendida con claridad.

Para lograr eso es necesario que ella inicie el camino con tres pasos firmes que le permitan entrar en una nueva forma de comunicarse:

1. Reconocer los estigmas que la bloquean.
2. Asumir sus debilidades como oportunidades para mejorar.
3. Maximizar sus fortalezas como señal de su empoderamiento.

LA VINDICACIÓN Y LA REIVINDICACIÓN

Ante las investigaciones mundiales acerca del cerebro femenino, como un órgano diseñado de forma especial, con idoneidad para una comunicación empática, intuitiva, cálida, cercana, capaz de desarrollar habilidades de negociación de alto nivel, es urgente comenzar la reivindicación de la comunicación femenina. La mujer cuenta con competencias particulares avanzadas que la pueden llevar a brillar en cada uno de los escenarios a los que se debe enfrentar como profesional, ejecutiva o empresaria.

La reivindicación es el reclamo vehemente y firme para recuperar la imagen de la mujer como comunicadora inteligente. Se debe valorar y empoderar cada una de sus múltiples competencias, entre las cuales cinco son notables y de las que se derivan grupos y subgrupos que no podríamos mencionar aquí, por ser innumerables y con infinitas posibilidades de combinaciones y derivaciones:

1. Perfil de empatía, para identificarse con las personas.
2. Efecto calidez, por ser cercana, amigable y diplomática.
3. Habilidades de negociación, por su capacidad de reconocer la necesidad del otro.
4. Extraordinaria conexión interpersonal, por su inteligencia emocional.
5. Virtud de ser intuitiva, para mirar más allá, identificar las oportunidades o amenazas.

La vindicación es la defensa de la comunicación de la mujer ante la equivocada imagen que se le ha dado y que ella misma se ha creído, en cuanto a ser incapaz o menos capaz, lograr una buena comunicación y una expresión oral asertiva y persuasiva. Eso es falso. Miles de mujeres profesionales que he conocido en las empresas y universidades en los últimos quince años, después de ser empoderadas, consiguen autovalorarse y autorregularse. Por lo que se muestran seguras y firmes, frente al tema que dominan.

A lo largo y ancho de la historia se han aseverado muchas tesis e hipótesis acerca del carácter y la existencia de las mujeres. Es ofensivo ver cómo la mayoría se inclina hacia la descalificación de ellas, a la ridiculización o al menosprecio. Solo pocos hombres ilustres han hablado de la mujer en su justa medida y le han dado el lugar que le corresponde, entre ellos, algunos de los más inteligentes y sabios de la historia, que las han reconocido con dignidad.

Defensoras de la paz
El Premio Nobel de la Paz, Kofi Annan dijo: «En las sociedades destrozadas por la guerra, frecuentemente son las mujeres las que mantienen a la sociedad en marcha. Usualmente son las principales defensoras de la paz».[17]

Gestoras de éxito
Por lo general, la valoración que las personas le dan a la mujer como ser especial se relaciona con el lugar de honor que le dan a la que los trajo al mundo. El primer presidente de los Estados Unidos, George Washington, dijo: «Mi madre fue la mujer más bella que jamás conocí. Todo lo que soy se lo debo a mi madre. Atribuyo todos mis éxitos en esta vida a la enseñanza moral, intelectual y física que recibí de ella».[18]

Hábiles negociadoras
Otros han reconocido a las mujeres como hábiles negociadoras y profesionales efectivas. El genio científico, inventor y político, Benjamín Franklin, dijo: «Quien quiera ver prosperar sus negocios, consulte a su mujer».[19]

Inteligentes para la diplomacia
Algunos han exaltado sus capacidades empáticas, como el famoso dramaturgo italiano Carlo Goldoni, cuando dijo: «Si falta la diplomacia, recurrid a la mujer».[20]

LOS ESTEREOTIPOS NEGATIVOS CLÁSICOS

Al lado de estos y otros grandes sabios que le han dado honor a la mujer también es necesario analizar los estereotipos negativos clásicos e históricos acerca ella. Surgen del pensamiento de grandes hombres que la han descalificado y han contribuido así al deterioro de la imagen de la expresión femenina.

Ni comprendidas ni escuchadas

El gran escritor y dramaturgo irlandés Oscar Wilde dijo: «Las mujeres han sido hechas para ser amadas, no para ser comprendidas». Esa se ha convertido en una frase muy usual en el lenguaje de los hombres. El error radica en no entender que, para la realización de la mujer, ella necesita ser entendida. Solo así se sentirá amada de verdad. Por eso requiere desarrollar sus competencias comunicativas para ser, al mismo tiempo, entendida y amada. Además, aseveró: «Si usted quiere saber lo que una mujer dice realmente, mírela, no la escuche». Con todo el respeto a uno de mis autores favoritos, la gran pregunta es: ¿cómo pretender entenderla sin escucharla? La mujer debe ser amada, comprendida y escuchada.[21]

Ni reducidas a máquinas de producir hijos

El emperador francés Napoleón Bonaparte dijo: «Las batallas contra las mujeres son las únicas que se ganan huyendo». Así reconoció la grandeza de la mujer y su pequeñez frente a ellas. Pero después las anuló con su aseveración: «Las mujeres no son otra cosa que máquinas de producir hijos». Entonces las redujo a la expresión de ser reproductoras, que es muy importante y grandiosa, pero no la única. Mucho menos si se les compara con máquinas. Es una visión bastante utilitarista y poco valorativa de la mujer. Tal vez, esta «batalla» con las mujeres no la ganó el victorioso emperador. La mujer es mucho más que una máquina reproductora.[22]

No son un manjar mal preparado por el diablo

El célebre escritor británico William Shakespeare, afirmó: «La mujer es un manjar digno de dioses, cuando no lo cocina el diablo». El gran autor de las más grandes obras maestras de la literatura inglesa comparó a la mujer con un manjar, lo cual la dignificó, en parte. Pero se equivocó al compararla con un manjar de dioses. Más aun con la posibilidad de que la pueda «cocinar el diablo».

La figura puede ser de calidad literaria, como todo lo que él escribió, pero de bajo nivel como símbolo de la ironía y el sarcasmo. Porque la mujer no es un producto que se prepara en la cocina y mucho menos por el diablo, que no es el personaje más adecuado para «prepararla», ni siquiera tocarla o tentarla.

Dios libró a la mujer de tan nefasto e infernal cocinero. Gracias a su amor, la mujer es mucho más que un manjar mal preparado por un ser maligno.[23]

No son un sexo «decorativo»

El destacado novelista, poeta y dramaturgo irlandés Oscar Wilde dijo: «La única manera en que un hombre debe comportarse con una mujer es haciendo el amor con ella, si es bonita, o con otra, si es fea». Y también: «Las mujeres son un sexo decorativo. Nunca tienen nada que decir, pero lo dicen deliciosamente». El asunto está en la reducción del rol femenino a «hacer el amor» y a ser «sexo decorativo» si es bonita, y nada más.

Quiere decir que el valor de la mujer está en su belleza física. Esto le da un componente de objeto sexual que le ha ocasionado mucho daño a su imagen a nivel universal. Sea bonita o no, la mujer no es solo un elemento de satisfacción personal o decoración.

Tampoco es justo pensar que el comportamiento del hombre hacia la mujer debe ser reducido a autogratificarse con su belleza y nada más. La mujer es valiosa por muchas otras virtudes más relevantes que su belleza física.

No son un fastidio reemplazable

El escritor español, guionista de cine y televisión, Noel Clarasó, afirmó: «No importa que las mujeres nos fastidien, lo que no soportamos es que nos fastidie siempre la misma». El concepto de fastidio implica disgusto, molestia, perjuicio por contratiempos sin importancia o situaciones un poco desagradables. De tal forma que, si el escritor se refiere a comparar a la mujer con un fastidio, ya es un desacierto.

Pero lo que es aún peor y que las mujeres de verdad no soportan es que se refieran a ellas como un «fastidio reemplazable», un objeto de disgusto permanente, o pasajero, de poca importancia. La mujer es un ser valioso, con quien se debe compartir una interrelación agradable, permanente, estable y responsable. No desechable ni reemplazable.

No son para ir delante de ellas

El escritor español del Siglo de Oro, Francisco de Quevedo, autor de *A un hombre con una nariz grande*, afirmó: «Si quieres que te sigan las mujeres, ponte delante». Esta tesis puede ser analizada desde diferentes ángulos. Lo primero es saber por qué se supone que alguien quiere que le sigan las mujeres. La motivación y la intención inicial es lo que cuenta.

Lo segundo que es necesario esclarecer es por qué debe el hombre «ponerse adelante» de la mujer para ser «seguido» por ella. La mujer puede caminar con gallardía y gentileza junto al hombre, a su lado, hombro a hombro, para conseguir los logros y las metas conjuntas propuestas. El hombre no debe asumir una postura de dominio arbitrario, prepotente y apabullante, sino de amable caballero.

Como compañero en el camino hacia el éxito, en el cual ella será idónea como mujer líder, inteligente, intuitiva, empática, capaz de gestionar cualquier tarea, a su lado. Sin necesidad de que él se «ponga adelante», en señal de poca valoración hacia ella y desmedida superioridad hacia su propia imagen, lo que le resulta humillante a la mujer. Un hombre que sabe valorar a una mujer, y caminar al lado de ella, logrará que lo siga y lo acompañe bien lejos.

Si son fieles y dignas exponentes de la comunicación inteligente

Esas son solo afirmaciones de algunos de los más grandes y admirados escritores y pensadores que se equivocaron al hablar de la mujer. Existen muchas más, que ni siquiera vale la pena mencionar. Tal vez eso se deba a que han estado inmersos en una cultura que los ha afectado durante siglos y que ha generado esos estereotipos negativos y falsos paradigmas sociales acerca de la expresión de la mujer.

Es necesario construir una cultura que valore la expresión de la mujer, en la cual ella logre superar esas enormes sombras desobligantes que la han descalificado a través de la historia, por parte de las figuras literarias, políticas, religiosas y científicas.

También se debe reinventar la imagen de la mujer comunicadora a través de las nuevas generaciones de hombres que se interrelacionan con ella a nivel laboral, social o familiar. La mayoría de las mujeres de hoy son profesionales que generan valor agregado en las empresas. Ellas aportan un alto porcentaje del éxito y la rentabilidad de las organizaciones. Al tiempo que realizan su labor en el hogar, como madres y amas de casa.

La mujer es un ser brillante. Es la fiel y digna exponente del poder de la comunicación femenina inteligente.

CINCO CONSECUENCIAS DE LA DISTORSIÓN EN LA COMUNICACIÓN FEMENINA

A pesar de todo su potencial, del diseño original y del propósito superior para el cual fue creada, tal vez por esa misma anticultura de desvaloración y desconocimiento de su potencial, la misma mujer ha entrado en un falso modelo de inseguridad, en algunos casos, o de exceso de dominio en otros, que no le ha permitido encontrar el justo equilibrio de su comunicación y su expresión como profesional asertiva.

Aunque miles de ellas ahora se destacan, sobresalen y muestran su extraordinario potencial como expositoras y hábiles negociadoras, en todos los niveles y disciplinas, son millones y millones de mujeres las que aún se mueven a través de esos estereotipos equivocados, aun sin saberlo.

Las respuestas ante la distorsión de su imagen son múltiples y varían según su perfil de temperamento, su cultura, su mundo interior y exterior, que las condiciona para reaccionar de otra forma.

Podemos estudiar algunas de ellas, como ejemplo suficiente para entender las consecuencias negativas de tal distorsión:

1. Pensamiento inflexible y rígido.
2. Sobrecarga laboral y emocional.
3. Tendencia a la pérdida de identidad como mujer.
4. Pérdida de la asertividad.
5. Tendencia a ser personas tóxicas. Dependencia emocional.

CINCO PASOS PARA LA RECUPERACIÓN DE LAS COMPETENCIAS DEL SER EN LA MUJER COMUNICADORA

1. Creer en su diseño original.
2. Soltar las cargas de opresión que no le permiten avanzar.
3. Amarse a sí misma. Aceptación de su rol. Autovaloración de su esencia.
4. Amor a los demás. Sensibilidad. Altruismo.
5. Humildad. No aceptar la soberbia. No dejarse dominar por el orguYO.

El resultado

Mujer feliz, amor, felicidad, capacidad de celebrar, reírse con ganas del porvenir.

ESTADO ACTUAL DE LA MUJER EN TODOS LOS ÁMBITOS

Los estudios más recientes realizados para el análisis real de la situación de la mujer en todos los estamentos de la actividad global, muestran cómo se han logrado importantes avances; pero, en el otro extremo, también se pueden apreciar los retrasos existentes en una gran parte de la población del mundo. Mantienen a la mujer marginada y sometida a difíciles leyes y abusos que le impiden el desarrollo de todo su potencial como fiel exponente de la comunicación femenina inteligente.

La participación de la mujer aumenta la economía

La Organización para la Cooperación y Desarrollo Económico (OCDE), una entidad intergubernamental compuesta por cuarenta y dos países, cuya misión es promover políticas que mejoren el desarrollo económico y el bienestar social de personas en todo el mundo, realizó un interesante estudio según el cual, cuando la cantidad de mujeres que trabajan aumenta, la economía de algunos países crece a mayor velocidad.

Según la OCDE, al empoderar la economía con la mujer los negocios se vuelven más efectivos. Las empresas logran beneficios enormes cuando aumentan la oportunidad para que la mujer sea líder, al tiempo que aumentan la efectividad en la organización. Al parecer, las empresas donde las mujeres cuentan con cargos ejecutivos superiores, muestran una gestión de resultados más alta en todos los campos donde se requiere la eficiencia en la compañía.

Los datos del estudio confirman también, que el incremento de los ingresos que las mujeres traen a la casa a través de su trabajo, beneficia el presupuesto para todos los miembros de la familia. Así mismo, cuando aumenta la posibilidad de educación de la mujer, el incremento económico es mayor.

La elevación del nivel educativo de la mujer en los últimos cincuenta años ha aumentado en un cincuenta por ciento el crecimiento económico de los países de la OCDE. El motivo por el cual eso sucedió fue el acceso de la mayoría de las niñas a la educación superior. Aun así, los resultados conseguidos en el crecimiento educativo de las mujeres no se vieron reflejados en el mejoramiento de sus resultados dentro del mundo laboral.

Sus ingresos aún son menores

A pesar de su aporte a la economía, según el estudio de la OCDE, la presencia de la mujer en el mundo laboral todavía no es igual a la del hombre. En los últimos años se han mostrado diferencias aproximadas entre el setenta por ciento para los hombres y solo el cuarenta y siete por ciento para las mujeres. Además, dice la organización a nivel global, el ingreso de la mujer es menor que el del hombre. Incluso en ciertos países ellas ganan solo del sesenta a setenta por ciento menos que ellos.

En estas cifras influyen factores como el hecho de que ellas trabajen por un salario, además de los oficios de la casa, que no les son pagados. En ocasiones se dedican a labores con bajo nivel productivo, dentro del campo informal, porque sus oportunidades en cuanto a los cargos formales son menores que las del hombre. Pero se calcula que, de lograrse un cambio para abrir mayores oportunidades laborales a la mujer y mejorar su salario, sus ingresos podrían ascender hasta un setenta y cinco por ciento aproximadamente. Esto implica más o menos quince millones de dólares.

En los países en vías de desarrollo la mujer labora más que el hombre, porque debe realizar la doble jornada del trabajo que le pagan y también el doméstico, por el cual no recibe ni un centavo. Además, está comprobado que ella le dedica menor cantidad de su tiempo al entretenimiento y al descanso, mientras que el hombre dedica más espacio de su tiempo al descanso y al ocio.

La OCDE es una entidad que se ha convertido en un foro mundial de alto nivel de influencia, con enfoque en el análisis y establecimiento de estudios y orientación sobre asuntos relevantes globales como la educación, la economía y el medio ambiente. Cada uno de los países que forman parte de esta entidad están comprometidos a aplicar principios como el trato igualitario. Según ellos, la mujer cuenta con mayores probabilidades de laborar en el sector informal. En América Latina, constituye un cincuenta y cuatro por ciento.

Asegura también este foro internacional que es mayor la cantidad de mujeres que hombres con trabajos de alta vulnerabilidad, mal pagados y poco valorados. Estas diferencias de género se encuentran en todas las regiones, tanto en los países con una economía en desarrollo, como en las desarrolladas. El noventa por ciento de los ciento cuarenta y tres países analizados, muestra una economía con alguna diferencia en las leyes, que restringe las posibilidades de crecimiento de la mujer.

Cifras que comprueban la realidad acerca de la mujer

Una de las razones por las cuales organizaciones mundiales de gran prestigio utilizan las cifras en sus estudios acerca de la mujer, es porque creen que, para contribuir a la solución de la problemática femenina, un paso importante es poder conocer y cuantificar las diferentes realidades que la rodean. De esta manera intentan abogar por los derechos de las mujeres alrededor del mundo entero.

La Organización de las Naciones Unidas (ONU) y la Organización Mundial de la Salud (OMS), diversos bancos de datos de organizaciones como Equality Now, otras Organizaciones No Gubernamentales (ONG) y Organizaciones Gubernamentales (OG), muestran en sus estudios cifras que dejan ver esta realidad inconcebible acerca de la mujer.

Durante la celebración del Día Internacional de la Mujer en los últimos años, se muestran informes de cómo está el mundo en «cifras femeninas». En esta fecha especial, se recuerda a las mujeres trabajadoras, su lucha por la participación en pie de igualdad con el hombre, en la sociedad y en su desarrollo íntegro como personas desde 1911. Miremos aquí algunos campos y sus avances, publicados en un reporte de Terra.com en el 2015:

Violencia:

Treinta y cinco por ciento de las mujeres ha padecido violencia física o sexual en relaciones de pareja.

Algunos estudios de violencia en países como México muestran que hasta un setenta por ciento de mujeres sufre violencia física o sexual a lo largo de su vida, a manos de una pareja.

Leyes en contra:

En India, la violación en el matrimonio es legal si la esposa es mayor de quince años.

En Singapur, la violación por un cónyuge es aceptada siempre y cuando la mujer tenga más de trece años.

En Bahamas, está aceptada si la mujer tiene más de catorce años.

En Malta y Líbano, una mujer puede ser secuestrada sin que se presenten cargos contra el criminal si este se casa con la víctima. Y, si el matrimonio se produce después de que el delincuente sea juzgado y condenado, el cargo se elimina. Leyes similares fueron derogadas en la última década en países como Costa Rica, Etiopía, Guatemala, Perú y Uruguay.

En siete estados de México, si un hombre comete rapto, las leyes lo exculpan si contrae matrimonio con su víctima; aun en cuatro entidades se contempla que los hombres que cometen el delito de estupro se les exculpa si se casan con su víctima (es decir, que además de soportar la violación, debe vivir con el agresor).

En Nigeria es legal que un hombre viole a su esposa si es «con el fin de corregirla».

En Arabia Saudita, desde 1990, las mujeres tienen prohibido conducir debido a que es «una fuente de innegables vicios», tanto como un encuentro privado entre un hombre y una mujer o una mujer sin velo.

En la República Democrática del Congo la mujer está obligada a vivir con su marido y a seguirle a donde él estime oportuno residir y no puede buscar empleo sin la autorización de él. En Guinea, la mujer no puede buscar trabajo si su marido se opone.

En Egipto, la ley sostiene que «cualquiera que sorprenda a su esposa cometiendo adulterio y la mata, será solamente detenido», no con veinte años en prisión, lo correspondiente a un asesinato. En Israel, el matrimonio y el divorcio entre ciudadanos judíos están regulados por la ley rabínica, así, las mujeres tienen menos derecho a divorciarse que los hombres, quienes «no están obligados a conceder el divorcio».

En Irán, la mujer tiene derecho a declarar ante un tribunal únicamente si sus palabras están respaldadas por dos testigos masculinos.

En México, veintiséis entidades federativas sancionan más el robo de una vaca que el abuso sexual a mujeres.

En Indonesia se obliga a las estudiantes a someterse a una prueba de virginidad previo acceso a la universidad.

Matrimonio y sexualidad

A escala mundial, más de setecientos millones de mujeres que viven actualmente se casaron siendo niñas (con menos de dieciocho años de edad). Más de una de cada tres —aproximadamente doscientos cincuenta millones de niñas— se casaron con menos de quince años. A menudo, las niñas casadas no saben cómo negociar efectivamente unas relaciones sexuales más seguras, colocándolas en una situación de vulnerabilidad ante las infecciones transmitidas sexualmente, incluido el VIH, además del embarazo precoz. Unos ciento veinte millones de niñas de todo el mundo (poco más de una por cada diez) han sufrido el coito forzado u otro tipo de relaciones sexuales forzadas en algún momento de sus vidas.

Más de ciento treinta y tres millones de niñas y mujeres han sufrido algún tipo de mutilación genital femenina en los veintinueve países de África y Oriente Medio donde esta práctica nociva para evitar que sientan placer es más habitual. En Estados Unidos, un ochenta y tres por ciento de las niñas del octavo al onceavo grado de estudios (de doce a dieciséis años) han experimentado alguna forma de acoso sexual en las escuelas públicas. En México, en catorce estados, una mujer divorciada debe esperar trescientos días para volver a casarse, cuando el hombre puede hacerlo al día siguiente. En Japón, ellas deben esperar seis meses. En Chile, el contrato matrimonial otorga solo al marido la licencia para administrar los bienes comunes, así como los inmuebles de su esposa.

Igualdad salarial

A nivel mundial, las mujeres ganan en promedio veinte por ciento menos que los hombres, aun con las mismas capacidades y conocimientos.

Leyes positivas a favor de la mujer

También existen cifras que muestran batallas ganadas, que hacen saber que el trabajo en igualdad de género y derechos para las mujeres está ganando terreno en el mundo.

En Islandia, en 2010 se prohibieron los clubes de estriptis por razones de acoso y delitos sexuales que sufrían las mujeres. En ese país, casi la mitad de su parlamento está ocupado por mujeres.

En Canadá, las mujeres representan el treinta y ocho por ciento del senado y cuentan con su propia herramienta financiada por el estado para promover la igualdad de género: el GBA.

En Noruega, las mujeres ocupan cerca del cuarenta por ciento del gobierno del país y los ingresos de ellas sobre los hombres es el mayor del mundo, aproximándose al setenta y siete por ciento.

Derechos de maternidad

En el Reino Unido, si se es madre soltera, el gobierno apoya con múltiples beneficios monetarios y en especie.

En Holanda, la tasa de mujeres que dimiten de sus empleos después del embarazo es de solo diez por ciento.

En Suecia, las facilidades por maternidad son únicas, les dan baja por sesenta y nueve semanas, guarderías y gastos a cargo del gobierno. Por otro lado, los hombres tienen obligación de pasar dos meses cuidando a los hijos.

En Canadá les otorgan cincuenta semanas de cuidado del bebé para distribuirlas entre padre y madre.

En Bulgaria les dan a las mujeres cincuenta y dos semanas con goce de sueldo.

Educación y empleo

En Suecia casi el treinta y dos por ciento de los alumnos que estudian matemáticas y comunicación son mujeres; este país fue el primero en reconocer el voto de la mujer en 1906.

En Estados Unidos, las mujeres representan la mayoría de los graduados universitarios y son quienes obtienen los mejores puestos de trabajo.

La mujer ha modificado la toma de decisiones en el mundo

Ya sea como jefas de Estado, gerentes de corporaciones, parlamentarias, servidoras públicas o como dirigentes de organizaciones de la sociedad civil, las mujeres se han insertado en destacados cargos de liderazgo en todo el globo, modificando así la forma de tomar decisiones. Eso dice el estudio de la Organización de Naciones Unidas 2015-2016.

Asegura la ONU que el equilibrio de género en los cargos de liderazgo, sin embargo, sigue siendo escurridizo: apenas uno de cada cinco parlamentarios en todo el mundo es mujer. ONU Mujeres es una férrea promotora de la paridad en todos los ámbitos de la política, la economía y la vida pública de aquí a 2030 y de conformidad con los compromisos afirmados en los ODS.

«Estamos convirtiendo la igualdad en realidad en todo el mundo, respaldando constituciones, leyes y políticas que garantizan oportunidades de liderazgo para las mujeres, entre otras cosas, a través de medidas temporales de carácter especial».

Empoderamiento económico de la mujer para vencer sus barreras

Asegura también el informe de la ONU que las mujeres hacen contribuciones a las economías, desde las locales a las mundiales, en cifras que ascienden a billones de dólares. Pese a ello, las mujeres de todas las regiones todavía se desempeñan en grandes cantidades en los empleos más inestables y de menor remuneración. Al ritmo actual, tomará setenta años superar la brecha salarial de género. Asimismo, asumir la carga del trabajo de cuidados no remunerado limita las oportunidades de las mujeres.

A través del empoderamiento económico, las mujeres pueden vencer esas barreras. ONU Mujeres se centra en apoyar a las féminas más pobres y más marginadas, muchas de las cuales afrontan cada vez con más intensidad nuevos desafíos como el cambio climático y la migración.

«Prestamos apoyo para aquellas leyes y políticas orientadas a fortalecer las oportunidades económicas de las mujeres y promovemos el acceso en pie de igualdad a los servicios que mejoran su subsistencia, como el agua, la energía, el transporte y las tecnologías verdes. Con la mira puesta en establecer el marco adecuado para alcanzar el progreso». ONU Mujeres insta a todas las estrategias de política económica y erradicación de la pobreza a abrazar la igualdad de género como un objetivo vital.

CAPÍTULO 6

Habilidades y competencias comunicativas de la mujer

FONDO Y FORMA.
LO QUE DICE Y CÓMO LO DICE

Para empezar a entender y lograr empoderar la comunicación de la mujer es necesario entender las dos partes esenciales de sus lenguajes: fondo y forma. En el fondo, lo que dice. En la forma, cómo lo dice.

En el fondo. Lo que dice.

El contenido de su mensaje cuenta con una estructura mental capaz de procesar la información junto con la emoción. Organiza las ideas con particular detallismo, de acuerdo con su esencia, perfil y estilo particular. El fondo del mensaje de cada mujer es un universo de posibilidades infinito en la comunicación. No se pueden calificar en serie, como robots. Porque son, ante todo, seres con especial sensibilidad en la expresión.

Cuando realizo diagnósticos de *mentoring* en las empresas y universidades, analizo con particular atención las actitudes, posturas y formas de expresión de las mujeres y puedo ver que cada una de ellas cuenta con unos códigos comunicacionales distintos, muy particulares.

Más allá de las consabidas diferencias innatas existentes con el hombre, puedo ver que la mujer posee habilidades de comunicación efectiva y asertiva muy especiales. Aunque no quiero generalizar una sola forma de comunicación femenina, porque existen muchos tipos y perfiles de mujeres, con sus temperamentos, personalidades, caracteres, culturas, en contextos muy diferentes, existen unos rasgos muy particulares que podemos analizar, acerca de la manera de presentar los mensajes por parte de la mujer ejecutiva, empresaria, universitaria y líder, que realiza una presentación en público, conversa en los pasillos de una compañía, presenta un discurso de gobierno o se desenvuelve como presentadora de medios de comunicación, en cualquier país e idioma del mundo. Analizaremos aquí algunos de ellos:

Rasgos particulares en su forma de pensar:
- **Su manera de ordenar las ideas es integral.**

    No se enfoca en un solo punto. Prefiere lidiar con varios asuntos y temas a la vez de manera integral. Con la habilidad de entrar y salir en ellos, de forma simultánea.
- **Prefiere ir de lo general a lo particular.**

    Le gusta la amplitud temática y abarca un gran espectro, para luego ir al detalle de manera minuciosa. Mientras desglosa con facilidad, paso a paso, las fases de una secuencia.
- **Acaricia las ideas.**

    Le agrada iniciar su presentación con preguntas acerca de cómo se sienten las personas asistentes, o presta especial atención por saber cómo prefiere el público continuar la reunión, antes de mostrar el cuadro de informe acerca de los logros obtenidos en los últimos meses.
- **Lleva el mensaje con impulso y emprendimiento.**

    Sobre todo en la última década, la mujer ha mostrado en las empresas, organizaciones y universidades, un talante de emprendimiento que le ha permitido crecer en su comunicación. Por esa razón, algunos jefes y líderes de compañías las escogen cada vez más a ellas como representantes para los equipos de ventas, relaciones públicas, dirección ejecutiva, informes de gestión, conferencias, vocerías ante la prensa... puesto que muestran interés por llevar a la empresa a un nuevo nivel, a partir de su empeño por crecer y alcanzar rentabilidad.

En la forma. Cómo lo dice.

Su manera de expresar con gestos, ademanes, lenguaje corporal —*body language*—, manejo de las manos, la mirada, la postura, los tics, las poses, los tonos de voz, la respiración, los movimientos, los códigos comunicacionales...

Cuando una mujer se para frente a un público es lo que ella es, desde su ser interior, en cualquier escenario. Más allá de su profesión, o su rol como ejecutiva, empresaria o estudiante de maestría. Más allá de su conocimiento o preparación técnica. Más allá de sus habilidades, siempre muestra su talante. Es madre, es amiga, es hermana, es ternura, es furia, es alegría, es tristeza, es ayuda idónea, es todo lo que Dios diseñó desde el origen de la creación.

Ella es sensibilidad, intuición, impulso, persistencia, abnegación, entrega, apertura, dedicación, esmero... Todos esos atributos y virtudes especiales, son los que se ven en las mujeres cuando desarrollan sus habilidades y competencias comunicacionales.

Rasgos particulares en su forma de expresarse

Existe un diferencial en su comunicación, con rasgos característicos que, si logramos identificar y analizar con mayor detenimiento y profundización, seguro que podremos alcanzar mayores niveles de influencia en sus presentaciones, discursos, conferencias, reuniones en salas de juntas, asambleas de liderazgo o reuniones informales con grupos pequeños. Miremos aquí algunos de ellos:

- **Se muestra empática**
  Sus palabras y frases buscan, por lo general,
  ofrecer la mayor cantidad de identificación con el otro:
  bienvenida, ánimo, hospitalidad, amabilidad, entusiasmo,
  agradecimiento, acuerdo, satisfacción y motivación.
- **Escucha de manera dinámica**
  Se interesa por la participación de los asistentes y su
  actitud es, en la mayoría de los casos, de escucha dinámica.
  Es decir, escucha con la mirada, con las expresiones, con

la postura, con la piel... Muestra especial interés en el otro, con expresiones de afirmación. Es sensible a lo que sucede a su alrededor en un auditorio. Ya sea en un teatro, en el aula de clases, en la sala de juntas o en un café informal, con los compañeros de trabajo, o con su pareja.

Muestra su nuevo coraje

He podido ver con grata satisfacción el impresionante crecimiento de la mujer profesional en su comunicación, en la última década. La nueva generación femenina muestra en sus presentaciones en público, un nuevo coraje. Las jóvenes ejecutivas, empresarias y estudiantes universitarias de maestrías, se perfilan cada vez más como emprendedoras, decididas, dispuestas al cambio, ávidas de resultados en la gestión, mucho más seguras, desenvueltas y contundentes. Sus aportes comunicacionales son considerados muy valiosos y necesarios en las compañías.

Hacia el cambio estructural

Ante todo ese panorama de fortalezas aparecen también las debilidades en la comunicación, propias del género. Algunas veces son consecuencia del contexto en que se ha desarrollado por muchos siglos y generaciones.

Muchas veces puedo ver con tristeza la evidente inseguridad ante el público que todavía existe en un gran porcentaje de mujeres, de todas las culturas. Como resultado de una larga historia de falta de valoración y oportunidades, se consideran inferiores, incapaces, poco «dignas» de ser líderes, poco «preparadas» para enfrentar al público.

Creen que tomar la palabra es algo así como «faltar al respeto». Aunque esta postura pusilánime y menguada se disminuye en proporción al de las mujeres más seguras y exitosas, no podemos negar que todavía existe mucho trabajo por hacer en cuanto a la realidad de la comunicación femenina. La buena noticia es que seguimos dando pasos de gigantes, hacia la construcción de una cultura de Comunicación Femenina Inteligente CFI, cada vez más sólida, determinada, segura de sí misma, y de todas las oportunidades con que cuenta para brillar con luz propia en cualquier escenario.

LA COMUNICACIÓN NO VERBAL FEMENINA

Un aspecto que no puede pasarse por alto es el de la comunicación no verbal (CNV) de la mujer, porque muchas veces habla más por ellas que su comunicación verbal. El diez por ciento de la comunicación femenina es mediante lenguaje oral, el noventa por ciento es con lenguaje corporal.

Aunque todavía muchos asocian el lenguaje corporal de las mujeres solo con la sensualidad, debo ser enfática en aclarar que la comunicación femenina es mucho más que el lenguaje de la seducción. Desde mi plataforma de *mentoring* empresarial y universitario, puedo observar que la CFI va mucho más allá de la atracción física. No se debe analizar a las mujeres solo desde el aspecto sensual. Es necesario romper ese estereotipo y mirarlas en base a su aporte serio y decidido. Como ejecutivas, como empresarias, como directivas de compañías, ellas son mucho más que seductoras. Son profesionales con inteligencia comunicacional.

Dentro de este lenguaje de la seducción femenina que algunos estudian, se supone que por lo general las mujeres se comunican con movimientos de la cabeza para seducir. Que la clave de sus movimientos está en el cuello porque, al parecer, es el lugar donde se mueven las feromonas, las cuales producen la atracción. Por esa razón, cuando hablan en público, utilizan los mismos ademanes que cuando están en el proceso de conquista, como la inclinación de la cabeza hacia un lado —al estilo Marilyn Monroe— o para mostrar una mirada inocente —al estilo Lady Di—, o el juego con el cabello para mostrar el cuello, que es una de sus partes más atractivas. Todo eso es cierto. Es encantador el lenguaje seductor de las mujeres. Bien manejado, con discreción y sobriedad, en un escenario profesional, puede ser parte de su discreto encanto. Pero es solo una porción mínima del gran universo comunicativo de ellas y no las podemos reducir a ese enfoque seductor.

El lenguaje femenino se debe mirar a partir de su emprendimiento, alto rendimiento, efectividad, compromiso serio, intelectualidad, ingenio, innovación, gestión de resultados, trabajo en equipo, solidaridad, liderazgo, alta gerencia, progreso, éxito, virtudes, corazón, espiritualidad...

Reducir el análisis de sus competencias comunicativas al campo de la sensualidad y la seducción, sería el acabose de la imagen femenina. Ambos extremos pueden ser letales: No debe mostrarse como una guerrera antimachista, que busca igualarse a los hombres para demostrar sus capacidades y derechos. Pero tampoco irse al extremo de disminuir todo su potencial a su más mínima expresión, como objeto de sensualidad.

El *body language* de las mujeres

El lenguaje del cuerpo, en el mundo de las mujeres, está lleno de misterios fabulosos y contrastes que se pueden analizar con detenimiento para entender cada una de sus intenciones y propósitos al comunicarse. La expresión corporal femenina habla por sí sola, se puede leer y estudiar, como quien se encuentra ante uno de los códigos más fascinantes del universo y la creación divina.

La expresión corporal femenina, sus movimientos y la forma de conectarse con el mundo externo —con la mirada, con las manos, con la postura, con el suspiro…— solo se deben analizar con un alto nivel de valoración de sus virtudes y expresiones.

Las mujeres profesionales adoptan diferentes ademanes y posturas ante la realidad existente en la empresa. Ellas utilizan el *body language* a través de la conexión emocional y expresan con todos sus sentidos cada una de las vivencias en su trabajo. Por ser seres con estructura de pensamiento integral, lo que piensan, dicen, sienten y realizan se encuentra en la misma línea. No lo separan.

Si una mujer tiene problemas emocionales, dificultades en su relación de pareja, problemas con uno de los hijos o con el bebé que se quedó enfermo en casa, o porque el novio se fue de viaje, o porque a la abuelita la operaron y se encuentra muy delicada, o porque a la mejor amiga la dejó el marido y la pobre se siente sola, sin nadie que la acompañe en esa situación…, le costará mucho ocultar y simular su preocupación, estrés o tristeza, en medio de una sala de reuniones de la empresa.

Sus expresiones y sus gestos se verán afectados en mayor o menor grado, según su temperamento y carácter, pero la mayoría de la gente podrá darse cuenta de que algo sucede a su alrededor, porque para ella es muy difícil separar las realidades emocionales de las laborales. Por lo tanto, las transmite en su trabajo, y se le notan a flor de piel.

Claves para el desarrollo del *body language*

Existen diferentes puntos de contacto que permiten analizar la comunicación no verbal femenina:

Contacto con la mirada

Para las mujeres, de todas las culturas, no es sencillo realizar un contacto directo con la mirada, al hablar en público o en una conversación uno a uno en la empresa. Por generaciones han sido enseñadas a guardar en reserva su conexión visual, porque puede ser tergiversada y malentendida como una «propuesta» personal. Por eso en sus conferencias y presentaciones ante una sala de juntas, por lo general utilizan una mirada un tanto esquiva y más bien tímida, que no se fija por completo.

Para el empoderamiento de cada mujer en la habilidad comunicacional de la conexión visual, se requiere por parte de cada una de ellas la confianza en sus valores, en su ser interior y en lo que son en esencia. Sin temores. Porque no existe otra forma de conectividad más efectiva que la conexión visual.

La mirada en tres tiempos

Las mujeres deben practicar y ejercitar en cada espacio y oportunidad de exposición, las claves enseñadas en la Nueva Comunicación Inteligente —NCI—, para direccionar la mirada en tres tiempos:

1. **Mirada de enfoque:** Mirar a tres o cuatro personas en puntos estratégicos del salón y enfocarse por espacios de 5 a 10 segundos en cada una. De esa manera logrará mantener la atención y la motivación de todos. Mirarlos es valorarlos.
2. **Mirada de paneo:** Efectuar un «clic» con la pupila de cada una de las personas en el salón, una por una, como si fuera una cámara que panea en una grabación. Primero hacia el lado derecho completo. Luego se devuelve hacia el lado izquierdo. Hasta «capturarlos» a todos.

3. **Mirada de acercamiento *close up*:** Si es posible, ir hasta el fondo del salón. Conectarse con las personas al mirarlas de cerca. Si es un auditorio grande, con tarima, bajarse del escenario e ir hacia ellos. El acercamiento amigable genera un efecto de alto impacto.

Los cuatro tipos de miradas femeninas más frecuentes

Aunque no se pueden estereotipar, porque cada mujer es un universo de posibilidades distintas, para efectos del estudio de la comunicación femenina, podríamos empezar a generar una tipología de su comunicación no verbal que nos permita analizar cada vez más a fondo sus lenguajes y sus formas de expresión, a la luz de un mayor crecimiento y un cada vez mayor impacto de las mujeres en el ámbito profesional, social y personal. Aunque ellas manejan aún los estereotipos y prejuicios culturales existentes, muestran de qué están hechas y cuál es su estilo comunicativo particular, a partir de su mirada. Entre los cuatro tipos de miradas femeninas más frecuentes están:

La mirada vibrante: Las mujeres con este tipo de mirada logran agradar a las personas con su forma encantadora de mirar, la que es capaz de convencer y persuadir acerca de cualquier tema, producto, proyecto o idea que quiera presentar o vender. Es una mirada que transmite energía, chispas brillantes de colores, alegría y mucha seguridad. Su mirada quiere decir: «Es muy agradable estar aquí».

La mirada determinada: Las mujeres con este tipo de mirada, ven con mucha más determinación a las personas, a su presentación y al entorno que las rodea. Pueden dirigirse a una o varias personas del salón con firmeza, sobre todo si son las que les ayudarán a alcanzar los objetivos de su gestión. Su mirada quiere decir: «Aquí estoy y cumpliré mis metas».

La mirada analítica: Las mujeres con este tipo de mirada no ven de manera fija a la gente, sino que prefieren concentrar su atención en el análisis de su presentación y en los contenidos mismos, ya sean cifras, gráficos o imágenes. Es una mirada discreta que inspira mucha pulcritud y confiabilidad. Su mirada quiere decir: «Vamos a mirar aquí cada detalle con sumo cuidado».

La mirada *polite* o cortés: Las mujeres con este tipo de mirada prefieren no ver a nadie, sino quedarse sentadas en su esquina confortable, sin inmiscuirse de manera directa con el público. Pero cuando necesitan realizar una presentación, su mirada es calmada, gentil, amigable y pacífica. La gente se siente muy a gusto con ellas. Su mirada quiere decir: «Todo va a estar bien aquí y nadie tiene por qué preocuparse de nada».

La expresión, en manos de mujer

Acerca del manejo de las manos, por parte de las mujeres, se han dicho algunos conceptos relacionados más con la conquista y su vulnerabilidad como «sexo débil», que con su forma de expresarse, dentro del marco de una comunicación profesional, inteligente y de alto impacto.

Se dice, por ejemplo que, por cultura y prejuicios, la mujer muestra la planta de las manos cuando habla para expresar que es vulnerable y frágil frente a los hombres. Y que por eso el ademán de los hombres homosexuales cuando hablan, es voltear las manos con amaneramiento, como si fueran mujeres. Aunque no es una premisa oficial y confirmada, se ha popularizado.

Lo que puedo decir como mentora acerca de la expresión de las manos en la CFI es que la mujer debe asumir una postura mucho más segura y determinada para expresarse a través de ellas. Las manos son definitivas en una presentación o discurso. La postura que se adquiera con ellas definirá un gran porcentaje del éxito de la exposición.

Mi consejo para las mujeres profesionales es: Llevar las manos al centro del cuerpo, debajo del pecho y arriba del estómago, y mantenerlas allí de manera tranquila durante el transcurso de la presentación. Sí, se deben mover, pero con ademanes naturales, no compulsivos y ansiosos que muestren nerviosismo e inseguridad y además distraigan a la audiencia.

Unas manos bien manejadas en una mujer, permiten verla más controlada, convencida, asertiva y persuasiva. Para ello, puede utilizar el ejercicio que realizo en los cursos presenciales y *online* sobre *body language* y expresión oral, y que explicaré a continuación.

Cómo manejar las manos

En el diagnóstico que elaboro en cada curso, los estudiantes me dicen —por lo general— en especial las mujeres:

—«Todo está claro, pero… No sé qué hacer con las manos».

Por esa razón elaboré, en mis cursos, el ejercicio sobre «Cómo manejar las manos en una presentación», que ha contado con mucha aceptación y resultados muy favorables para el cambio extremo de la comunicación. A partir de esta lectura, lo puedes realizar cada vez que tengas una presentación en público. Es muy sencillo, práctico y logra un cambio impresionante en cada mujer y hombre, después de interiorizarlo.

Lo primero que se debe saber, antes de iniciar el ejercicio, es que las manos no deben estar rígidas, ni estáticas, ni con movimientos exagerados y bruscos que se salen del marco de la comunicación. Se deben llevar al centro, descargadas en los codos y brazos, con mucho dominio propio, pero absoluta naturalidad.

El ejercicio de las manos se realiza en siete sencillos pasos, como sigue:

1. Dibuja con las manos un marco imaginario en frente tuyo.
2. Introduce las manos y los brazos, bien estirados, dentro de ese marco.
3. Luego tráelas al centro, debajo del diafragma, entre el pecho y el estómago.
4. Mantén los brazos bien descansados en los codos.
5. Relaja los hombros y el cuello, para que no se vea tensión.
6. Comienza a mover las manos, mientras hablas, con naturalidad.
7. Preséntate y habla moviendo las manos. Permanece en esa postura, con el movimiento de las manos, por más de diez minutos la primera vez que lo realices. Después podrás repetirlo durante quince, veinte, treinta minutos. Hasta que llegues al punto de poder hablar una hora, o dos, con las manos al frente, abiertas, naturales, sin ningún problema.

Otra recomendación acerca de las manos

Fíjate en las personas que realizan conferencias profesionales, en los *speakers* o conferencistas, en los oradores, en los famosos presentadores de televisión... Haz un estudio de los casos de éxito de buenos comunicadores y fíjate siempre en la manera como mueven las manos. Te darás cuenta que son una parte muy importante de su comunicación efectiva y que sin ellas, el mensaje podría no llegar al público de la misma manera.

Te darás cuenta de que emplean las manos de manera muy natural, pero actúan con ellas todo el tiempo. Son parte clave de su mensaje. Además, el modo en que la persona mueve las manos define su estilo.

Una mujer que mueve las manos dentro de ese marco sugerido, se verá siempre con clase, muy segura de sí misma y convencerá al auditorio, porque lucirá como una comunicadora profesional, del más alto nivel. Además, le ayudará a manejar el pánico escénico y ella misma se sentirá más confiada.

La importancia de la postura

El tema de la postura corporal femenina se ha analizado mucho más desde el aspecto de la seducción, que ya había mencionado antes. Por ejemplo, se habla mucho de que cuando una mujer se lleva las manos al pelo y juega con él, quiere dar a entender que se trata de un coqueteo para conquistar. También se habla de la postura femenina desde el punto de vista de la debilidad que ellas muestran ante el sexo opuesto, cuando se sientan en un rincón, en señal de que no se adueñan de todo el espacio y de que prefieren dejarlo todo a los hombres, mientras estos se sientan con los brazos abiertos sobre la mesa, en señal de dominio. Cuando están en una sala, ella prefiere cruzar la pierna y asumir la parte más pequeña del espacio para pasar inadvertida y no verse muy dominante, mientras que él abre las piernas a sus anchas, o las cruza con la mayor amplitud posible, en señal de control absoluto.

Aquí nos enfocaremos más en la postura de la mujer como profesional, ejecutiva y empresaria, que necesita ir mucho más allá del lenguaje de la seducción, para destacarse como presentadora de temas profundos que generen resultados en las organizaciones donde trabajan, o en sus propias compañías, como emprendedoras.

La postura femenina en el ámbito profesional

Cada mujer profesional que se para en un escenario debe adoptar la postura como uno de sus principales factores de éxito para lograr

persuadir en una presentación formal o en una conversación informal.

La manera en que la gente a su alrededor va a medir su capacidad
de demostrar su seguridad y su convicción es a través de la postura
que ella muestre en cada espacio de influencia en el que deba desenvolverse.

Las jóvenes ejecutivas de hoy llegan a las compañías con los ademanes y posturas que traen de la casa, del colegio o de la universidad,
donde la mayoría de ellas se comportaban como niñas consentidas o
como estudiantes que dan la lección al profesor en el salón de clase,
pero no como profesionales con actitud gerencial. Les cuesta trabajo
entrar en esa nueva dimensión.

En muchos de los casos, muestran los mismos comportamientos:
mueven la cabeza hacia un lado y hacia el otro, con un meneo muy
particular. Para ayudarles a entender la necesidad de cambiar, les he
hablado de manera jocosa del síndrome «cabeza del tigre». Me refiero
al simpático y tradicional juguete que mueve la cabeza todo el tiempo.

Para que logren el cambio de postura, deben hacer el «clic» que las
lleve a reconocer la necesidad de asumir una actitud diferente, desde
su interior, mucho más estable, madura, directa y convincente.

Pero no es solo el direccionamiento de la cabeza lo que se debe
mejorar en la postura femenina ante el público. También es la postura
del cuerpo. Dos de las tradicionales poses de las profesionales son:
una, jorobarse y resumirse entre los hombros, como quien no quiere
levantarse mucho para no llamar la atención. La otra, es lo que he llamado «el síndrome del quiebre de cadera». Basta con ver a algunas de
las presentadoras de noticieros y programas de televisión. Casi todas
quiebran la cadera para hablar, desde el momento en que saludan. Lo
mismo sucede cuando se toman una foto en grupo o un *selfie* entre
amigas para el Facebook o el Instagram.

La postura del cuerpo en una presentación implica una actitud
profesional. Es decir, deben verse ideales, interesantes, sobrias, serenas, elegantes, discretas, seguras de sí mismas y de su discurso. Pero
con la pose de la cadera quebrada y la cabeza inclinada hacia un lado,
logran el efecto contrario. Se ven lindas para un *selfie*, pero demasiado informales y poco creíbles para una presentación de informes de
gestión gerencial de una empresa.

El cambio de postura de las jóvenes y adultas profesionales podría cambiar de manera ostensible la forma en que se perciben en los escenarios, como verdaderas portadoras de mensajes y voceras de una compañía. La postura física se relaciona en forma directa con la postura interior de la mujer. Por eso es de vital importancia que se fije en su manera de pararse en un escenario y de transmitir con su cuerpo todo lo que quiere decir con su conocimiento y, lo más importante, con su corazón y su ser interior.

Aunque sea la más inteligente y preparada, la postura quebrada y consentida de una mujer se traduce en: inseguridad, cansancio, frustración, desgano, falta de elegancia, pequeñez... Además, muestra la postura del «quemimportismo». Es decir, parece que en vez de transmitir «qué bueno es estar aquí», dijera «¡qué me importa!...» como si no le importara, o le diera igual, estar ahí o en otro lugar.

La postura de una profesional debe transmitir coraje, inteligencia, presencia, plantaje, determinación, rectitud, verticalidad, femineidad, sencillez, autoridad, amabilidad, dulzura, calidez, principios, valores, entusiasmo, pasión, credibilidad, autoridad, humildad, serenidad, felicidad, capacidad de liderazgo, fortaleza, belleza física y, lo más importante, belleza interior.

Tres ejercicios para mejorar la postura

- **El estiramiento:** Un ejercicio que funciona muy bien para el cambio de postura es imaginarse que un hilo largo y fuerte, en el centro de su cabeza, le estira hacia arriba el cuerpo, de tal manera que comienza a hablar con la cabeza centrada y quieta, con postura aplomada y con una actitud de persona que se siente segura, estable, tranquila y confiada de sí misma y de su mensaje.

- **El enderezamiento:** Otro muy buen ejercicio es colocar las manos en la espalda, a la altura de la cintura, y enderezarse por completo. No permitirse la joroba ni la entrada de agache. Levantar un poco la quijada, sacar pecho, enderezar los hombros y, por supuesto, mostrar una amable sonrisa. Aunque llegue estresada, nerviosa, cansada, aburrida o preocupada al lugar de la presentación, siempre debe recordar, en primera instancia, enderezar la postura. De esa manera no solo se verá mejor, sino que se sentirá muy bien y transmitirá seguridad.

- **Plantarse en el centro:** Es muy efectivo iniciar la presentación de cualquier charla con la determinación de plantarse en el centro del salón. No arrimarse a un lado de la pared que muestra la presentación desde el videobeam, ni escondida detrás de un escritorio con las manos siempre sobre la mesa, como quien quiere pasar inadvertida. Para ser una buena presentadora ¡hay que plantarse!

Los «tics» clásicos de la mujer al hablar

Como parte de la postura, existen algunos «tics» comunes en las mujeres. Son esos movimientos que se realizan de manera involuntaria, como ademanes permanentes, compulsivos y ansiosos, que son distractores permanentes para el público.

Los más comunes son: moverse el mechón de cabello hacia un lado, una y otra vez. Tocarse la nariz con suavidad, una, dos, tres y hasta cincuenta veces en una presentación. Inclinar la cabeza hacia un lado y hacia el otro, llevarse la mano a la barbilla para conversar todo el tiempo recostada en ella, como quien está pensando.

Existen muchos más. Algunos son únicos y propios de una sola mujer. Otros son más comunes, como por ejemplo, tocarse la frente, jugar con el anillo, mirar el reloj, acomodarse la falda o el pantalón en la cintura, torcer el pie y el zapato hacia un lado, hundir la nariz, mover las orejas, guiñar el ojo, levantar la ceja, sacar la lengua, esto último muy común entre las aficionadas a las fotos *selfies*. En fin, la lista de «tics» puede ser interminable. Lo importante aquí es que cada mujer reconozca si tiene alguno y comience a realizar el ejercicio para erradicarlo, porque puede afear su imagen, entorpecer su presentación y acabar con la efectividad de su comunicación.

No me refiero a los «tics» nerviosos, que son movimientos musculares involuntarios y que forman parte de un tema más complejo a nivel del sistema anatómico personal. Algunas veces, por ejemplo, puede ser un «tic» nervioso el movimiento involuntario de un músculo del párpado. Pueden ser pasajeros o permanentes, de acuerdo a la intensidad. A veces, se pueden controlar de manera intencional.

Se llaman «tics» de la expresión oral y del *body language* a esos movimientos que son más bien vicios que las personas repiten por nerviosismo, cuando se sienten tímidas o cohibidas por el público. Son corregibles y controlables. Se requiere el reconocimiento de ellos, para luego autorregularlos con la voluntad y el cambio de postura, lo que mejorará en forma notable su comunicación.

EXPRESIÓN ORAL Y DICCIÓN

Aparte de la postura, la expresión corporal, la comunicación no verbal y el *body language*, es necesario que la mujer desarrolle sus habilidades comunicativas en la expresión oral y en su dicción. Puede lograr una excelente postura, pero si no cuenta con la capacidad de pronunciar el discurso de manera clara y articulada en la fonética, correrá el riesgo de no ser entendida o, lo peor, de perder a sus interlocutores. En cambio, una mujer con una buena y acertada expresión oral, aunque no cuente con un discurso demasiado elaborado, técnico y denso, puede convencer e impactar al público con sus habilidades para expresarse. Lo importante es el balance, entre su conocimiento y su capacidad de expresión.

La expresión oral es la habilidad comunicativa del lenguaje que muestra la capacidad de desarrollar un discurso o una presentación hablada. Abarca, además de la forma de pronunciar las palabras, la manera adecuada de expresarlas, de acuerdo a los códigos culturales y sociales.

La dicción es la habilidad de articular con claridad los sonidos al hablar y pronunciar bien las palabras, sílaba tras sílaba. Son aquellas características que muestran la manera de comunicarse de una persona, tanto al hablar como al escribir. La dicción es correcta o incorrecta de acuerdo a la forma como la persona maneja la fonética en su discurso, es decir, el conjunto de sonidos de su mensaje y su lenguaje.

Los errores de expresión oral y dicción son bastante comunes entre las ejecutivas y profesionales hoy. Algunas hablan demasiado rápido, no vocalizan, no respiran bien, no controlan el volumen ni los tonos, y por eso se escuchan confusas, enredadas y difíciles de entender.

Elementos de la expresión oral

Para una correcta comunicación femenina es necesario revisar cada uno de los elementos que componen la expresión oral y la dicción, como la vocalización, el tono, el acento, la velocidad y la respiración. Veremos aquí algunos conceptos básicos al respecto, con los ejercicios que desarrollo con los estudiantes de empresas y maestrías universitarias, para aportar algunas herramientas que serán útiles en las presentaciones profesionales.

Vocalización

Es la habilidad de articular con claridad cada sonido en el discurso. En especial las vocales. Tan sencillo como esto: vocalizar es pronunciar bien las vocales. Pero a veces, tanto las nuevas profesionales como las que ya llevan muchos años en la empresa, tienen serios problemas de vocalización, lo que les impide hablar con suficiente claridad como para ser entendidas.

El ejercicio vocalización consiste en utilizar un lápiz o un corcho en la boca, y hablar con él, sostenidos por los dientes, mientras la persona pronuncia su mensaje con mucha fuerza en las vocales y estira los músculos faciales. Debe sentir que los músculos realizan el ejercicio, para que se amplíe su capacidad de abrir la boca y modular al hablar con buena pronunciación. Luego, repita el mismo mensaje sin el lápiz.

Notará la diferencia, porque la boca se abrirá por sí sola con facilidad y en forma mucho más amplia. Además, es una práctica divertida que puede realizar mientras sale a caminar o a trotar, en la ducha o mientras ve la televisión. Cualquier espacio es propicio para realizarlo. Sobre todo, cuando está próxima a una presentación.

Repita una gran parte de la exposición, o lea un texto cualquiera, con el lápiz o el corcho entre los dientes. Verá que los resultados de su exposición van a ser sorprendentes. No solo será mucho más clara y articulada, sino que se sentirá más segura y empoderada mientras se afianza en sus propias vocales.

Tono

El tono es el nivel al cual se elevan los sonidos, según las vibraciones realizadas por segundo. Es la capacidad física que ayuda a diferenciar los sonidos agudos de los graves. También se refiere a la intensidad y a la fuerza de la sonoridad.

El manejo del tono en las mujeres, en los ejercicios de expresión oral, es a veces un poco difícil, por la tendencia marcada de algunas de ellas a subirlos y agudizarlos demasiado. O a mostrar una energía muy bajita, débil, casi insonora, que les resta fuerza y contundencia en el discurso.

Impostar se refiere a dominar la intensidad y los niveles de la voz. De esa manera, se podrá producir un sonido agradable, uniforme, pleno, que no muestra distorsiones, temblores o vacilaciones. Toda persona que haga uso profesional de la palabra debe tener su voz impostada, es decir, colocada en forma correcta. Impostar es fijar la voz en las cuerdas vocales para emitir el sonido en su plenitud sin vacilación ni temblor.

Impostar la voz permite hablar sin forzarla, lo cual le evitará dolor de garganta o de cabeza, por la falta de naturalidad al manejarla. Implica aprovechar bien las condiciones físicas de los órganos fonéticos, para apoyar y descansar la voz en la caja del tórax. La respiración baja directo a la tráquea y de esa manera el aire puede salir con amplitud y mayor fidelidad. Cuando la voz es impostada, la persona puede hablar largo tiempo sin cansarse. Además, los matices que utiliza son bastante amplios, porque la voz se fija en las cuerdas.

La voz está determinada por el organismo, el ambiente y la personalidad. Para impostarla debe enfocarse en el sistema orgánico que la condiciona. Es importante mantenerla descansada antes de su presentación. Si es posible, acuda a los caramelos de miel o al jengibre, para aclarar la voz antes de hablar.

El ejercicio para impostar la voz consiste en hablar mientras maneja los tonos hacia abajo. Pronuncie su saludo con la palabra: «Hola», lo más grave posible, de tal manera que no se escuche la voz chillona o débil. Repítalo varias veces, con las manos puestas en el diafragma, hasta que pueda sentir que el aire está llegando hasta abajo y no se queda en la garganta. Repita el sonido «Hola», todas las veces que quiera, hasta que logre un tono grave, agradable. Luego comience a hablar todo su discurso en ese tono, bajo y desde el vientre. Se dará cuenta de que su manejo de la voz mejorará en forma notable.

Algunos profesores de canto y de locución enseñan este ejercicio para que los estudiantes aprendan a controlar la impostación de su voz con dominio y se muestren mucho más elocuentes, potentes y seguros en el escenario.

Volumen

El volumen de la voz se refiere a la intensidad —fuerza o suavidad— del sonido. Puede ser bajo, medio o alto. Por lo general las personas en las presentaciones manejan un volumen bajo, lo que les impide presentarse como buenos oradores, porque se ven pasivos y sin brillo. La presencia de ánimo en la voz se relaciona de manera directa con el volumen. Por eso es necesario aprender a controlarlo y manejarlo con dominio de sí mismo y autorregulación.

Uno de los factores de la voz en los que se puede notar más la inteligencia comunicacional es justo en el dominio del volumen. Una persona con un volumen autorregulado se verá segura y además motivará en forma permanente a su auditorio, porque no permitirá que se bajen los niveles de atención ni de entusiasmo.

El volumen requiere una regulación moderada. Si cuenta con un volumen muy alto, debe bajarlo para no molestar a las personas, que se sentirán agotadas por los sonidos estridentes de su voz. Si, por el contrario, su volumen es muy bajo, deberá subirlo, para que la gente que le escucha no se sienta aburrida, desmotivada, sin ánimo y desesperada porque debe esforzarse demasiado para poder prestarle atención.

No crea que hablar fuerte o bajito es parte de su diseño y que así debe quedarse para siempre. O que los demás deben soportarla, porque «yo hablo así, y punto». No. Usted sí puede y debe autorregular y autocontrolar su volumen. Es un ejercicio de la voluntad. Requiere de su disciplina y su esfuerzo, para el cambio de hábitos.

El buen comunicador, por lo general, utiliza su volumen medio. De esa manera sabe que habla con suficiente fuerza para mantener el ánimo, pero no demasiada como para perder a su audiencia. El error de muchos oradores es creer que para ser «motivadores» deben hablar con un volumen muy alto, para generar impacto. Eso es un argumento falso. El volumen demasiado alto impacta, pero de manera negativa. El público se siente agredido y genera resistencia.

Se presenta también el paradigma de muchas mujeres al pensar que hablar con un buen volumen puede sonar muy ofensivo y que no les queda bien elevarlo debido a su condición femenina. Eso es falso. Una mujer puede manejar un volumen suficiente para ser escuchada y ser bien vista. Además mostrará seguridad, convicción y se verá más asertiva, persuasiva y con alto impacto. Por supuesto, sin excesos.

El ejercicio para el volumen consiste en imaginarse que cuenta con un control de televisión en su mano y, cuando habla, usted puede manejar su volumen como si fuera el de la pantalla de su televisor, de 1 a 100, con pequeñas líneas verticales que señalan dónde se encuentra. Comience a hablar en el volumen 10, luego llévelo a 30, pase por el 50, llévelo hasta 80 y finalice en 100. Luego retroceda, de 100 a 10, para que pueda concientizar, ante todo, que usted sí es capaz de controlar su volumen.

Grabe su presentación con el volumen en diferentes niveles. Llegue hasta que encuentre su punto medio perfecto. Para algunas mujeres, con volumen muy bajito, el ejercicio consiste en llegar hasta su máxima intensidad. Para aquellas mujeres con volumen demasiado alto, el ejercicio deberá ser al revés, controlar su potencia hasta dominarla y saber mantenerla en bajo alcance.

El ejercicio del volumen se puede realizar no solo en presentaciones formales, también lo puede practicar en espacios de comunicación no formal como los pasillos o el ascensor de la empresa o, en un restaurante, mientras habla en la mesa. Si su volumen es muy alto, debe aprender a controlarlo y mesurarlo, al punto de hablar de manera suave para que la perciban como una persona aplomada, no estridente. Si su volumen es bajo, debe aprender a controlarlo e impulsarlo, al punto de hablar de manera firme y clara para que la perciban como una persona con fuerza interior, no tímida ni débil.

Modulación

La modulación de la voz consiste en controlar las variaciones del tono y el acento, de manera armoniosa e ininterrumpida, para subir y bajar los énfasis que se le dan a una frase o a una parte especial del mensaje.

Modular la voz y los contenidos del mensaje es de suma importancia para lograr una expresión oral más variada, animada, que llame la atención y produzca el efecto deseado en el público. En muchos casos, los profesionales y ejecutivos manejan un sistema plano y monótono, es decir, con un solo tono, sin énfasis en ninguna frase, lo cual convierte la presentación en una tediosa y aburrida información, que no produce ninguna conexión ni emoción.

La modulación en la comunicación femenina cuenta con especiales formas de armonía que le permiten llevar la charla con modalidades distintas de sus tonos, de tal manera que, si logra desarrollarla bien, podrá ser parte de su éxito en la expresión hablada. Para lograrlo, debe salirse de la monotonía y comenzar a realizar las subidas y bajadas del volumen y de los tonos, de forma tal que las personas que la escuchen estén expectantes con su mensaje y no los pierda ni un solo minuto. Al modular la voz, la mujer profesional puede lograr niveles altos de impacto y la mayor atención posible en un escenario.

Los estadounidenses lo llaman el *Up & Down*, o sea la capacidad de subir y bajar los énfasis, el volumen, las tonalidades, de tal manera que mantenga a las personas con una atención absoluta de principio a fin, sin perder la conexión en ningún momento. Los énfasis se realizan en ciertas sílabas para darle fuerza, vitalidad y energía a las frases.

Si pudiera explicarlo por escrito, tal como lo hago en clases, diría que no es lo mismo decir, por ejemplo:

La importancia de la comunicación
Que decir:
La imporTANCIA de la COmunicaCIÓN.

En el primer caso, la persona puede hablar una o dos horas con el mismo tono plano, como si estuviera suspendida en una cuerda larga y floja sin poder detenerse. En el segundo caso, la persona habla con subidas y bajadas, acentos, tonalidades, colores, brillos, bajos, altos… que les dan armonía a las frases y cambian por completo la calidad de la expresión oral.

El mejor ejercicio para modular consiste en hablar frente al espejo o mejor aun si es en una grabación de video, en la que dice parte de su mensaje con un solo tono. Luego, repite el mismo mensaje con énfasis en el ánimo, la fuerza, la vitalidad, algunas partes de las frases, de tal manera que se vea la diferencia entre el «antes» y «después» de su presentación. Se dará cuenta de que al presentarlo con acentos, de inmediato subirá también el nivel de impacto de su presentación.

Velocidad

La velocidad al hablar es uno de los problemas más frecuentes en las mediciones de la expresión oral. Las mujeres profesionales de hoy viven en medio de un mundo acelerado que las impulsa a hablar mucho más rápido. Además, ha aparecido una constante en diferentes países hispanohablantes, donde sus jóvenes hablan de manera muy rápida, vocalizan poco, no realizan pausas entre frase y frase, y van a una velocidad impresionante.

En ciudades como Bogotá, Ciudad de México y Costa Rica, por ejemplo, se reconocen los jóvenes de clases media alta y alta, por la forma de hablar, bastante enredada y rápida, lo que dificulta la posibilidad de entenderles. Cuando llegan a las empresas, vienen con ese estilo, y sus presentaciones son casi indescifrables, por la velocidad demasiado rápida, lo que les dificulta la dicción.

La velocidad del habla se reconoce como el tiempo de elocución o rapidez con que una persona, en este caso una mujer profesional, puede articular las palabras en su presentación. Se supone que la velocidad normal son doscientas palabras por minuto. Es uno de los fenómenos que componen la prosodia. La única forma de controlarla es a través de las pausas y la intensidad del volumen, para llevar buen ritmo.

Según algunas investigaciones, las mujeres suelen hablar más rápido que los hombres. Por eso es necesario que desarrollen un mayor control de sus niveles de celeridad, ya que un habla demasiado rápida genera dificultades en la comprensión del oyente. Claro que no deben tampoco irse al extremo, porque también la que habla con mucha lentitud, puede producir aburrimiento a su audiencia.

La velocidad de la expresión oral no debe exceder la del pensamiento. Es decir, las ideas deben ir una a una, sin atropellarse. La persona que habla debe decirlas al compás de su elocuencia, para darse la oportunidad de pensar, de desacelerarse, de manejar el mensaje, de dominar los nervios y también permitirle a su público ir con calma, para entender lo que quiere decir y procesarlo de manera correcta.

Una mujer que habla con celeridad no se ve serena ni confiable en su expresión. No transmite paz ni seguridad. Produce un clima de estrés y agotamiento en las personas en su área de influencia. Por eso debe cuidar la velocidad de su forma de expresarse, para darse tiempo a ella misma y darle tiempo a quienes se encuentran en su entorno.

Si su temperamento es nervioso y, en definitiva, no puede hablar sino con rapidez, entonces debe acudir con urgencia a la buena vocalización. Pronunciar con cuidado cada sílaba y modular los énfasis y tonos, para que se le entienda. Se puede hablar a muy alta velocidad, solo si la persona es capaz de moldear bien las palabras con una excelente pronunciación y realizar pausas entre frase y frase.

El ejercicio para la velocidad de la expresión oral consiste en hablar de manera normal su discurso, con un cronómetro y contando el tiempo. Luego decirlo otra vez pero de manera pausada, con intervalos entre las frases, con vocalización, con calma al expresar las ideas, con una buena respiración y tomando de nuevo el tiempo. De esa manera sabrá cuánto es lo que en realidad necesita para exponer su mensaje.

Una clave para lograr desacelerar su mensaje, es compactarlo. Es decir, en el momento de ordenar las ideas y estructurar el contenido, no incluya demasiados puntos y conceptos. Diga solo lo esencial. Así podrá hablar con tranquilidad y con pausas, sin necesidad de desbocarse con la velocidad, para cumplir con todo el plan de contenidos que se ha trazado.

Cuando ya lo tenga listo, con los puntos básicos, empiece a desarrollarlos uno a uno con pausas, con espacios entre frase y frase. Como si cada frase tuviera un punto y seguido. Luego la otra, la siguiente y la siguiente, en perfecta armonía. Podrá no solo hablar con mayor facilidad, también disfrutará su propia presentación, sin aceleramientos ni presiones innecesarias.

Respiración

La respiración en la expresión oral, es la vida misma del mensaje. Es el oxígeno con que cuenta la persona hablante para desarrollar sus ideas y mostrarse segura ante la audiencia. Pero además es la garantía de que brindará oxígeno suficiente a las personas que le escuchan, para que reciban el mensaje con la debida atención.

La respiración incorrecta conlleva a una mala oxigenación del cuerpo, lo que impide el buen funcionamiento del corazón y produce toxinas en el organismo que precipitan el nerviosismo y llevan al agotamiento. Por eso es necesario aprender a manejar la respiración desde el diafragma, para hablar con tranquilidad y autorregular la elocuencia. Controlar el aire de la boca produce potencia y resonancia a la voz.

Las técnicas de respiración adecuadas le permiten a la mujer ser una exitosa comunicadora, tanto que puede controlar la tensión y los nervios del pánico escénico. Ellas reducen el **estrés** porque ayudan a **regular el sistema nervioso y las ideas, puesto que con oxígeno la capacidad cerebral funciona de manera óptima.**

Con la **respiración** profunda, diafragmática, el aire entra por la nariz, llena los pulmones, eleva la parte baja del abdomen y produce calma. Por eso genera serenidad y ayuda a autorregular la ansiedad, el estrés, la tensión y el pánico.

La regulación de la velocidad también es uno de los componentes clave para manejar bien el aire. La velocidad moderada al hablar en público ayuda a una mujer a evitar quedarse sin aire. De esa manera podrá lograr mayor enfoque en su presentación.

El ejercicio de la respiración para la expresión oral consiste en colocar las manos a la altura del diafragma, localizado debajo de los pulmones. Es el músculo principal para la respiración, tiene forma de carpa y se contrae de manera continua, rítmica e involuntaria. Cuando la persona inhala aire, el diafragma se contrae y se aplana, mientras la cavidad torácica se amplifica.

Comience a respirar profundo, hasta sentir que el músculo se mueve. Si su aire está bien manejado y baja directo, sus manos se moverán en el momento en que entre el aire al diafragma. Si su aire está mal manejado, se moverán sus hombros, porque el aire no se dirigió directamente al diafragma sino que se quedó en la parte superior de su pecho, en los pulmones.

Cuando logre llevar el aire a profundidad, saldrá con tranquilidad, sin cansar su garganta. En la medida en que inspire mayor cantidad de aire, obtendrá mayor fuerza al hablar. Además, se escuchará con claridad y facilidad, ya que no se cansará de la garganta, la cual puede dejarla afónica con rapidez.

Otra práctica útil es controlar al respirar con profundidad, luego exhalar durante el mayor tiempo posible e intentar repetir los números de uno a cien o hasta donde alcance, durante la exhalación. Repita varias veces.

En el momento de la presentación, lo más importante es mantener presente que sin respiración no hay comunicación y la única manera de conseguirlo es en medio de las pausas de segundos entre frase y frase. Así: Una frase + pausa + respiración. En medio de las pausas, tome aire, sonría, mire al público, logre la conexión emocional, inhale oxígeno y se percibirá como una mujer con excelente expresión oral y elocuencia, que sabe dominar el tema, el auditorio, el público y, lo más importante, a sí misma.

CASOS DE ÉXITO DE MUJERES INFLUYENTES

«Hay una mujer al principio de todas las grandes cosas».
—ALPHONSE DE LAMARTINE. ESCRITOR Y POETA FRANCÉS

El gran desafío trazado es la construcción de una nueva cultura de comunicación que le permita a la mujer profesional no solo ser una fiel exponente de la comunicación femenina inteligente, sino convertirse en una agente multiplicadora de la misma. Para exponer sus propias ideas e incluso para abogar por las de millones de mujeres en el mundo que requieren de su participación solidaria.

Teresa de Calcuta, una de las más grandes exponentes del género en la historia, dijo: «A veces sentimos que lo que hacemos es tan solo una gota en el mar, pero el mar sería menos si le faltara una gota».

Por eso vamos a iniciar el enorme desafío de esta construcción cultural para la valoración y el empoderamiento de la comunicación de la mujer con el análisis de las mujeres en la historia y en la actualidad, de modo que nos permita conocer y entender qué han hecho las mujeres para llegar a ser destacadas.

Mujeres destacadas de la historia por su comunicación e influencia

EVA

(Año 1 A.C.) Fue la primera mujer del universo creada por Dios. Según el relato de Génesis, Adán la llamó Eva, por ser la madre de todo lo viviente. Con la creación de Adán y Eva se dio origen a toda la humanidad (Génesis 1—2, NVI).

MARÍA

(Final del siglo 1 A.C.) Fue la madre de Jesús. Escogida por Dios como virgen para dar a luz a su hijo Jesús, que vendría al mundo como el Salvador. El ángel Gabriel le anunció que, a través de la obra del Espíritu Santo en ella, concebiría a un varón que sería Cristo el Señor. «La virgen concebirá y dará a luz un hijo, y lo llamarán Emanuel (que significa "Dios con nosotros")» (Mateo 1—2; Lucas 1—2, NVI).

ESTER

(520 A.C.) Reina. Fue una hermosa mujer hebrea huérfana, que llegó a ser reina de Persia, al ser escogida por el rey Asuero entre todas las más bellas doncellas del reino. Ella se llenó de coraje para entrar a la presencia del rey e interceder por su gente. El rey no solo la favoreció, sino que la amó más que a todas las mujeres. La historia de Ester se celebra con la fiesta del Purim hebreo.

CLEOPATRA VII

(69 A.C.) Reina. Cleopatra Filopator Nea Thea. Fue una de las soberanas con mayor poder en la antigüedad, por su relación con Julio César y Marco Antonio. Heredó de su padre el trono. Fue la última reina del Antiguo Egipto.

JUANA DE ARCO

(1412 A.D.) Heroína. Fue una combatiente francesa que asumió el mando del ejército real galo en varias batallas durante el reinado de Carlos VII. Murió en la hoguera por herejía. Fue conocida como la Doncella de Orleans. Heroína de Francia. Su festividad se conmemora el día del aniversario de su muerte, el 30 de mayo.

ANA BOLENA

(1501 A.D.) Reina consorte. Fue la segunda esposa del monarca inglés Enrique VIII. Murió decapitada en la Torre de Londres después de que su marido la acusara de adulterio, incesto y traición. Su propio padre, Sir Thomas Boleyn, la condenó, a pesar de ser inocente de los cargos. Se conmemora como mártir. Su vida ha sido adaptada en numerosas novelas, obras de teatro, canciones, óperas, dramas de televisión y películas.

MARÍA CURIE

(1876 A.D.) Científica. María Sklodowska tomó el apellido de su esposo, Pierre Curie. Por su nación de origen, Polonia, dio nombre a un elemento químico. Pionera en el estudio de la radioactividad obtuvo dos premios Nobel. Fue una pionera polaca en los primeros tiempos del estudio de las radiaciones. Renunció a la riqueza para que sus descubrimientos, que ayudan a combatir el cáncer, se hicieran para toda la humanidad.

VIRGINIA WOOLF

(1882-1941) Escritora. En su casa de Londres, en Bloomsburry, recibió a gran cantidad de escritores, entre los que se encontraban Foster y Keynes. Ella se encuentra entre las mujeres más reconocidas en la literatura moderna del siglo veinte.

En su famoso ensayo «Una habitación propia» dijo: «Una mujer debe tener dinero y una habitación propia si va a escribir ficción».

TERESA DE CALCUTA

(1910-1997) Misionera. Gonxha Agnes fundadora de la congregación Misioneras de la Caridad, que se dedicaban a ayudar a los pobres. Dos años después de su muerte, el Papa Juan Pablo II abrió la causa de su canonización. Recibió el Nobel de la Paz en 1979.

EVITA PERÓN

(1919-1952) Política. Marcada por una niñez en el campo e hija no reconocida, Eva trabajó como actriz, modelo y locutora; se casó con el presidente argentino Juan Domingo Perón. Luchó por los derechos de los trabajadores y de la mujer.

FRIDA KAHLO

(1907-1954) Pintora. Un accidente que la obligó a llevar corsé hizo que esta mexicana se iniciara en la pintura, trabajo por el cual conoció al que fue su marido, Diego Rivera. Pintó sobre todo autorretratos de tinte surrealista. Supo llevar el arte plástico a su máxima expresión.

MARILYN MONROE

(1926-1962) Actriz. Norma Jean Mortenson protagonizó clásicos como Con faldas y A lo loco. Fue una de las actrices más ponderadas de la historia del cine. Conocida como un mito del siglo veinte. Se dice que tuvo un romance con los hermanos Robert y John F. Kennedy.

GRACE KELLY

(1929-1982) Actriz. Esta estadounidense abandonó su carrera como estrella del celuloide para casarse, en 1956, con el príncipe Rainiero de Mónaco. Murió en accidente de tráfico cuando viajaba con su hija Estefanía.

DIANA DE GALES

(1961-1997) Princesa. Conocida como la princesa del pueblo por su actitud solidaria con los más desfavorecidos, estuvo casada con Carlos de Inglaterra, con quien tuvo a los príncipes William y Harry.

MARÍA CALLAS

(1923-1977). Soprano. Está considerada una de las mejores sopranos de todos los tiempos. Trabajó con los más importantes directores de escena y orquesta del mundo. Su éxito profesional se conjugó con una convulsa vida personal.

INDIRA GANDHI

(1917-1984). Política. Hija de Jawaharlal Nehru, el primer ministro de India. Fue primera ministra de su país en dos ocasiones hasta su asesinato en octubre de 1984. Estratega y pensadora política brillante.

MATA HARI

(1876-1917) Espía. Margaretha Geertruida Zelle se sirvió de su capacidad de seducción para trabajar como espía de los franceses para el gobierno alemán. Un tribunal francés ordenó que muriera fusilada por alta traición.

MUJERES CONTEMPORÁNEAS DESTACADAS POR SU COMUNICACIÓN

Las mujeres influyentes contemporáneas marcan la pauta por su comunicación inteligente. Impactan con su vida y su ejemplo a las personas de su entorno. Miraremos aquí algunos casos de éxito, elegidos por el perfil profesional, los avances en el mundo femenino y por su capacidad de comunicar con efectividad el mensaje que quieren transmitir.

Es innegable la presencia cada vez mayor de la mujer en los medios de comunicación y las redes sociales. El porcentaje de la información política internacional con noticias positivas, y también negativas, acerca de la participación femenina en los gobiernos mundiales, va en aumento.

En Latinoamérica, la presidente de Chile, Michelle Bachelet Jaria. La expresidenta de Argentina, Cristina Fernández de Kirchner. La expresidenta de Brasil, Dilma Rousself. La expresidenta de Costa Rica, Laura Chinchilla...

En Norteamérica, nombres como los de Melania Trump, la actual primera dama de los Estados Unidos. Ivanka Trump, la hija del presidente Donald Trump. Michelle Obama, la exprimera dama, esposa del expresidente Barack Obama. Hillary Clinton, senadora y excandidata a la presidencia de Estados Unidos, esposa del expresidente Bill Clinton....

En Europa, Ángela Merkel, la canciller de Alemania. La reina Elizabeth II, monarca del Reino Unido. Y muchas otras reinas y princesas que han mostrado su innegable influencia sobre la región.

En muchos otros países del mundo, con diversas culturas, la mujer se encuentra en la escena política. Como Tsai Inf-wen, de Taiwán. Bidhya Devi Bhandan, de Nepal. Kolinda Grabar Kitarovic, de Croacia. Park Geun-hye, expresidenta de Corea del Sur. Joyce Banda, de Malawi. Slavica Bukic Delanovic, de Serbia y Atifete Jahiaga, de Kosovo...

La mujer en el mundo de la tecnología

Uno de los sectores donde más se nota en los últimos años el auge de la mujer, es el de la tecnología. Como **Sheryl Sandberg**, directora ejecutiva de Facebook, **Virginia Rometty**, de IBM, **Ursula Burns**, de Xerox, **Meg Whitman**, de Hewlett Packard o **Marissa Mayer** de Yahoo. También **Melinda Gates**, esposa de Bill Gates, quien es vicepresidenta de Bill & Melinda Gates Foundation, entre las más sólidas del mundo.

En un campo en el que, por lo general, todos los éxitos se les atribuían a los hombres, ellas cuentan ahora con una destacada participación en altos cargos y niveles directivos. Lo más interesante es la forma como ellas se han dedicado a promover la participación de la mujer dentro de su campo. Analizaremos aquí algunos de sus perfiles.

SHERYL SANDBERG

Directora ejecutiva de Facebook
En el sector de las tecnologías de información, el nombre de Sheryl Sandberg, la economista directora operativa de Facebook, y antes de Google, suena con honores.

Su nombre fue postulado como una de las veinticinco personas con mayor nivel de influencia en la web, a través de la revista *Bloomberg Businessweek*. Además, la revista *Fortune* la reconoció como una de las cincuenta mujeres de negocios con mayor poder.

Sandberg dice: «La próxima vez que usted trate de llamar a una niña "mandona", piense mejor en las habilidades que ella tiene como líder. Trabaja siempre por los derechos de la mujer como feminista. Ella ha dicho que "todos los sectores, todas las industrias, están dirigidos por hombres. Dentro de un mundo de hombres, se nos recuerda siempre que somos una de "esas" pocas mujeres». Y añade: «Me mencionan como "la mujer CEO", pero a Mark Zuckerberg nadie lo llama "el hombre CEO", porque es obvio. Necesitamos cambiar. La única manera de conseguirlo es permitir que más mujeres ocupen cargos directivos».

ÁNGELA AHRENDTS

Vicepresidente de Apple
Ángela Ahrendts es la vicepresidente de *retail* y de las tiendas *online* de la marca Apple. Fue directora general de la empresa Burberry. A los cincuenta y cuatro años muestra cómo puede llegar a transformarse una marca, a partir de la innovación y de las tecnologías de información. Es considerada una de las mujeres más poderosas del mundo. Su estilo personal clásico, sofisticado y de mucha elegancia, la coloca entre las más admiradas del sector de los sistemas, y del mundo ejecutivo en general.

Hoy está en los primeros lugares, como una de las más famosas del mundo. Ella dice: «Tratamos a los empleados de Apple Stores como ejecutivos».

Ella llegó a la compañía a traer una nueva era. Todos los asuntos cambiaron y mejoraron con su ingreso. Consiguió una tasa de retención de empleados del ochenta y uno por ciento, considerada la más alta de la historia de la empresa. Pocos quieren abandonar la empresa para irse a otra. Gracias a ella, hoy pertenecer como empleado a las tiendas Apple es el sueño de muchos.

SUSAN WOJCICKI

Directora ejecutiva de Youtube
La directora ejecutiva de Youtube, Susan Wojcicki, piensa que las niñas son dejadas de lado cuando se habla de tecnología. Que se deben incluir más, porque si no se involucra a las mujeres en la tecnología, se perderá mucho de lo que se ha ganado en lo político, económico y social. Ella fue vicepresidente de publicidad y comercio de Google.

Cree que se debe ofrecer una mayor educación en ciencias de la computación para todos los estudiantes en Estados Unidos. Cuenta que su hija tenía diez años cuando le dijo que odiaba los computadores, lo cual le impactó mucho, porque ella ha dedicado su vida a construir las más grandes compañías de tecnologías en el mundo.

Lo que sucedía era que su hijo había dominado el computador y ella optó por decir que era muy aburrido y que tenía otras cosas más divertidas que hacer en su vida.

Piensa que, así como en su propia casa, la falta de mujeres en el mundo de los sistemas golpea también a las empresas. Cree que ellas son dejadas a un lado en las conversaciones cuando se tratan de tecnologías. Aunque tienen la mayor cantidad de títulos, son las que obtienen menos cargos. Esto debería ser un llamado de atención, porque las tecnologías son el presente y futuro de Estados Unidos. Y si las mujeres no participan, se corre el riesgo de perder mucho de lo que se ha ganado en otros campos, como el político, económico y social. Por eso visitó al alcalde de Nueva York, Bill de Blasio, cuando exigió que todas las escuelas ofrecieran cursos de ciencias de la computación en los próximos diez años.

MEG WHITMAN

Ejecutiva de Hewlett Packard, Estados Unidos.

Es una alta ejecutiva, directiva y empresaria. De 1998 a 2008 fue directora ejecutiva y presidenta de eBay. Hoy se encuentra a cargo de Hewlett Packard desde el 2011. Una vez tomó el cargo, los grandes ascensos de la marca fueron notorios. Además fue candidata a la gobernación de California en el 2010. Es considerada como una de las mujeres más ricas del estado de California.

GINNI ROMETTY

Ejecutiva de IBM

Virginia Marie o «Ginni Rometty». Es la primera mujer que desempeña el cargo de directora ejecutiva y presidenta en la empresa IBM. Ha sido nombrada como una de las cincuenta mujeres más poderosas del mundo de los negocios por la revista *Fortune*, en siete ocasiones. Desde su época universitaria fue una estudiante destacada. Es licenciada en ciencias de la computación e ingeniería eléctrica. Logró un grado con altos honores.

URSULA BURNS

Ejecutiva de Xerox

Esta afroamericana es un claro ejemplo de ascenso en una empresa. Después de terminar su carrera como ingeniera mecánica en el instituto politécnico de la Universidad de Nueva York, ingresó en 1980 como pasante en Xerox. Por su buen trabajo y gran desempeño, un año después, al haber terminado una maestría, fue contratada como trabajadora permanente en el área de desarrollo de productos y planificación.

En 1990 un alto ejecutivo de la compañía la propuso para ser su asistente ejecutiva. En junio de1991 pasó a ser la asistente ejecutiva del presidente. En el 2000 la ascendieron a vicepresidenta principal. En 2009 la nombraron como directora general.

SAFRA CATZ

Coejecutiva de Oracle

Esta abogada de Wall Street por su tenacidad, disciplina y rendimiento, fue reclutada por Larry Ellison, cofundador y presidente ejecutivo de Oracle, en los noventa. Él buscaba que la experiencia financiera y la visión de Catz lo ayudaran a llevar a su compañía a un nivel mucho más alto. Al poco tiempo de haber ingresado a la empresa, ya formada parte de la junta directiva y no necesitó mucho tiempo más para convertirse en la presidenta. Ella logró incorporar más de setenta microempresas en una sola gran compañía, la que hoy es una de las más exitosas corporaciones de software del mundo.

Esta israelí, criada en Estados Unidos, gracias a la combinación de su gran talento, dedicación y mente brillante, así como a la forma en la que Ellison la empoderó y le brindó el trabajo correcto, es hoy una de las ejecutivas más exitosas, admiradas y mejores pagas del mundo empresarial.

MARISSA MAYER

Coejecutiva de Yahoo

Esta ingeniera en informática y directiva estadounidense, en 1999 se convirtió en la primera mujer del equipo de ingenieros de Google. Por su gran desempeño e ideas fue nombrada, en el 2012, presidenta y directora de Yahoo. Ha sido destacada como una de las personas más jóvenes en llegar a ser directora ejecutiva de una gran entidad.

Tuvo gran rendimiento en su universidad, por lo que consiguió graduarse con honores de sistemas de símbolos y además cuenta con una maestría en informática de la Universidad de Stanford.

Es por eso que la universidad le ha solicitado dictar clases a más de tres mil estudiantes y le ha otorgado varios premios por su contribución a la educación.

MUJERES HISPANAS DESTACADAS POR SUS GRANDES LOGROS Y SU COMUNICACIÓN

ELSA ÁVILA

La primera mujer en Latinoamérica en escalar el Everest. México.
Elsa Ávila es la primera mujer latinoamericana que alcanzó la cumbre del llamado «techo del mundo»: el Everest, con 8,848 metros de altitud. Se ha destacado por ser una exitosa empresaria y conferencista. Esta mujer mexicana con coraje, debió prepararse con intensidad durante más de diez años para lograr llegar a la cima más alta del mundo. Ella cuenta que cuando quiso lograrlo pensaba: *Si ya pasó por mi cabeza, es posible*. Ella cree que después de haber llegado a la cima, nunca será la misma. Puede ver el mundo de una forma muy distinta.

MARIANA PAJÓN

La única colombiana con dos oros olímpicos en un deporte individual.
Esta colombiana, es una ciclista de BMX, deportista y bicicrossista que a sus veintiséis años cuenta con dos medallas de oro olímpicas. Es la única deportista colombiana que ha conseguido un bicampeonato olímpico y es reconocida por figurar como la número uno en el escalafón mundial de la UCI. Ha sido reconocida a nivel internacional por ser la única mujer latinoamericana en conseguir dos oros olímpicos en un deporte individual. Ha ganado trece campeonatos mundiales, dos campeonatos nacionales en Estados Unidos, nueve campeonatos latinoamericanos y diez panamericanos.

ALMUDENA CID

Única gimnasta a nivel mundial con cuatro finales olímpicas consecutivas. España.
Esta gimnasta rítmica española es reconocida por haber sido la única gimnasta a nivel mundial que ha sido parte de cuatro finales olímpicas consecutivas. Logró obtener la medalla de oro en los Juegos Mediterráneos de Alemania en el 2005. Además de ocho títulos como

campeona en su país natal y varias medallas internacionales. Después de varios reconocimientos y veintiún años de carrera deportiva, la gimnasta se retiró en el 2008. Al año siguiente de eso, recibió la medalla de oro de la Real Orden del Mérito Deportivo. Hoy se dedica a interpretar y ser comentarista de gimnasia rítmica.

ANA FERNANDA MAIGUASHCA

Codirectora del Banco de la República. Colombia.

Esta economista colombiana egresada de la Universidad de los Andes en Bogotá y con una maestría en finanzas de Columbia Bussiness School de Nueva York, ha trabajado en grandes entidades de la banca en su país natal, destacándose por ser excelente en su trabajo. Hoy es la codirectora del Banco de la República de Colombia.

JULIANA AWADA

Primera dama con extraordinario carisma. Argentina.

Desde el 10 de diciembre de 2015, Juliana Awada, esposa del presidente de Argentina, Mauricio Macri, deslumbra por su belleza y su sobria elegancia natural. Ella representa el temple y la esperanza de las mujeres argentinas en la actualidad. A los cuarenta y un años, dice: «Admiro a todas las mujeres valientes que trabajan, se levantan temprano y pelean día a día para que sus hijos estén mejor. Y mucho más a aquellas que se desviven por los demás. El verdadero poder está en aquellas mujeres que dan un testimonio de grandeza». Desde sus primeras apariciones en público, tanto ella como su hija Antonia, han sido admiradas por su carisma y empatía.

BEATRIZ «GIGI» FERNÁNDEZ

En el Pabellón de la Fama del Tenis. Puerto Rico.

La extenista profesional Beatriz «Gigi» Fernández es recordada a nivel internacional porque formó parte de una de las más extraordinarias parejas de dobles femeninos en la historia del tenis. Representó a Estados Unidos en eventos de importancia mundial como Wimbledon, en el cual ganó desde 1992 hasta 1994. Además, obtuvo medallas de oro en los Juegos Olímpicos de 1992 y 1996. También ganó el Abierto de Francia durante cinco años y recibió diecisiete títulos de Grand Slam en parejas. Fue exaltada al Pabellón de la Fama del Tenis. Decidió retirarse en 1997. Es entrenadora en la Universidad del Sur de la Florida. Ella asegura que se siente puertorriqueña, nacida y criada en su nación.

ISABEL ALLENDE

Escritora considerada la más leída en español a nivel mundial. Chile.

La escritora chilena, Isabel Allende, nació en 1942. Es la autora de *best sellers* exitosos como *La casa de los espíritus*, *De amor y de sombra y Paula*, entre muchas otras obras que cuentan con alto índice de lectores y ventas a nivel mundial. Sus obras han sido publicadas en treinta y cinco idiomas. En el año 2010 recibió el Premio Nacional de Literatura. Hoy es catalogada como la escritora en español más leída en el mundo entero.

SONIA SOTOMAYOR

Jueza de los Estados Unidos. Puerto Rico.

Jueza Asociada en la Corte Suprema de los Estados Unidos de América. El expresidente Barack Obama la nombró, como reemplazo del juez David Souter, desde mayo 26 de 2009.

UN HOMENAJE A LAS MILES DE MUJERES HISPANAS DESTACADAS

Existen miles de mujeres hispanas destacadas en muchos campos y en cada uno de los países. Imposible mencionarlas a todas. Pero sea este un espacio para aplaudirlas, reconocerlas, honrarlas y rendirles un homenaje por su importante labor, por su temple y coraje, pero sobre todo, porque son un ejemplo de lo que una mujer puede lograr, a partir de una comunicación inteligente, desde cualquiera que sea el campo en que se desenvuelva y logre triunfar.

MUJERES FAMOSAS DESTACADAS POR SU COMUNICACIÓN A NIVEL INTERNACIONAL

OPRAH WINFREY

Presentadora del programa de entrevistas más visto en la historia de la televisión estadounidense.

Esta empresaria, actriz, presentadora del programa de entrevistas más visto en la historia de la televisión en Estados Unidos: The Ophra Winfrey Show; filántropa y crítica literaria, ha logrado ser reconocida a nivel mundial por su profesionalismo. Fue nominada a un Premio Oscar. Nombrada por la revista *Forbes* como la mujer más poderosa del año 2005, y en 2014 en su lista de las cien mujeres más poderosas del mundo y la afroamericana más rica del siglo veinte. La revista *Life* la calificó como la mujer más influyente de su generación. La *Business Week* como la filántropa afroamericana más grande de la historia de Estados Unidos. En 2013 recibió la Medalla Presidencial de la Libertad, la más alta condecoración en su país de origen.

ZHANG XIN

Una de las mujeres más poderosas del mundo, ejemplo de tenacidad. China.

Es la propietaria de la empresa de construcción SOHO china. Es más rica que Donald Trump y Spielberg. Según *Forbes* es una de las cincuenta mujeres más poderosas del mundo. Su fortuna se calcula que supera los 3.800 millones de dólares.

Vivió una niñez difícil. Ella y sus padres fueron enviados de forma obligatoria a los campos de concentración. Se casó con Pan Shiji y junto a él fundo la que hoy es la mayor empresa inmobiliaria comercial de China. Es un referente para la sociedad china. Tiene más de seis millones de seguidores en Weibo, la red social de su país que se asimila a Twitter.

MIUCCIA PRADA

Uno de los más altos referentes de la industria de la moda. Italia.

Esta empresaria y diseñadora italiana es la nieta más joven de Mario Prada, fundador de la casa Prada. Miuccia se dedica a diseñar ropa para las grandes casas de moda Prada y Miu. No se conformó solo con su talento artístico. Tiene un doctorado en ciencias políticas. Según la revista *Forbes*, ella y su esposo tomaron las riendas de la empresa familiar Prada en 1978.

Es más que notorio el fuerte trabajo que ella realizó, pues hoy Prada es una de las mayores empresas de la industria de la moda a nivel mundial.

ARIANNA HUFFINGTON

Una de las mujeres más influyentes en los medios de comunicación. Grecia.

Arianna es una estadounidense de origen griego que ha dedicado su vida a ser escritora y columnista. Es conocida por ser una de las fundadoras de la web The Huffington Post. A pesar de haber sido una gran comentarista conservadora desde siempre, en la década de 1990 decidió adoptar un estilo más liberal que atrapó a la audiencia. Recibió el doceavo puesto en la lista de *Forbes* de las mujeres más influyentes en los medios de comunicación. También recibió la posición cuarenta y dos en *The Guardian's* Top 100 de medios de comunicación. El diario español *El País* informó que la escritora se había incorporado al consejo de administración de ese órgano para ayudar a «potenciar la transformación digital del periódico y aumentar su peso internacional».

MUJERES QUE SE DESTACAN COMO CELEBRIDADES Y POR SU ESTILO DE COMUNICACIÓN

SHAKIRA

La segunda mujer viva más premiada y la tercera en la historia. Colombia.

Esta colombiana, de Barranquilla, es una de las más reconocidas cantantes a nivel mundial por su forma única de cantar y bailar. Es filántropa y una gran embajadora de la buena voluntad de la UNICEF.

Su naturalidad y su voz con personalidad única, la llevaron a ganar cuatro Grammys, siete Billboard Music Awards, siete American Music Awards y doce premios Grammy Latino, entre muchos otros. Es la segunda mujer viva más premiada y la tercera en la historia. Es una de las artistas que más dinero gana y que más influencia tiene en el mundo, según *Forbes*. Es la única artista que ha logrado obtener en VEVO más de cien millones de reproducciones de una misma canción en dos versiones y en dos idiomas, inglés y español.

PENÉLOPE CRUZ

Todas sus películas han sido de gran éxito mundial. España.

Actriz y modelo española que ha trabajado en películas en varios idiomas como español, inglés, francés e italiano. La mayoría de sus películas han sido de gran éxito en Europa y América. Es ganadora de un Oscar y nominada a los Globos de Oro. También ha recibido varios premios en su país y a nivel internacional. Fue la primera actriz española en conseguir un Oscar como mejor actriz de reparto. Gracias a la película Vicky Cristina Barcelona, que fue dirigida por Woody Allen.

SALMA HAYEK

Una de las pocas latinas nominadas a mejor actriz en premios Oscar. México.

Esta mexicana es una actriz de cine, televisión y teatro, además de ser empresaria y productora. Es una de las pocas actrices latinas nominadas como mejor actriz en los premios Oscar. En su país natal la aprecian por llevar por lo alto la imagen del mismo a Hollywood. Comenzó trabajando en telenovelas en México. Su primer gran papel fue en la película Frida, interpretando a Frida Kahlo. También recibió una nominación al premio Emmy.

SOFÍA VERGARA

La actriz mejor pagada en la televisión de Estados Unidos. Colombia.

Esta bella modelo y actriz, nacida en Barranquilla, Colombia, es reconocida por su trabajo en la serie de televisión estadounidense Modern

Family. Es famosa por su estilo fresco y cómico y por su acento latino al hablar el idioma inglés. La actriz ha sido ganadora de varios premios SAG y nominada al Globo de Oro, al Emmy, a los premios Satellite y ganadora de un Kids'Choice Awards. Es considerada la actriz mejor pagada en la televisión de Estados Unidos. Es el rostro de varias campañas de Pepsi y Covergirl.

CARMEN ARISTEGUI

Famosa periodista mexicana abanderada del debate.

Esta mexicana, egresada de ciencias de la comunicación de la Universidad Nacional Autónoma de México, se ha destacado como periodista en su país en programas de noticias en radio y televisión. Es reconocida por su naturalidad y actitud abierta hacia temas que la mayoría de periodistas prefieren no tocar. Ha generado debates y controversia con la información que ha revelado. Conduce un programa de noticias en CNN en español y es editorialista en la sección de opinión del periódico mexicano *Reforma*. También cuenta con un portal propio de noticias *online* llamado Aristegui Noticias.

LAS MUJERES FILÁNTROPAS MILLONARIAS CUENTAN CON FIGURAS DE LA TALLA DE:

ALICE LOUISE WALTON

La heredera de Wal-Mart.

Con una fortuna de 35.000.000.000 de dólares esta estadounidense fue reconocida como la mujer más adinerada del mundo en el 2004. Parte de su fortuna fue heredada de Sam Walton, fundador de Wal-Mart. Desde hace varios años se ha dedicado a promover el arte. Por esa razón construyó un museo de entrada gratuita con colecciones únicas para que todas las personas tengan acceso a él y puedan adquirir conocimientos sobre el arte.

LAURENE POWELL JOBS

La viuda de Steve Jobs.

Heredera y viuda de Steve Jobs. Es una empresaria y filántropa nacida en Estados Unidos. Es directora de Laurene Powell Jobs Trust, que es accionista en aproximadamente siete por ciento de Walt Disney Company. Esto significa que es la principal accionista individual. Es una de las personas más ricas del mundo según la revista *Forbes*. Conformó una organización que lucha por las políticas de educación y reforma migratoria, conservación del medio ambiente y justicia social. Forma parte de la junta directiva de College Track, una organización que ayuda a los jóvenes de colegios en comunidades conflictivas a que puedan estudiar en la universidad.

MELINDA GATES

La esposa de Bill Gates.

Esta filántropa y empresaria estadounidense estudió informática y economía. Trabajó como gerente de producto de Microsoft Publisher, Encarta y Expedia entre otros. Contrajo matrimonio con Bill Gates, fundador y presidente de Microsoft Corporation y formaron una familia. La economista desarrolló la fundación Bill y Melinda Gates. Esta es una organización que promueve la equidad en las áreas de educación, salud y apoyo para la niñez necesitada, y acceso a bibliotecas. La organización ha donado más de 38.000 millones de dólares.

GRETA VAN SUSTEREN

Una celebridad de FOX News.

Esta periodista estadounidense es una gran celebridad en el canal de noticias FOX. Conduce un programa llamado On The Record. Se formó como abogada litigante civil y defensora penal. También fue comentarista legal en CNN en Burden of Proof junto a Roger Cossack.

MUJERES DIRECTIVAS DE ORGANIZACIONES Y GOBIERNOS, CON PERFILES INFLUYENTES

La mujer se destaca cada vez más en cargos influyentes y que antes ocupaban solo nombres de hombres. Ellas dirigen compañías de talla global. Han sido capaces de construir negocios enormes, de miles de millones de dólares y han logrado gerenciar ingresos de billones de dólares, presidir países y ser primeras damas que dejan huella en la sociedad.

El mundo las admira por su fortuna personal, pero también por su forma de comunicarse y expresarse durante su participación en los medios. Ellas son figuras de influencia en múltiples esferas y han llevado al éxito las organizaciones o entidades políticas que dirigen, como profesionales con una comunicación femenina inteligente.

En ese mundo de las grandes entidades y organizaciones sobresalen:

DREW GILPIN FAUST

Presidenta de la Universidad de Harvard en Estados Unidos.

Esta historiadora de Estados Unidos, especializada en administración de universidades, es la primera mujer que logra ser presidenta de la Universidad de Harvard. En el momento de dar su conferencia para la prensa en el recinto de la institución dijo: «Tengo la esperanza de que mi designación sea un símbolo de nuevas oportunidades que una generación atrás hubieran sido impensables. Yo no soy la mujer que es presidente de Harvard, yo soy la presidenta».

MARY BARRA

Ejecutiva de General Motors, Estados Unidos.

Esta estadounidense, a sus cincuenta y dos años, asumió la dirección ejecutiva de General Motors. Esto fue una gran noticia pues es la primera mujer en dirigir una fábrica multinacional de vehículos.

CHRISTINE LAGARDE

Directora FMI. Francia.

Abogada y política, directora y gerente del Fondo Monetario Internacional. También ha ocupado diferentes cargos en el gobierno de su país. Es considerada una de las mejores abogadas en la defensa por el trabajo que realizó al ser la primera mujer presidente de Baker & MacKenzie, uno de los más grandes bufetes de abogados del mundo.

HELEN CLARK

Administradora del programa de desarrollo de la ONU. Nueva Zelanda.

Fue la primera mujer electa para ocupar el cargo de Primera Ministra de Nueva Zelanda, su país de origen. Mantuvo su puesto durante tres mandatos consecutivos. Actualmente es la administradora del programa de la ONU para el desarrollo.

ANA PATRICIA BOTÍN

Presidenta del Banco Santander en España.

Esta banquera española es la presidenta del Banco Santander. Es hija del expresidente del Grupo Santander, Emilio Botín. También es miembro del consejo de administración de Coca-Cola. Además, es consejera delegada de la sucursal británica del Grupo Santander.

INDRA NOOYI

Ejecutiva de PepsiCo, Estados Unidos.

Es una empresaria y ejecutiva estadounidense nacida en India. Después de ser directora de producto en Johnson & Johnson y la firma textil Mettur Beardsell, también tuvo posiciones estratégicas en Motorola y Asea Brown Boveri. Ingresó a PepsiCo en 1980 y fue nombrada presidenta y directora financiera en 2001. Ha dirigido la estrategia global de esta gran empresa durante más de una década y tuvo una gran responsabilidad en la restauración de la compañía.

DONNA LANGLEY

Presidenta de Universal Pictures. Reino Unido.

Es una de las mujeres más importantes del mundo del entretenimiento. Dice: «Cuando medito en mi infancia, solo pienso en la palabra libertad. En los veranos pasábamos todo el día en la playa». No estaba particularmente enamorada de las películas. En cambio, desarrolló un gusto por la naturaleza. Vive en California, con su esposo, Ramin Shamshiri y sus dos hijos, de cuatro y seis años. Ella toma importantes decisiones acerca de las próximas películas que saldrán en estreno mundial y sus comentarios acerca de los estrenos o próximas producciones son muy valiosos para los cineastas, productores y actores.

ZANNY MINTON BEDDOES

Editora en jefe de *The Economist*. Reino Unido.

Esta reconocida periodista británica es la primera jefa de redacción de *The Economist*. Empezó como colaboradora de la revista en el año 1994. Se convirtió en la editora de economía en 1996. En ese momento se desempeñaba en la corresponsalía de los mercados emergentes.

Fue asesora del Ministro de Finanzas en Polonia, bajo la dirección del profesor Jeffrey Sachs de Harvard. También trabajó con el Fondo Monetario Internacional (FMI). Es reconocida como una de las mujeres más influyentes en periodismo financiero.

BETH BROOKE-MARCINIAK

Vicepresidenta Global de Política Pública de Ernst & Young.

Esta alta ejecutiva de la empresa EY también es su patrocinadora global para el tema de diversidad e inclusión. Es una destacada defensora de los beneficios del liderazgo y el crecimiento inclusivos. En 2014 fue nombrada como una de las mujeres más poderosas del mundo, según *Forbes*. Trabajó dos años en el Departamento de Hacienda de los Estados Unidos, dentro de las políticas fiscales en seguros y atención administrada. Es miembro del comité asesor de auditoría del Departamento de Defensa de este país. También es miembro de la delegación de Estados Unidos de América a la 53^{ava} y 54^{ava} Comisión de la Condición de la Mujer de las Naciones Unidas.

MENSAJE DE ÁNIMO A TODAS LAS MUJERES DE INFLUENCIA

Son millares las mujeres de influencia a nivel global en todos los ámbitos. Este espacio es un homenaje a cada una de ellas, por su labor, por su eficiencia, resolución, distinción y determinación para emprender las metas trazadas. Una palabra de ánimo a todas y cada una de ellas para continuar hacia adelante. Las invito a construir juntas la nueva cultura de la comunicación femenina inteligente.

CAPÍTULO 7

MI HISTORIA DE MUJER RESILIENTE

«Quien quiera ver prosperar sus
negocios, consulte a su mujer».
—BENJAMÍN FRANKLIN.
ESTADISTA Y CIENTÍFICO ESTADOUNIDENSE

Empoderar a las personas en sus competencias comunicativas, y llevarlas a brillar para que entren en el próximo nivel, no solo es una tarea que realizo con gran agrado y ánimo resuelto, sino una parte muy importante dentro del cumplimiento de mi propósito de vida: construir la cultura de la Nueva Comunicación Inteligente (NCI).

Mi historia como mujer profesional gira alrededor de la comunicación. La llevo en mi sangre, por herencia. La estudié como profesión, por convicción. La he cultivado, por la experiencia de más de veinticinco años como periodista, mentora empresarial y de universidades. En los últimos diez años, se ha convertido en el centro de mi investigación. La comunicación es una pasión para la cual fui creada.

Mis resultados profesionales se han dado, como los de muchas mujeres exitosas, al lado de mi crecimiento personal como mujer, en medio de circunstancias no fáciles de sobrellevar que han servido como impulso para reinventarme y poder alcanzar los sueños y las metas trazadas.

Por eso al contar mi caso, como mujer y comunicadora, espero que sirva a miles de personas como un ejemplo de mujer resiliente. Es decir, de alguien que se recuperó frente a la adversidad y continuó con coraje, firme hacia el futuro. Con la convicción de que las circunstancias difíciles y los conflictos son útiles para desarrollar recursos latentes en su interior. Esos recursos que desconoce, hasta verlos resucitar. Alguien que puede llegar a alcanzar sus metas, sus sueños y su visión.

Pertenezco a la segunda cohorte de la generación *baby boomers* —nacidos entre los años 1956 y 1965—. Me encanta ser la madre de dos preciosos, maduros, destacados y talentosos hijos de la generación de los mileniales —nacidos entre 1984 y 2004—: Daniel y Ángela María.

A los diecinueve años, cuando iniciaba mi carrera como comunicadora, viví el paso de la máquina de escribir a los computadores enormes, en la sala de redacción del diario *El Tiempo* en mi país, Colombia. Por eso decidí darle la cara a la tecnología con la firme determinación de innovar o morir. Al final entendí que mi consigna es mejor: «morir para innovar», porque hay que estar dispuesto a morir a sí mismo día a día y salirse de la caja de la rigidez, para entrar en el maravilloso mundo de la innovación, que implica un pensamiento flexible. Significa morir a lo viejo, para entrar en lo nuevo. Soy de la generación a la que todavía le encanta salir a divertirse al aire libre y no le gusta el encierro con los videojuegos. Me agrada el Internet, pero no lo necesito. Mi consigna es: «Desconéctate para que nos conectemos» porque prefiero conversar cara a cara, que por WhatsApp. Aunque debo reconocer que me encantan tanto las redes sociales que debo administrarlas con cautela para que no me absorban ni me generen dependencia o apego desmedido.

Cuando me preguntan cuál ha sido mi «secreto» para el éxito como autora y mentora, respondo sin pensarlo dos veces: sonreír. Porque la sonrisa es la expresión externa plena e inevitable de una felicidad interior, a prueba de todo. Creo que esa es mi imborrable marca personal. Me imagino que cuando nací, Dios guiñó su ojo derecho y dibujó en mí un particular y providencial efecto sonrisa, que nada ni nadie ha conseguido desdibujar. Aún en medio de dificultades o de profunda tristeza, la alegría de Dios es mi fortaleza.

Él me marcó con un gesto de alegría y calidez imposible de evitar. Cada ejecutivo o periodista que escribe una alusión o un testimonio acerca de mi labor como *speaker*, casi siempre coincide en mencionar una característica: «la sonrisa». Es mi marca y quiero dejarla dibujada en tu rostro y en el de cada una de las personas sobre quienes cuento con el privilegio de influenciar como mentora para su comunicación y para su vida. Es la marca de la que yo llamo la «sonrisa implícita». Es decir, aquella que va contigo a donde vayas y que se perfilará, aun cuando hables de temas serios, técnicos, académicos o trascendentales.

Aun frente a los problemas, dificultades, ansiedades, tristezas o malestares, gracias a Dios, mi sonrisa ha permanecido intacta, incólume, inamovible. No es afectada, postiza, ficticia, forzada, ni etérea, sino la manifestación natural de la dicha consistente y real de una mujer que madura y se llena de alegría en cada amanecer, y al atardecer permanece plácida. Que sueña con ver brillar a las personas a través de su facultad de expresarse con libertad. Esa pasión me mantiene vital, sonriente y jovial.

Soy una pescadora de diamantes. Tengo una visión recurrente acerca de diamantes que brillan y danzan sobre el agua, ya sea en el mar de la Florida o en el río Mississippi de Iowa o Illinois. Esta visión ha permanecido conmigo durante cuatro años en los Estados Unidos. Poco a poco he entendido que los diamantes son personas y que mi don es hacerlas brillar al máximo, por medio del empoderamiento de su ser interior, con sus competencias de comunicación. Más adelante te la explicaré en detalle.

El diamante es el mineral más preciado que existe. A la vez el más duro. Se forma en las más altas temperaturas y presiones. La palabra diamante viene del griego: *adámas*, que significa: «invencible» o «inalterable».

De eso se trata la visión de la Nueva Comunicación Inteligente —NCI— dada por Dios a esta servidora, con el propósito de llevar a las personas y a las empresas a brillar desde su interior como diamantes, invencibles e inalterables, aún en medio de las más altas presiones, a través de su luz admirable.

He sido feliz

Aun cuando me encanta como obra literaria, no podría repetir al pie de la letra esa frase del ilustre poeta argentino Jorge Luis Borges, en su poema «Remordimiento»:

He cometido el peor de los pecados que un hombre puede cometer.
No he sido feliz.[24]

Creo que podría parafrasearlo, con todo mi respeto y en honor al maestro Borges y a los amigos argentinos, para decir:

«He cometido el mejor de los aciertos que una mujer puede cometer. ¡He sido feliz!».

La felicidad que transmito, no es una fugaz y huidiza emoción. No depende de los estados de ánimo pasajeros o las condiciones accidentales. Ser feliz es producto del permanente cultivo y riego del fruto del gozo en mi ser interior. Es una felicidad distinta, inexplicable e indescifrable, pero indiscutible. No ha sido fácil obtenerla. Ha sido probada, como diamante, por medio del fuego de las dificultades de la vida, a las más altas temperaturas posibles.

Puedo decir que he peleado la buena batalla y, aunque no he terminado la carrera porque apenas estoy en el inicio de los mejores proyectos innovadores en mi profesión y en mi vida privada, me mantengo firme en la fe. Prosigo hacia la meta, pase lo que pase, contra viento y marea, segura de alcanzar un día el galardón final de la dicha eterna.

Por eso quiero narrar aquí parte de mi vida como mujer y de mi carrera como periodista, escritora y mentora. Con la esperanza y el propósito firme de ser un referente de genuina felicidad, valor y coraje.

La casa de los González

Vivo en Florida, Estados Unidos. Aquí está mi hogar, por la ubicación estratégica para mi oficio y porque me encanta la vida práctica, simple y a la vez abundante de este país donde, gracias a Dios, he crecido como escritora y autora de la Nueva Comunicación Inteligente —NCI— con el sello de mi casa editorial, HarperCollins Español.

Nací en la fría, bella, inmensa y caótica ciudad de Bogotá, capital de Colombia. Mis padres, Gonzalo González Fernández y Stella Andrade de González, me enseñaron el valor de la vida de una manera distinta al del común de las niñas de la época. En mi casa se cantaba, se bailaba, se reía, se tomaba café con pan recién salido del horno para las «onces» —o merienda de la tarde— y se realizaban las más agradables celebraciones de cumpleaños, grados, aniversarios, navidades,

Año Nuevo o de cualquier otro tipo. Cualquier pretexto era bueno para cantar y bailar en medio de un ambiente cálido y delicioso.

Soy la menor de cinco hermanos: Santiago, Verónica, Adriana y Luz Ángela. Me considero muy afortunada por pertenecer a una familia de gente con tanto valor y calidad humana.

Mi casa era un hogar con una característica inolvidable: vivíamos entre libros. Mi papá contaba con una biblioteca fantástica y enorme. Cuando murió, mi mamá donó el 80% de los libros a la Biblioteca Nacional, y con todo y eso, aún quedaron cientos de libros valiosos. El olor de los libros estaba por todas partes. Podían ser de literatura clásica inglesa, estadounidense y latinoamericana. De filosofía, de derecho, de etimología, de lingüística...

Ahí estaban los nombres de autores que escuché mencionar siempre y que, gracias a las lecturas y comentarios de mi papá en la mesa con su esposa y sus cinco hijos, se convirtieron en personajes de la familia. Como Mark Twain, Edgar Alan Poe, Miguel de Cervantes Saavedra, Jorge Isaacs, José Ortega y Gasset, Borges, Neruda, Rómulo Gallegos, Vargas Llosa, Unamuno, Aristóteles, Platón, Sócrates, Ernest Hemingway, Oscar Wilde, William Faulkner, Antoine de Saint-Exúpery... y, por supuesto, su primo, el Premio Nobel de Literatura Gabriel García Márquez con todos sus cuentos y novelas en muchas ediciones e idiomas. Uno de ellos autografiado por el autor con una frase divertida, sentida y genial: «Para mi primo, primo, de Gabriel».

El campeón intelectual

Mi papá me marcó con su influencia y su legado para ser lo que hoy soy como comunicadora, periodista, escritora y mentora. Era un erudito, un hombre que sabía de todo. Con un saber profundo en todo tipo de conocimientos. En especial, en los referentes a disciplinas literarias e históricas. Cuando murió, en 1992, el diario *El Espectador*, que fue su casa por treinta años, publicó a seis columnas en página completa: «Murió el intelectual puro y el puro intelectual».

También marcó la carrera y la vida de miles de estudiantes y colegas del periodismo que lo admiraban y amaban por su genialidad. Incluso su primo Gabriel García Márquez lo menciona en sus memorias impresas en la obra *Vivir para contarla*, donde dice:

«La sección "Día a día", nunca firmada, la encabezaba de rutina Guillermo Cano, con una nota política. En un orden establecido por la dirección, iba después la nota con tema libre de Gonzalo González, que además llevaba la sección más inteligente y popular del periódico.

»Mi primo Gonzalo González tenía una fe interminable en el estudio teórico de cualquier cosa por encima de la experiencia. La demostración estelar nos la dio en el campeonato de bolos de los periodistas, cuando se dedicó a estudiar en un manual las leyes físicas del juego en vez de practicar como nosotros en las canchas hasta el amanecer, y fue el campeón del año».[25]

Era un hombre con una inteligencia brillante y una tranquila sencillez, como la que muestran los auténticos sabios. Pasaba de los temas más complejos como el estudio del sicoanálisis de Sigmund Freud —incluso ganó premios en la televisión por sus respuestas sobre el tema— a los campos más simples, como el estudio de los canarios, los peces y los helechos.

Siempre lo veíamos escribir para *El Espectador*, la entrega del magazín dominical el cual dirigía. O para la magistral columna de preguntas y respuestas. O para el próximo crucigrama que él creaba para el periódico, con la habilidad de poder deleitarse como buzo en las profundidades del inmenso océano del lenguaje castellano, hasta dar con las palabras exactas y sus definiciones etimológicas, como quien cultiva perlas en el fondo del inmenso mar gramatical.

Pero a la vez, podía ser el papá más sencillo y abnegado, y fabricar unas inmensas alas de mariposa con lindos colores en azul, amarillo y púrpura, para la presentación de mi clase de ballet, cuando era niña. Las diseñó con un detallismo tan impecable, que parecían reales. Me preparé para mi papel como bailarina, con el tutú que él me trajo en uno de sus viajes a los Estados Unidos, cuando trabajaba como agregado cultural de la Embajada Americana en Colombia. Me sentía como si fuera una verdadera mariposa, a la cual él le colocó unas inmensas alas multicolores que, hasta hoy, nunca han dejado de volar.

Presencia de ánimo en la voz

A los once años le dije, en uno de los recorridos juntos en Pascualito, su antiguo Studebaker azul que tanto amaba: «Papi, cuando sea grande, yo quiero ser periodista como tú».

Me miró con emoción, me sonrió y esperó a que me graduara de bachiller, a los quince años, para matricularme en la facultad de comunicación social de la Pontificia Universidad Javeriana, en Bogotá, Colombia.

Recuerdo que, a esa corta edad, después de haber pasado la primera prueba escrita, debía entrar a la segunda, más difícil, que era la entrevista con el profesor Gabriel Cabrera, un maestro de epistemología y morfosintaxis, con unas cejas pobladas, el ceño fruncido y los lentes escurridos sobre la punta de la nariz.

Aterrorizada por el pánico de enfrentar a ese profesor que parecía tan bravo, irrumpí en llanto y le dije a mi papá: «No voy a entrar en esa oficina, prefiero no estudiar la carrera de comunicación social, que es mi sueño».

Un poco preocupado, pero con la tranquilidad pasmosa e inteligente que siempre lo acompañaba, me miró directo a los ojos y me dijo con una firmeza y un tono fuerte que nunca le había escuchado: «Presencia de ánimo en la voz».

Dio la vuelta y se fue de la facultad.

Yo me quedé aterrada, dejé el llanto de un tajo, me sequé las lágrimas, me limpié la nariz, me acomodé la chaqueta y no tuve otra opción que entrar a enfrentar al gigante del profesor Cabrera, que en realidad no medía más de un metro sesenta, pero sentado en esa inmensa sala de juntas, me parecía un gigante.

Con el lápiz en la mano, que movía en forma permanente y un poco desafiante, me lanzó la primera y única pregunta: «¿Por qué quiere estudiar comunicación social?».

No recuerdo bien qué le respondí. Creo que no dije nada relevante. Pero sé que le hablé con mucha energía, pasión, fuerza interior y mucho poder. Con una seguridad inusitada y una motivación interior apabullante que podría enfrentar al Goliat más retador.

Él solo me miraba fijamente, serio, sin musitar ni una sola palabra. Pero cuando terminé de responder, después de quince minutos de drenaje total de energía, pasión y ánimo en la voz, puso el lápiz sobre la libreta de notas con fuerza, guardó silencio, acomodó los codos en la mesa, me apuntó con el dedo índice a la cara, y me dijo muy fuerte: «Esas son las comunicadoras que necesitamos en esta universidad».

Sonreí, le di las gracias y salí temblando, pero airosa, de la entrevista. No pude dejar de llorar por la emoción, el susto y la dicha de haber pasado la prueba.

Hoy, esa presencia de ánimo me acompaña a dondequiera que voy. La enseño en mis clases y conferencias, porque creo que todos los profesionales a los que doy *mentoring* la necesitan, cada vez que enfrentan el pánico en una presentación.

Cuna de intelectuales

Por el lado paterno, nací en una cuna de intelectuales y periodistas. Mi abuelo, Miguel González Martínez, que firmaba con el seudónimo de Migomar, fue un periodista reconocido en la ciudad de Barranquilla.

Mi papá fue también un ilustre catedrático. El 13 de mayo de 1992, el diario *El Tiempo* de Colombia publicó la noticia: «Falleció el periodista y abogado Gonzalo González, educador de numerosas generaciones. Maestro en el manejo impecable del idioma, filósofo y humanista. Son muchas las generaciones de periodistas y abogados que lo recuerdan en sus cursos universitarios y en su programa radial de RCN «Los catedráticos opinan». También hay televidentes que no lo olvidan contestando preguntas sobre el sicoanálisis en el programa de televisión «Miles de pesos por sus respuestas». Pero donde hizo su más larga carrera fue en el magazín dominical de *El Espectador*, que dirigió por cerca de treinta años».

«Gabriel García Márquez, su primo, decía que el día que Gonzalo escribiera un libro, él escribiría un editorial. Nació en Aracataca, la misma tierra de Gabo, y cuarenta días después se lo llevaron a vivir a Barranquilla. Desde hace cuarenta y un años, estaba casado con Stella Andrade, con quien tuvo cinco hijos: Santiago, Verónica, Adriana, Luz Ángela y Sonia».[26]

Como dato curioso, esa misma nota, fue seleccionada para la columna «Hace 25 años» que salió publicada el 13 de mayo de este año de 2017, en *El Tiempo*, mientras realizaba la revisión final de este libro.

Liberado del apocalíptico seudónimo

Al iniciar su ilustre carrera como periodista, mi papá utilizó el seudónimo «Gog», por su nombre y apellido, Gonzalo González y porque, de manera infortunada, el juego de letras coincidía con el oscuro nombre de «Gog, de la tierra de Magog», mencionado en la Biblia en el Apocalipsis y en el libro del profeta Ezequiel.[27] También por el libro *Gog*, del autor italiano Giovanny Papini.[28]

Poco tiempo antes de morir, a los setenta y dos años, con los quebrantos de una enfermedad terminal, mi papá se arrepintió de haber usado ese seudónimo, por ser el nombre bíblico descrito como «enemigo de Dios», al cual Dios le dijo: «Yo estoy contra ti, Gog».[29] Algunos exégetas lo describen como el Anticristo. Desde entonces, mi papá decidió que ya no se llamaría más con ese fatídico seudónimo y firmaba sus iniciales con puntos intermedios. Su decisión final fue ser amigo de Dios, una de las más inteligentes de su vida. Desde entonces yo he declarado que no soy la hija de Gog, por un seudónimo fatídico e infortunado, sino la hija de Gonzalo González Fernández, por un legado honroso y bienaventurado.

Aunque cuando ya crecí un poco más en el periodismo, un día me dijo con una de sus bromas afectuosas: «Ya no hablan de la hija de Gonzalo, sino del papá de Sonia». Esa era su forma de empoderarme y hacerme sentir importante como comunicadora.

La última vez que me corrigió un artículo fue sobre el reportaje que le hice al expresidente de Colombia, Carlos Lleras Restrepo —a los noventa y dos años— para la revista *Diners*. Sobre la linda edición de lujo, mi papá escribió con su lápiz rojo: «Ya tienes estilo propio».

Era un purista absoluto del lenguaje, admirado por sus estudiantes y colegas. Mis hermanas Luz Ángela y Verónica realizaron la juiciosa tarea de la compilación de sus columnas en varios importantes diarios, las cuales publicaron en un libro llamado *Laberintos del lenguaje*.[30]

A propósito de esta publicación, el reconocido periodista y escritor colombiano, Daniel Samper Pizano, con quien trabajé durante diez años en la misma sala de redacción, y a quien aprecio con especial afecto y admiración, escribió en su columna de *El Tiempo*:

«Durante varias décadas del siglo XX una de las personas que más influencia tuvieron en la divulgación de la cultura en Colombia fue Gonzalo González Fernández, más conocido por el apocalíptico seudónimo de GOG».

Los alumnos de Gonzalo González Fernández se cuentan —nos contamos— por miles. A los que recibieron lecciones en el aula hay que sumar los que asistieron a sus cursillos y seminarios y, finalmente, los compañeros y principiantes que siempre disfrutamos de su consejo y su guía.[31]

Fue el director de la tesis de grado de mi hermana Adriana, la cual obtuvo el premio del Círculo de Periodistas de Bogotá, CPB, a la mejor tesis de grado en Comunicación de la Universidad de La Sabana en Colombia, con el título de «El problema del párrafo de entrada».

Fue también el director de mi tesis de grado en la Universidad Javeriana, llamada «Las fuentes en el reportaje», realizada con Ivonne Gómez, periodista del *Miami Herald* y Amparo Barboza, dirigente en el sector público, quien forma hoy parte de CLIC Mentors, la plataforma de *speakers* y mentores que presido desde los Estados Unidos.

Sus clases de periodismo fueron todo un deleite. Además del privilegio de contar con él como mi editor de cabecera por muchos años.

Mis libros de la serie «Mentoring para Comunicadores Inteligentes», Habilidades de Comunicación Hablada, Escrita y Escucha,[32, 33, 34] muestran gran parte del legado y la esencia de su impecable escuela de periodismo. Unida con mi experiencia como mentora, la investigación sobre comunicación y el valor agregado de la innovación en las competencias comunicativas, que dieron como resultado esta serie que hoy es material de consulta de escuelas de periodismo en diferentes países de Latinoamérica.

Aunque esté muerto, vivirá

A mi papá siempre le llamó la atención leer la Biblia, aunque confesaba que no entendía algunos pasajes. A veces los miraba con cierta incredulidad y hasta peleaba con ellos, pero le impactaba y guardaba en la biblioteca diferentes versiones, en distintos idiomas.

Incluso escribió una obra maestra de teatro con el nombre de: «Lázaro, levántate y ríe», que muchos años después la adaptó para que la representaran sus estudiantes de derecho de la Universidad Santo Tomás en Bogotá. La obra repetía, entre otras frases célebres de Jesús: «Yo soy la resurrección y la vida. El que cree en mí, aunque esté muerto, vivirá» (Juan 11.25, RVR 1960).

Durante diez años sostuvimos profundas conversaciones acerca de Dios como el Creador y de Jesús como el Camino, la Verdad y la Vida. Le costaba aceptar y entender, sobretodo el Antiguo Testamento. Luchaba consigo mismo y con lo que él llamaba «esta terquedad intelectual que me acompaña», que gracias a Dios al final logró vencer, para entrar como niño a una realidad que no le había sido posible entender como filósofo y humanista.

En medio de su maravilloso proceso de transformación personal, al final de sus días, llegó a decir: «He metido todas mis dudas en mil bolsas negras de basura». Y también: «Todas mis dudas son producto de una lógica frustrada».

En una pequeña nota que dejó guardada entre la Biblia que lo acompañaba en la Clínica Santa Fe, en Bogotá, escribió: «Hoy me arrepiento de nunca haberme arrepentido de nada. Me arrepiento aun de decir que me arrepentía, sin estar verdaderamente arrepentido».

Con los dolores de la enfermedad, sonreía mientras leía un afiche que le pegué en la pared de su habitación, para alegrarle sus últimos días: «A las montañas levanto mis ojos... Mi ayuda proviene del SEÑOR, creador del cielo y de la tierra» (Salmos 121, NVI).

A medida que su cuerpo exterior se veía más afectado por la enfermedad, y la cercanía de la muerte, su brillo interior espiritual era más diáfano y radiante. Me impactó la forma en que un día le dijo a su prima Margarita Márquez, representante del primo Nobel Gabriel García Márquez en Colombia, durante una visita a la casa para saludarlo en medio de sus quebrantos de salud: «Me estoy preparando para morir en mayo». Y así fue. Falleció el 12 de mayo de 1992. Partió con la plenitud del gozo de haber creído y nacido de nuevo. Por eso, aunque esté muerto, ¡vivirá para siempre!

Memorias del primo Nobel

El día que el primo Gabriel García Márquez, recibió el Premio Nobel de Literatura, todo el país celebró hasta el amanecer la noticia. Lo admiramos por su forma de impactar a la sofisticada aristocracia de Suecia, con su autóctono y elegante vestido liquilique blanco, típico del Caribe, igual al que usaban su abuelo y los coroneles de la guerra civil.

Así rompió todos los protocolos y la etiqueta del traje de esmoquin negro con corbatín de seda. Cambió el vals del Danubio Azul con violines de Strauss, por la cumbia de La Maestranza, con tamboras de los gaiteros de San Jacinto y toda una gran comitiva conformada por otros grandes de la música folclórica colombiana, entre los cuales algunos nunca se habían subido en un avión.

Gabriel José de la Concordia García Márquez, «Gabito», como le decíamos entre los amigos y familiares, nació en la ciudad de Aracataca, Colombia, la misma donde nació mi papá, el 6 de marzo de 1927. Fue escritor, novelista, cuentista, guionista, editor y periodista.

Según la Academia Sueca, «Gabriel García Márquez obtuvo el Premio Nobel en 1982 por sus novelas e historias cortas, en las que la fantasía y la realidad se combinan en un mundo rico de imaginación, reflejando la vida y los conflictos de un continente». Los otros nominados fueron el británico Graham Greene y el alemán Günter Grass, que ganó el Nobel en 1999.

Gabito murió el 17 de abril de 2014. Ese día me llamó Ismael Cala desde CNN en Miami, para entrevistarme en su exitoso programa, en homenaje al Premio Nobel. Fue muy especial hablar de sus historias, contar mis memorias sobre él y contar con el privilegio de disfrutarlo tan de cerca.

Guardo muchos recuerdos de él. En las últimas notas que me escribió en las páginas en blanco de sus libros, durante varias de mis últimas visitas a su casa, me decía: «Para Sonia, en su casa de México, con 365 llaves y una flor» (2001) y después: «Para Sonia, socia del corazón, con el cariño del autor de este libro, Gabriel» (2012).

En mi última visita a su casa, le llevé a Mercedes las rosas amarillas que a él le fascinaban y que ella sabía colocar con gusto en medio de la sala, al lado de las fotos de sus nietos y de sus dos hijos Rodrigo y Gonzalo. En el momento en que me despedí, salió a la puerta a decirme adiós, con un beso que me mandó desde lejos con la mano y que se quedó conmigo para siempre, por cien años de felicidad.

La distinguida doña Stellita

Al lado de toda esa profundidad intelectual y esa calidad humana de mi papá, estaba siempre elegante, bien puesta y digna representante de la «gente divinamente» de Bogotá: Doña Stellita, como le dicen los amigos y vecinos que la aprecian, mi preciosa mamá. Una distinguida bogotana con sonrisa espléndida, hábil para el canto, el ballet, el acordeón y la dulzaina. Pero sobre todo, con una capacidad natural para generar armonía a su alrededor.

Ella cuenta ahora con noventa años y se mantiene bella e intacta, ante el asombro de todos, incluso de los médicos que le realizan chequeos rutinarios para ver cómo se encuentra. Siempre le dicen con una sorprendida y amable sonrisa: «Señora, usted se encuentra en perfecto estado».

Cuando se realizan las reuniones familiares en su agradable apartamento de Bogotá, ella saca, de un lindo canasto típico, las maracas, la guacharaca, las claves, las castañuelas, los panderos, los cascabeles, las cucharas de palo y le entrega uno a cada persona en la sala, para que acompañe las canciones. Toma su acordeón alemán y empieza a tocar de manera prodigiosa las notas de pasillos colombianos como «La gata golosa» o «Cachipay» o un tango argentino como «La cumparsita», o un vals como «Los puentes de París», o la canción de su noviazgo con mi papá: el «Begin the beguine».

De pronto, mi hermano Santiago y mi hijo Daniel se unen para tocar las guitarras al compás del son y Stellita sale al centro de la sala de manera espontánea a bailar el joropo Pajarillo. Ella sale a la escena con un paso y una gracia sin igual, ante toda la familia derretida por su gracia, a una edad en que son más comunes los achaques que el alegre zapateo al son de las palmas de los nietos.

Su capacidad de celebrar cada detalle, hasta el más mínimo acontecimiento de la vida, la mantiene vigorosa y perfecta. Siempre en la búsqueda de Dios, como su principal fuente de paz, gozo, amor y rejuvenecimiento sorprendente.

Stellita también nació de nuevo, hace treinta años, y vivió una transformación profunda que hizo que pasara de su tradicional religiosidad a la luz brillante de la conexión permanente y cercana con Dios. Así cambió del dolor de espalda constante y la queja por no tener aliciente, a ser una mujer saludable y plena de gozo. La oración por otros es su pasión. Me encanta encontrarme con ella para unirnos con la guitarra y el acordeón y entonar cantos nuevos y espontáneos. Es un verdadero deleite.

Mi papá la amó toda su vida y cuando eran novios le escribía cartas que enviaba desde Barranquilla a Bogotá, en las que le decía: «Eres ser supraterrenal y ángel subceleste». Ella es muy especial para todos los que contamos con la dicha de disfrutar de su afecto. No hay palabras para describir su distinguida sencillez. Solo el corazón lleno de amor y agradecido por contar con una mamá con un brillo tan estelar.

Nacer de nuevo en Europa

Cuando apenas comenzaba mi carrera periodística, fui invitada a un viaje soñado a las Islas Canarias, a la celebración de un congreso mundial de periodistas. Después del evento oficial, me quedé por un tiempo en Madrid, Londres y París.

Un joven líder de una universidad conversó conmigo en Madrid y me habló acerca de la importancia de la transformación interior. Me dijo con mucha convicción: «Jesús es el camino, la verdad y la vida».

En ese momento, aunque no le entendí muy bien su mensaje, sentí que algo me convenció. Decidí irme al apartamento en el que estaba hospedada, dejar a un lado mis botas de joven periodista y buscar esa Luz de la cual ya varios líderes me habían hablado. Le dije: «Está bien, si tú existes, quiero que me ayudes a verte».

De repente entré en un llanto tan profundo que duró quince horas. Fue un tiempo impresionante. Una visión real de Jesús en la cruz. La oscuridad se fue. Llegó la luz interior. Entonces comencé a ver mi ser, como nunca antes lo había visto. Pude reconocer lo que antes era una vida «normal» y «feliz», como graves faltas que ofendieron al corazón de Dios. Lo más impactante fue experimentar su perfecto estado de amor.

Sentí cómo su mano inmensa y firme me rescató del abismo. De las profundidades sin fondo de una vida sin sentido, con apariencia de éxito. Pude ver los errores y faltas que había cometido, como pecados que me separaban de él. Le pedí perdón con toda mi alma y tomé la decisión de seguirlo, para siempre.

Al concluir ese tiempo, me sentí distinta, transformada, renovada. Todas las cosas pasaron a otro plano. Todo era nuevo. Yo misma era nueva. Experimenté una dicha inmensa. Inexplicable. Un gozo y una paz reales que transformaron todo mi ser. Recibí el perdón perfecto y pude también perdonar a todos los que me habían hecho daño hasta ese momento.

Aún no había entendido bien lo que me había sucedido con esa experiencia tan íntima y sobrenatural. Lo único que podía ver claro era que sentía un deseo profundo de conocerlo más y de ver la vida desde otra perspectiva. En mi ser brotaba una fuente desbordante de gozo inefable y real.

Dos días después de mi más dichosa experiencia en la vida, viajé a París y Londres. Fue un viaje memorable. Todo me parecía más brillante que de costumbre, me sentía libre, feliz, despejada, con una libertad que no había experimentado jamás. Disfruté toda la belleza de Europa al máximo, bajo un cielo nuevo. Y desde entonces, vivo con la seguridad de haber alcanzado la eternidad, en plena primavera.

La clave personal

Desde que regresé a Colombia, hasta hoy, el proceso de transformación ha sido continuo y permanente. Estoy segura de que la comunicación más apasionante es la comunicación con Dios. Su Palabra es la luz que alumbra mi camino. Con especial atención en los fascinantes pasajes en los que Jesús se comunica con la mujer.

Como el de la mujer que rompió el costoso y fino frasco de perfume de alabastro a sus pies y de la cual dijo: «Si ella ha amado mucho, es que sus muchos pecados le han sido perdonados» (Lucas 7, NVI).

También aquella que defendió de la acusación de los fariseos religiosos, a quienes les dijo: «Aquel de ustedes que esté libre de pecado, que tire la primera piedra» (Juan 8.7, NVI).

Y la mujer samaritana, a la que Jesús le habló de lo que más necesitaba: saciar su sed de amor: «Mujer, si supieras lo que Dios puede dar, y conocieras al que te está pidiendo agua, tú le habrías pedido a él, y él te habría dado agua que da vida. El que beba del agua que yo le daré no volverá a tener sed jamás, sino que dentro de él esa agua se convertirá en un manantial del que brotará vida eterna» (Juan 4.10-14).

Como en la historia de cada una de esas mujeres, el perdón ha sido la clave de mi testimonio personal. Ha sido un camino espléndido de transformación diaria. Del perdón suyo para conmigo y también del perdón a mí misma y a los demás, como la principal señal de libertad y paz interior.

He vivido como millones de mujeres en nuestras culturas hispanas, en medio de dificultades, conflictos emocionales, problemas irreparables… Hoy doy gracias por el sufrimiento, las heridas y el dolor emocional, ya que a través de ellos he podido crecer. He sido trabajada como una vasija de barro en las manos de un alfarero, que la rompe y la vuelve a hacer como le parece mejor.

Durante todo ese largo y difícil proceso aprendí todo acerca de cómo salir de la dependencia emocional. Una profundización personal que hoy me permite ser un testimonio real para muchas personas en situaciones similares, para que inicien el desapego y puedan mirar hacia adelante, con una verdadera esperanza de restauración para sus vidas.

A pesar de...

Vivo con el mismo sentir de millares de mujeres con una historia de éxitos profesionales acompañados de coraje y lágrimas, en medio de sus conflictos personales.

Igual que ellas, he tenido que vivir de una manera en la que tengo que ser capaz de permanecer exitosa y sobrellevar las cargas con entereza, gallardía y entusiasmo, a pesar de todo. Mujeres como yo, que se sobreponen a los embates de la vida que las atropellan, tratan de bloquearlas y dejarlas anuladas, diez metros bajo tierra.

A pesar, todo ello, de las ojeras producidas por el cansancio de la labor diaria, las noches de insomnio por el estrés de las obligaciones, la lucha incesante y cíclica con las hormonas, la preocupación constante por sacar a los hijos adelante como gente de honor, principios y valores.

A pesar de las madrugadas urgentes de oración por el pan de cada día, el dolor de tener que pedir perdón sincero, la dificultad de olvidar las ofensas que parecen imposibles de perdonar, la lucha constante de mantener la paz interior...

A pesar del agotamiento por el trajín forzoso, por las preocupaciones que siempre están vigentes, por las cargas que son como pesados yugos que no las dejan levantar la cabeza, por la angustia de darles lo mejor a sus hijos para que tengan un futuro mejor que el suyo...

A pesar del dolor emocional de los fracasos, de las rupturas, de la soledad, de los sentimientos de rechazo y abandono, de los miedos que las hacen sentir las más feas, las más viejas, las más gordas —o las más flacas—, las más pequeñas, o las más incapaces, las más brutas, o las más débiles del planeta, las más abatidas, las más desconsoladas, las más desamparadas, las más inútiles, las más estúpidas, las más avergonzadas, las más humilladas...

A pesar de las contradicciones que no les caben en la cabeza, las injusticias que no entienden, las humillaciones que creen no poder soportar, las ofensas que sienten que son imposibles de olvidar, el dolor que les parece insufrible...

A pesar de los dolores de cabeza, los cólicos menstruales o los vacíos menopáusicos. A pesar del dolor de espalda debido al cansancio del trabajo por la silla del computador o las tareas de la casa que nunca se detienen.

A pesar de la doble jornada que deben asumir con fortaleza, porque después de un largo día de mucho estrés, llegan a la casa con una amplia sonrisa y mantienen la estabilidad del hogar como columnas firmes, amables y amorosas. A pesar de que a veces quisieran mandar todo lejos y salir a volar con alas de paloma por la ventana, lejos del viento borrascoso de cada tempestad.

A pesar de la irritación y la furia porque nadie las ayuda a ordenar la casa o a lavar la loza de la cena y parece como si más bien todos se confabularan en una campaña de flagrante e intolerable desorden.

A pesar de esto, de aquello, de lo otro y de todo lo demás, como muchas mujeres, algunas veces he recibido triunfos, medallas, diplomas, aplausos, tarjetas de agradecimiento, mensajes de reconocimiento, calificaciones excelentes e inolvidables.

También como muchas de ellas, decidí un día dejar de quejarme y llorar porque las cosas no pasan y enfocarme en lograr que sí pasen. Confieso que a veces, todavía, me quejo de algunos asuntos, aunque en el fondo sé —como todas ellas—, que nunca dejarán de suceder.

Creo que por fin entendí que quien debe cambiar soy yo. No los demás, ni las circunstancias. Tal vez ellos, o ellas, nunca cambien. Por eso no debo esperar nada, ni demandar, ni guardar expectativas falsas. Esa será mi tarea, para siempre: asumir el cambio como factor de éxito y la firme determinación de colocar límites. Solo así seré una mujer que pueda hablar y escribir con el poder de la comunicación femenina inteligente.

La capacidad de ser resiliente

Un estado interesante, que ha llamado mi atención en la investigación de la inteligencia comunicacional, es el de la capacidad de ser resiliente. Sobre todo, porque entendí que es una de las valiosas facultades femeninas, en especial dentro del ámbito de nuestra cultura latina.

La palabra resiliencia, del inglés *resilience,* y antes del latín *resiliens-entis,* quiere decir rebotar, replegarse. Es la capacidad de adaptación de un ser vivo frente a un agente perturbador o un estado o situación adversos. También, la capacidad de un material, mecanismo o sistema para recuperar su estado inicial cuando ha cesado la perturbación a la que había estado sometido.

Mis respetos a esta acertada definición de la Real Academia Española de la Lengua. Pareciera ser una extensión de la descripción del talante femenino, por su capacidad de adaptación a las situaciones adversas y de recuperar el estado inicial.

En mi caso, lograba la resiliencia cuando, en medio de la situación o el «agente perturbador» ante el cual me encontrara, Dios siempre recuperaba mi estado. No hubo una sola vez que me fallara. Me llevaba a niveles altos de gozo, paz y entusiasmo inexplicable. Cambió mi llanto desgastado por el baile imparable. La tristeza desoladora por la alegría recargada de energía contagiosa. El dolor de la nostalgia por el gozo intenso de la esperanza.

Por eso me comunico desde el corazón. Con el espíritu lleno de alegría. Con entusiasmo real. Con ímpetu. Para lograrlo, he tenido que olvidarme de mí misma. Morir al «yo no puedo», para entrar en el «todo es posible, si puedo creer». Esto solo es posible con la providencial capacidad de resiliencia que me permite rebotar, desde la debilidad hacia el coraje, y quedar siempre bien parada frente a la vida, una y otra vez.

Femenina comienza con fe
He comprobado que ser una mujer de fe me ha llevado a conquistar lo imposible. Me ha hecho más capaz, más valiente y, por supuesto, mucho más feliz.

Avanzo hacia la meta, como quien mira al invisible. Él es mi apoyo, mi soporte, mi roca firme. La fe bien puesta es la gran clave de mi seguridad como mujer feliz y como comunicadora exitosa.

Mi mejor código de comunicación femenina inteligente está basado en la palabra más pequeña, pero la más poderosa del mundo: Fe. Y la palabra «femenina», empieza con esa sílaba: Fe.

La fe es un fruto de Dios en mi vida, que intento cultivar día a día junto con el amor, el gozo, la paz, la paciencia, la fidelidad, la mansedumbre, el dominio propio… La he cultivado día a día y ha crecido conmigo en medio de todas las temporadas.

Mis hijos saben que cuentan con una mamá frágil pero valiente a través de una fe inquebrantable. Les gusta ver que me río del porvenir y disfruto la vida saludable y estable de una mujer basada en principios y valores.

Caballero de fina estampa

Mi hijo Daniel (31), es todo un caballero. A dondequiera que llega impacta a la gente con su fina estampa. Él cuenta con una inteligencia brillante y una forma de expresarse muy articulada. Cuando habla convence con su estilo contundente y, además, derrite con su calidez. Maneja los temas con una claridad impresionante. Se proyecta con el don heredado, aprendido y desarrollado por él mismo, de saber comunicarse con inteligencia.

Realiza cada tarea con enfoque óptimo en la excelencia. Es un creativo prodigioso. Posee el don de la inspiración inteligente que le da la habilidad de componer canciones únicas y escribir textos con habilidades mercantiles de alta calidad. Con su maestría en *marketing* digital, realizada en Barcelona, ha logrado integrar sus dones naturales con su capacidad de empresario.

Pertenece a la generación de los mileniales, con la mente abierta al mundo *online*. Es un emprendedor con carácter, empuje y resolución, con competencias de liderazgo evidentes, que le han permitido desde temprana edad realizar la gerencia de proyectos enormes de entretenimiento y responsabilidad social para grandes organizaciones internacionales.

Desde antes de nacer, yo le cantaba la canción del caballero de «Fina estampa», de la famosa cantante y compositora peruana Chabuca Granda.

A los diecisiete años se fue de Colombia para Argentina, a realizar una especialización en producción musical. El día de mi cumpleaños, el 27 de abril, me envió con su hermana Angie el regalo con el cual ella me debía sorprender durante la reunión de celebración con la familia en nuestra casa.

Era la respuesta a la canción del caballero de «Fina estampa». Cada vez que la canto en una conferencia, o en una entrevista en una gira de medios, o en una clase de maestría universitaria, las personas empiezan a derramar lágrimas conmovidas de emoción. Hoy la escribo aquí, como parte de este capítulo de la historia de mi vida.

La canción de Daniel dice así:

Mujer preciosa y valiosa
de sonrisa muy fogosa
cuando hablas siempre aprendo
y me gusta escuchar

Mujer de valentía,
de fuerza y alegría,
aún recuerdo cuando niño
me levantabas al tropezar

Y si soy se fina estampa, un caballero
es por ti, que me enseñaste a caminar
crecí conociendo, amor verdadero
llorando en tu hombro palabras de apoyo
me animaron a luchar
y para agradecerte,
prometo ser el hombre que siempre quisiste formar

Eres fuerte como hormiga
preciosa como orquídea
eres mujer virtuosa
eres perla en el mar
lámpara llena de aceite
flecha en manos del valiente
eres llanto y eres risa
de madrugada, al orar

Y si soy de fina estampa, un caballero
es por ti, que me enseñaste a caminar
crecí conociendo, amor verdadero
llorando en tu hombro palabras de apoyo

me animaron a luchar
y para agradecerte,
prometo ser el hombre que siempre quisiste formar

Imposible escribirla sin imaginarme la voz de mi hijo y su perfecta armonía con la guitarra. Imposible recordarla sin derramar lágrimas de gozo, de profunda gratitud con Dios, por darme un hijo extraordinario. Hoy acaba de casarse con Majo, una mujer que es toda una princesa, para el caballero de fina estampa. A ella solo puedo describirla con dos palabras: Mejor imposible.

Daniel se merece lo mejor. Ha sido un hijo y un hermano invaluable. Siempre presente. La historia del caballero de fina estampa continuará, ahora en medio de la más que merecida felicidad.

Una «ángela» bella y equilibrada

Mi hija Ángela María (26) es una verdadera «ángela». Con su belleza, su don de gente, su sabiduría serena, su aplomada inteligencia, llena cualquier escenario de armonía, equilibrio, quietud, calma y deliciosa paz.

Ella cuenta con la capacidad de ser una mujer que ama a los demás en forma tierna y firme a la vez. Se comunica con pocas palabras, pero cuando habla dice justo lo necesario, en el momento oportuno. Sorprende con sus aseveraciones tan calmadas y atinadas. Ella posee la habilidad innata más alta que una mujer puede alcanzar en su comunicación femenina inteligente: la de escuchar. Por eso puede ser la mejor consejera y la más leal amiga. Aprendo mucho de ella cada día.

Su corazón es tan bello, que desde su más tierna adolescencia me dijo: «Yo amo a los niños y sé que un día voy a trabajar en algo que se relacione con ayudarlos a crecer».

Su pasión es trabajar con los niños y las niñas. Por eso pronto logrará cumplir su visión de montar una Escuela de Gastronomía para Niños, en la cual va a lograr coincidir su amor por ellos con su profesión y su pasión por la cocina.

Desde pequeña le gustó el arte de la culinaria y la gastronomía con altísimo nivel gourmet. No hay una persona que no emita exclamaciones de deleite mientras saborea cualquier comida que Angie prepara. Cada vez que su hermano Daniel disfruta uno de sus platos, dice mientras se deleita: «Es sobrenatural… No entiendo cómo puede existir algo tan exquisito».

En verdad, su sabor es indescriptible. Nada más atinado que el nombre que ella misma le había puesto a su primera empresa, como emprendedora: «Sabor a mí». Es el título de una famosa y clásica canción. La mayoría de las personas en Latinoamérica reconocen esa melodía. En especial los hijos que, como los míos, fueron arrullados entre boleros y canciones de cuna. A propósito, ella también cuenta con una voz hermosa y, cuando canta, el color de su voz es tan nítido, que pinta de luz todo el ambiente a su alrededor.

Ángela estudió en una de las más prestigiosas escuelas de gastronomía en Colombia. Recibió el reconocimiento de sus maestros y líderes por su especial talento. Sin lugar a dudas, ella cuenta con un don providencial para la cocina. Nadie sabe qué es lo que hace cuando prepara un plato, pero todos reconocen que es mucho más que una simple preparación. ¡Qué nivel, por Dios!

Ella es, además de la hija más linda del mundo, una profesional con la claridad de que, más allá del talento, su mejor receta está en cumplir dentro de la alta cocina la ley de la asertividad en la comunicación: el equilibrio. No cocina de manera muy agresiva, pero tampoco muy pasiva. Encuentra el punto exacto que le da el equilibrio entre preparar los platos con calma, pero a gran velocidad. Con sabor, pero no demasiado. Con mezclas, pero sin excesos. Con creatividad, pero dispuesta a conservar la esencia. Sus platos son lo que ella es en esencia: perfecto balance.

Su talento ha sido perfeccionado a través de la carrera y de la práctica. Le ha dado el toque único personal, que estoy segura va a crecer, para llevarla a ser exitosa en cumplir sus sueños. Es un don que Dios le dio y que también le viene por tradición de la familia paterna.

En los últimos dos años me ha acompañado como asistente general en la visión de la «Nueva Comunicación Inteligente». Ha realizado su labor con impecable sentido de responsabilidad. Ella también sabe que es su legado y lo transmite con el poder femenino de una «ángela».

El milagro de la restauración interior

La culminación del capítulo de mi vida está cubierta de dicha, ya que después de tantos años de soledad, de sembrar con lágrimas, ahora comienzo a recoger con enorme dicha la felicidad.

Además de la bendición de tener dos hijos extraordinarios, con los que trabajo en equipo en esta visión global, además de todos los éxitos logrados en mi carrera profesional como mentora y autora, ahora con una plataforma *online* y un estudio. Además de todas las bendiciones —salud, paz, tranquilidad, serenidad y realización personal—, hoy la dicha se completa con un nuevo acontecimiento en mi vida: el milagro de la restauración sentimental.

Mientras escribía este libro, que ha producido una especial pasión en mi ser interior, estaba a punto de realizar uno de los acontecimientos más importantes en mi vida: en octubre de 2016 realicé mi matrimonio con un hombre muy especial, proveniente de una familia de origen europeo, radicada en el medio oeste de Estados Unidos.

Le doy gracias a Dios por restaurarme, después de un largo proceso de espera. Es la persona perfecta para mí en este momento de mi vida. Contamos con una excelente relación. Creo que este despertar del amor sano, maduro, divertido y profundo, con alto sentido de valoración mutuo, es el sueño de millones de mujeres. Por eso hoy puedo escribir este capítulo con el testimonio completo. Con la alegría de la restauración y de un futuro de esperanza.

La historia de mi vida como mujer cuenta ahora con un nuevo comienzo y también con un final feliz. Hoy estoy aquí, lista para celebrar esta dicha de sentirme de nuevo en plena primavera, en medio del otoño.

Con paso firme

Aprendí a ser una mujer feliz cuando estuve largo tiempo sola, porque el primer milagro en mi vida fue el de saber vivir sin dependencia emocional. A amarme a mí misma, sin apegos enfermizos. A colocar límites. A cultivar el dominio propio, el gozo y la paz interior. Aprendí a experimentar con agrado que podía superar todas las dificultades, autorregularme, reinventarme, perdonarme y perdonar, y sanar las heridas del pasado. A no temerle a nada, a no desmayar. Aprendí que Dios siempre estaba conmigo, más que suficiente. Nunca estuve sola.

Esperé con paciencia y salí de la desesperación. Ahora puedo andar por las alturas con serenidad. Tomar mi guitarra frente a la ventana en un amanecer de primavera, o en un atardecer de otoño mientras las hojas caen, o ante la blancura impecable de la nieve que sopla con el viento del invierno.

Hoy mi vida cobra sentido y cumple su propósito al llevar un mensaje de ánimo, buenas noticias, luz y esperanza a las personas, en diferentes países. Puedo confirmar en cada lugar que esperar vale la pena. Por eso, aunque te parezcan años insufribles, insoportables, interminables, sé persistente, espera, confía, deléitate. La respuesta llegará. El plan B es perfecto para ti.

Si algo puedo enseñar, en mis conferencias y cursos, es acerca del valor de esperar. Saber aguardar en silencio, en medio del deleite interior y con la dignidad que te da el gozo profundo de saber que, aunque pases por valles oscuros, Dios siempre estará ahí. Nada te faltará.

«A veces hay que renunciar a lo bueno para obtener lo mejor». Estoy de acuerdo con John Maxwell.[35]

Renuncié a todo. Me rendí por completo. Y he visto abrirse frente a mí puertas inimaginables. He podido escribir ocho libros, he entrenado a más de cien mil profesionales y ejecutivos, en quince países, en más de cincuenta empresas y grandes universidades. Me he levantado con coraje para llevar a las personas a otro nivel, para transformar sus vidas por medio de mi entrenamiento como mentora, a través de la Nueva Comunicación Inteligente. Puedo servir a otros, facilitarles el camino al éxito, empoderarlos, motivarlos y ayudarlos a entrar en su próximo nivel, como gente de potencial. Amo mi oficio. Amo a las personas.

Creo que el principal diferencial de la comunicación es dar lo mejor de sí a los demás con pasión, en cada mensaje, en cada conversación. Eso permite proyectarse con inteligencia y lucir virtudes como profesional y como persona, al tiempo que genera influencia e inspiración.

Esa es la clave para mantenerse en el más alto nivel de la comunicación. Expresarse siempre por medio del lenguaje que supera a todos los demás. El lenguaje por excelencia: el amor.

Agradecimientos

Gracias a Dios, por escribir en su libro la historia de mi vida, con un nuevo comienzo y un final feliz. Por la eternidad.

Gracias a mi esposo, James C. Boysen, por su firme apoyo y respaldo permanente. Porque me impulsa a crear y me anima a avanzar. Verdadero amor.

Gracias a mis hijos Daniel y Ángela, por su aporte e impulso a esta visión de construir la nueva cultura de comunicación inteligente. Son excepcionales.

Gracias a mi mamá, Stella Andrade de G., por su contagiosa felicidad a los noventa y por sus oraciones que, desde Colombia, me cubren bajo las alas de Dios, cada día. La mujer más femenina.

Gracias a todos los miembros de mi familia en Bogotá, Barranquilla y los Estados Unidos, por celebrar conmigo los triunfos. Me acompañan en la carrera.

Gracias a la editorial HarperCollins Español, por promoverme como autora e incluirme entre su selecto grupo de autoras *best sellers*. Mi casa editorial.

Gracias a mi editor, Larry A. Downs, por entender que ahora es el tiempo exacto para este libro. El tiempo de la mujer. Especial consejero, por lo alto.

Gracias a todo el equipo de amigos y profesionales de HarperCollins Español que trabajan y dan lo mejor de sí para que mi carrera como autora sea exitosa. Son los mejores.

Gracias a todos los estudiantes de mis cursos en las empresas, universidades y mi plataforma *online* www.soniagonzalezb.com, por seguir todos mis libros y esperar este con expectativa. Calificación: ¡Excelentes!

Bibliografía

- Gardner, Howard, *Inteligencias múltiples: la teoría en la práctica* (Barcelona: Paidós, 2011).
- Goleman, Daniel, *Inteligencia emocional* (Barcelona: Kairos, 1996).
- Riso, Walter, *Guía para vencer la dependencia emocional* (Phronesis, 2013).
- Stein, Murray, *El principio de individuación* (Barcelona: Editorial Luciérnaga, 2007).
- Baron-Cohen S., *La gran diferencia: Cómo son realmente los cerebros de los hombres y las mujeres* (Editorial AMAT, 2009).
- Jung, C. G., *Obras completas* (Madrid: Editorial Trotta, 1999).
- Baron-Cohen S., Lombardo M.V., Auyeung B., Ashwin E., Chakrabarti B., Knickmeyer R., «Why are autism spectrum conditions more prevalent in males?», *PLoS Biol* 9 (6), 2011.
- Chakrabarti B., Kent L., Suckling J., Bullmore E., Baron-Cohen S. (2006). «Variations in the human cannabinoid receptor (CNR1) gene modulate striatal response to happy faces», *European Journal of Neuroscience* 23:1944-1948.
- Baron-Cohen S., Knickmeyer R.C., Belmonte M.K. (2005). «Sex differences in the brain: implications for explaining autism». *Science* 310 (5749): 819-23.
- Welchew D., Ashwin C., Berkouk K., Salvador R., Suckling J., Baron-Cohen S., Bullmore E. (2005). «Functional dysconnectivity of the medial temporal lobe in autism». *Biological Psychiatry* 57: 991-998.
- Reinhardt Grossmann, *La existencia del mundo: introducción a la ontología* (Madrid: Tecnos, 2007).
- Hartmann, Nicolai, *Ontología*, trad. José Gaos (México: Fondo de Cultura Económica , 1957).

- Herrerías Guerra, Lucía, *Espero estar en la verdad: la búsqueda ontológica de Paul Ricoeur* (Roma: Editrice Pontificia Università Gregoriana, 1996).
- Lavelle, Louis, *Introducción a la ontología* trad. José Gaos (México: Fondo de Cultura Económica, 1953).
- Pescador, Augusto, *Ontología* (Buenos Aires: Losada, 1966).
- Solana Ruiz, José Luis, *Antropología y complejidad humana* (Granada: Editorial Comares, 2001).

NOTAS

1. Gray, John, *Los hombres son de Marte, las mujeres son de Venus* (Nashville: HarperCollins), 2004.
2. González, Sonia, *El efecto* (Nashville: HarperCollins), 2013.
3. ONU Mujeres http://www.unwomen.org/es/what-we-do/economic-empowerment/facts-and-figures
4. Juan 8.4-11; Juan 20.15; Lucas 7.44-48; Juan 4.7-10, NVI.
5. Juan 20.15 (RVR1960).
6. González, Sonia, *El efecto* (Nashville: Grupo Nelson), 2013.
7. Asimov, Isaac, *Yo, Robot* (Editora Hispanoamericana SA), 2009.
8. http://www.nielsen.com/us/en/insights/reports/2017/2016-nielsen-social-media-report.html
9. http://www.20minutos.es/noticia
10. Morín, Edgar, *Antropología y complejidad humana* (Editorial Comares), 2001.
11. Mateo 22.39 (NVI).
12. García Sierra, M., J., Recursos y tensiones en el proceso de individualización en mujeres adultas que viven en el hogar de origen. Tesis Master en Psicología Clínica, Pontificia Universidad Javeriana. Bogotá, Colombia, 2015.
13. Salomón, Proverbios 27.19 (NVI).
14. Mayer, J. D., Caruso, D., y Salovey, *P. Models of emotional intelligence*. In R. J. Sternberg (Ed.). Handbook of Intelligence (Cambridge, England:

Cambridge University Press), 1999. a. Washington, Biograf UCLA-Universidad Of California.

15. Brain Research Institute, Universidad of California. http://www.bri.ucla.edu/

16. *El cerebro femenino*, sexta edición, Casa del Libro, 2006.

17. Interventions: A Life In War and Peace, https://www.theguardian.com

18. Washington, George, biografía, http://www.biography.com/people/george-washington

19. Franklin, Benjamín, biografía, http://www.biography.com/people/benjamin-franklin

20. Goldoni, Carlo, biografía, https://www.britannica.com/biography/Carlo-Goldoni

21. Oscar Wilde, biografía, http://www.biografiasyvidas.com/biografia/w/wilde.htm

22. Bonaparte, Napoleón, biografía, http://www.biografiasyvidas.com/monografia/napoleon/

23. Shakespeare, William, biografía, http://www.biography.com/people/william-shakespeare)

24. Borges, Jorge Luis, poesía. https://www.poeticous.com/borges/el-remordimiento

25. García Márquez, Gabriel, *Vivir para contarla* (Vintage), 2002 (Amazon *Best Sellers* Rank: #6,907,990).

26. González Fernández, Gonzalo, El Tiempo http://www.eltiempo.com/archivo/documento/MAM-114062

27. Apocalipsis 20.7; Ezequiel 38 (NVI).

28. Papini, Giovanni, Gog (México: Porrúa), 2005.

29. Ezequiel 38.3 (NVI).

30. http://todoebook.com/LABERINTOS-DEL-LENGUAJE-LUZ-ANGELA-GONZALEZ-ANDRADE-LUZ-ET-VERITAS-LibroEbook-ES-SPB0171416.html

31. Samper Pizano, Daniel, El Tiempo, http://www.eltiempo.com/archivo/documento/CMS-10503207

32. González, Sonia, *Mentoring*. Habilidades de Comunicación Hablada (Nashville: Grupo Nelson), 2011.

33. Ibíd.

34. Ibíd.

35. Maxwell, John, *Actitud de vencedor* (Miami: Editorial Caribe), 1997.